首都经济贸易大学出版资助
国家社会科学基金项目（青年项目）
项目编号：13CZZ045
项目名称：创建我国高级专业技术类公务员制度研究

治贤之道

——创建中国高级专业技术类公务员制度研究

潘娜 ◎ 著

首都经济贸易大学出版社
Capital University of Economics and Business Press
·北京·

图书在版编目（CIP）数据

治贤之道：创建中国高级专业技术类公务员制度研究/潘娜著．--北京：首都经济贸易大学出版社，2021.8
　ISBN 978-7-5638-3240-8

Ⅰ.①治…　Ⅱ.①潘…　Ⅲ.①专业技术人员-公务员制度-研究-中国　Ⅳ.①D630.3

中国版本图书馆 CIP 数据核字（2021）第 143477 号

治贤之道——创建中国高级专业技术类公务员制度研究
ZHIXIAN ZHIDAO：CHUANGJIAN ZHONGGUO GAOJI ZHUANYE JISHULEI GONGWUYUAN ZHIDU YANJIU
潘　娜　著

责任编辑	潘　飞
封面设计	砚祥志远・激光照排　TEL：010-65976003
出版发行	首都经济贸易大学出版社
地　　址	北京市朝阳区红庙（邮编 100026）
电　　话	（010）65976483　65065761　65071505（传真）
网　　址	http://www.sjmcb.com
E-mail	publish@cueb.edu.cn
经　　销	全国新华书店
照　　排	北京砚祥志远激光照排技术有限公司
印　　刷	北京建宏印刷有限公司
成品尺寸	170 毫米×240 毫米　1/16
字　　数	310 千字
印　　张	24
版　　次	2021 年 8 月第 1 版　2021 年 8 月第 1 次印刷
书　　号	ISBN 978-7-5638-3240-8
定　　价	75.00 元

图书印装若有质量问题，本社负责调换
版权所有　侵权必究

序

潘娜博士的专著《治贤之道——创建中国高级专业技术类公务员制度研究》即将付梓面世，为中国未来的公务员制度改革和治理创新提供了基于"专业化价值"的选择路径，可以说适时回应了当代全球化、智能化、多元化公共事务管理的需求。该书以作者主持的国家社科基金青年项目"创建我国高级专业技术类公务员制度研究"的结题报告为基础，结合我国古代选贤任能的传统智慧，对我国党政机关专业精英管理的现实基础与价值准则进行论证，从基于核心竞争力的人力资源战略管理模式入手，提出构建我国高级专业技术类公务员制度体系的具体设想以及行动路线，以此回应新时代对我国公务员队伍建设和公务员制度改革提出的新要求。这是一部立足于实践前沿、学术前沿的创新之作，具有较高的学术价值和较强的现实意义。

作者熟练运用关于公务员制度的价值探讨、制度变迁以及公共部门人力资源战略管理、分类管理、职业资格、胜任力等前沿理论知识，系统梳理了我国公务员制度发展的重大变革和试点创新，大胆探索我国公务员队伍内高级干部的履历特征和晋升规律，通过对代表性公务员的深度访谈，采集了较为全面的政策文件和实证素材，完成了近30万字的研究文稿。其中，部分研究成果发表于相关期刊，并在相关主题会议上宣读，又广泛吸收了各方专家的意见，为现今的书稿打下了坚实基础。经过反复修改，内容日趋丰富、完善。

建立我国高级专业技术类公务员制度是符合新时代国家治理体系现代化要求的制度选择，需要进行严谨细致的可行性、必要性分析。首先，该书从古代智慧的传承、国家职业管理、职称制度改革、公务员分类管理改革等背景出发，厘清了我国党政机关对内对外优秀人才管理的基础性制度条件，同时也从我国党政机关内的人才素质结构等方面分析了现有的人力资源条件，为我国创建高级专业技术类公务员制度注入了客观理性。其次，该书着重对现代政府公务员的价值驱动进行了专门研究，基于国际比较视野提出政府回应性要求下的"专业化"价值导向，并具体提出了"公务员专业化"的实现框架，为我国创建高级专业技术类公务员制度植根了价值理性。借助于战略性人力资源管理的方法选择，为中国特色的公务员管理提供了可行可操的工具理性。最后，该书系统地提出了高级专业技术类公务员制度的创建思路、制度框架、关键环节、实施路径和保障举措等行动路线，提出了一系列"人才强国""人才强政"的创新做法。例如，为方便高级人才的自由流动，本书建议我国高级专业技术类公务员职位体系应同国家职业大典、国家职称资格认证和事业单位专业技术人员分类管理机制等相连接，促进社会高级人才向党政机关流动，并保证人才认定的权威性和人才发展通道的顺畅。此外，人才测评、职业资格认证准入、"旋转门"等现代人才管理方式也为作者所推荐。事实上，党政机关专业化不应"内卷""封闭"，而应将其置于全社会的职业化、专业化进程中，使党政机关专业化融入社会专业分工和技术进步，让党政机关内的"贤能精英"保持其在特定"专业领域"持续的技术迭代创新能力。

随着中国特色社会主义进入新时代，"治天下之治者在人才""聚天下

序

英才而用之"取得了前所未有的共识。习近平总书记提出的"拓宽社会优秀人才进入党政干部队伍渠道；强化关键岗位干部培养选拔，使各方面优秀干部充分涌现、各尽其能、才尽其用"等重要论断深刻阐明了新时代专业化公务员队伍建设的战略定位和目标指向，为适应、推进国家治理体系和治理能力现代化要求，依法管理和培养锻造公务员队伍提供了根本遵循。"一支高素质专业化的公务员队伍"是国家治理的中坚力量，以新时代我国专业化公务员队伍建设整体框架为基础，探索高级专业技术类公务员的制度设计，将是创新党政机关职能、践行国家治理能力现代化的重要着力点，能极大强化专业精英以其职责承担以效率为目标的行政现代化和以民主为目标的公众参与，有效构建效率回应性与政治回应性的平衡。

潘娜博士的这本专著是她近年来的重要成果，希望她就这个课题持续研究，力学笃行，皓首穷经，跬步千里。此次新冠疫情也进一步说明专业化公务员队伍和党政机关专业化治理的紧迫性与重要性。如何通过独特有效的高级专业技术类公务员制度的创新设计，发挥"贤能精英"的宝贵才智来制定好政策，是我等学人应有的时代担当。

吴 江

中国人事科学研究院

2020 年 10 月

自 序

本书为本人主持的国家社科基金青年项目"创建我国高级专业技术类公务员制度研究"（项目编号：13CZZ045）的核心研究成果，旨在探索"专业化"价值以及"战略性人力资源管理"双重驱动下中国创建高级专业技术类公务员管理制度的应为和可为之路，希望为我国高素质专业化公务员队伍的建设以及公共利益的增进贡献微薄之力。

现实公共治理形势要求中国各类党政机关适应新时代对职能转变和角色定位、能力建设的新要求，加强对"贤能人士"管理的调整和改革，特别是强化对现有和潜在人才的重视。本书结合"人才强国""人才强政"发展理念，以及中国现有公务员制度发展态势，拟通过开拓性的高级专业技术类公务员制度的创建，积极推进中国现有公务员管理类别、层级、管理工具、方式与机制的创新探索，运用治理思维管理服务于有志于公共服务的贤能精英，提升党政机关的回应能力，进而提升我国现代化治理能力与水平。

其一，本书在中国特色社会主义进入新时代的形势下，针对公务员队伍建设和公务员工作新要求，呼唤创建中国高级专业技术类公务员制度体系，以有效推动中国公务员职位分类管理改革和中国高素质专业化公务员队伍建设。

其二，本书将"专业主义"/"专业化"理论观点引入现代公务员制度价值体系，进而丰富对公务员制度与党政机关回应性的研究，探讨未来中国公务员管理制度的可能方向。

其三，本书将战略性人力资源管理引入中国高级专业技术类公务员管理和制度建设中，希望实现公务员制度体系与组织战略目标的匹配，以及高级专业技术类公务员个体成长发展需要与组织发展及制度建设的衔接。

其四，本书拟系统化构建的中国高级专业技术类公务员制度体系，既含有时间向度的短、中、长期的制度任务，也包括现代化价值驱动下的制度设计，还涵盖了实施这套制度体系需要注重的关键举措和实施路径，希望既能立意高远，探索未来的改革进路，又能脚踏实地，提出一些现实可行的举措。

总而言之，本书通过确立"贤能人士"，即高级专业技术类公务员的身份与范围，主张打造"不在多而在于精"的党政机关内脑核心"细胞"，进一步推动中国公务员职位分类管理改革和中国公务员队伍专业化建设的进程，进而调整和改革党政机关内部人才管理机制，适应新时代党政机关职能转变、角色定位的需要。本书力求凸显鲜明的时代特色和独特的视角。目前，在公共事务日趋复杂的现实环境下，我国公务员素能得到了全面提升，但还存在本领短板和能力缺位的现象。这种"综合能力和驾驭能力"事关我国国家现代化治理能力，应当高度重视。党的十八大以来，习近平总书记提出了公务员专业化、人才强政等系列重要论述，深刻阐明了我国新时代专业化公务员队伍建设的战略定位、目标指向、基本要求和方法路径，为依法管理和培养锻造专业化公务员队伍提供了根本遵循。本书着重探讨在党管干部原则下，我国如何通过"治贤"的基础条件、制度设计和机制安排，充分发挥现代人力资源选育用留等管理手段，并利用宏观管理框架、战略思路和有效举措等，助力我国党政机关精英人才更好地服务于我国国家治理现代化的宏图伟业。

自序

本书的出版，凝结了中共中央党校（国家行政学院）易丽丽副教授、首都经济贸易大学黄衔鸣老师与美国罗格斯·新泽西州立大学马嘉博士等核心成员的智慧。四川资深媒体人梁欣博士对我国古代治贤智慧进行了细致回顾，提供了我国现代政府精英管理的历史借鉴。本人指导的研究生丁智聘对我国部级干部履历的实证分析，丰富了我国高级官员的人力资本及晋升研究文献；研究生梁莉凡对于美国联邦政府食品药品管理局（FDA）的研究，为本书提供了学习各个国家和地区文官制度专业化建设的比较视角。同时，也特别感谢刘琦、黄超、邓雪洁、李俊杰等研究生对本书的贡献。

本书的出版，还要感谢国家行政学院公共管理教研部在2017年底和2018年初组织的公务员专业化建设以及公务员职务分类管理的系列调研，相关座谈记录为本书提供了难能可贵的资料，也让研究更"接地气"。本人也由衷感谢中国人事科学研究院提供的博士后研究机会，让我在国家职业大典和国家职业资格体系相关研究中找到了灵感和宝藏。最后，谨以此书献给我的父母及家人。

本书由首都经济贸易大学资助出版。在此特别感谢首都经济贸易大学科研处的鼎力支持，感谢首都经济贸易大学出版社各位编辑的辛勤工作。

本书所进行的研究是对中国公务员制度未来改进的初步探索。尽管部分成果已在《中国行政管理》《经济与管理研究》《国家行政学院学报》等期刊陆续发表，但仍有许多问题有待深入研究，加之本人水平有限，必有不少疏漏之处，真诚期盼各位专家、学者、同行不吝赐教。

潘　娜

2020年9月于北京

内容提要

著名行政学家盖伊·彼得斯在《政府未来的治理模式》一书中提到,"国家公务员制度作为政府组织中一个重要的制度框架,随着历史的渐变不断修正、完善,成为'支撑传统公共行政的基本假定之一'"。随着时代的进步以及公众对公共服务要求的与日俱增,公共问题日趋多样化和复杂化,基于利益相关者博弈而产出的传统公共政策已逐渐让位于问题网络(issue network)下以科学知识和技能为基础的政策制定,以实现政府对新兴公共事务的有效回应。因此,建设高素质治国理政队伍的呼声日渐高涨,各国政府纷纷顺应时代需要建立高级专业技术类文官制度体系,以应对现代公共决策和科学行政的挑战与机遇。

随着中国特色社会主义进入新时代,党和国家的事业取得了历史性成就,发生着历史性变革,对公务员队伍建设和公务员工作也提出了新要求。"致天下之治者在人才",高素质专业化公务员队伍建设是推动国家治理体系和治理能力现代化的新要求。党的十八大以来,习近平总书记从坚持和发展中国特色社会主义的战略高度,提出拓宽社会优秀人才进入党政干部队伍渠道、强化关键岗位干部培养选拔,使各方面优秀干部充分涌现、各尽其能、才尽其用,注重培养专业能力、专业精神,增强干部队伍适应新时代中国特色社会主义发展要求的能力等系列重要论述,深刻阐明了我国新时代专业化公务员队伍建设的战略定位、目标指向、基本要求和

方法路径，为适应推进国家治理体系和治理能力现代化要求、依法管理和培养锻造专业化公务员队伍提供了根本遵循。

在此形势下，我国高素质专业化公务员队伍建设的呼声愈发高涨，"人才优先发展战略"也逐渐成为理解现代中国公共人事改革的关键语词，倒逼我们更加重视"人才资源优先开发，人才结构优先调整，人才投资优先保证和人才制度优先创新"。对于我国党政机关而言，如何吸引、集聚和保留知识精英和专业人才服务于中国现代化治理的宏图伟业，如何审慎改革传统公务员制度，创建具有本土特色的中国高级公务员制度，已成为顺应新时代、新形势、新要求的重大问题。

本书围绕中国特色社会主义步入新时代这一时代背景，力图建设性地回答中国如何对自身所需的高级贤能/精英人士进行管理制度设计，回应了三大问题："中国是否需要创建高级专业技术类公务员制度？""中国是否可以创建高级专业技术类公务员制度？""中国应该怎样创建高级专业技术类公务员制度？"具体来说，本书结合中国现行公务员制度框架及管理现状，回溯中国古代贤治的传统智慧及相关经验，基于人事行政的"专业主义"/"专业化"价值及战略性人力资源管理思路，尝试创建一套中国高级专业技术类公务员管理制度体系，内容涵盖中国高级专业技术类公务员管理的战略模型、制度框架与实施思路，打通选育用留等多个人力资源管理模块，以期科学合理运用制度安排和制度工具，在治理贤能的重大任务中实现公务员管理效能的提高，并提升党政机关的回应能力。

"中国是否需要创建高级专业技术类公务员制度？"即：中国是否需要"治贤"？答案是肯定的。由古及今，中国蕴含着丰富的礼遇高人、招贤纳士、辅治国政的价值理念和可行做法。既饱含"聚天下英才而用之"的崇

内容提要

德善能情怀与敬惜人才理念，也拥有开放多元的招贤机制、举措和方法，比如察举、举孝廉、大臣举荐、九品中正制以及科举制等，同时还不乏"辟田""胜敌""直言纳谏"等关键德行标准评定技巧。它们不但符合现代人才管理的"审美旨趣"，也能为现代中国的人才测评和人才管理之道带来经验和启发。

"中国是否可以创建高级专业书技术类公务员制度？"即："治贤"有无现实基础？这个问题体现出对创建中国高级专业技术类公务员制度的基础条件是否完善、充分的担忧。总体而言，随着中国公务员制度改革的推进，原本貌似"天方夜谭"的制度探索已变得可能且可行。首先是制度红利的充分涌现。2016年发布的《专业技术类公务员管理规定（试行）》《行政执法类公务员管理规定（试行）》，以及2018年12月修订、2019年6月1日起施行的《中华人民共和国公务员法》等系列最新法律法规，传递了创建高级专业技术类公务员管理制度的积极信号，为这一制度构想添加了权威依据和前提条件。其次是现实条件的不断完备。目前，中国公务员制度改革中的分类管理、聘任制等机制都能助力高级专业技术类公务员的专业化管理和搞活选人、用人、育人机制。最后是创建时机的进一步成熟。中国当前的公务员体制机制中已经出现了良好的人才涌现格局以及公共人事的创新管理实践，自上而下的专业素能、履职本领的逐渐增强，使我们拥有了强大的人力资本支撑和现代化管理理念，创建中国高级专业技术类公务员制度的时机已较为成熟。

"中国应该怎样创建高级专业技术类公务员制度？"即：如何利用制度安排理性"治贤"？创建一套公务员管理制度体系宏观且复杂，谈何容易，但综观世界任何国家和地区公务员管理制度体系的发展演进，总体而言还

是存有规律，有迹可循。公务员制度的改革推进离不开对未来支配性价值的权威预测。西方现代公务员制度的"专业主义"价值是对效率、公平等传统价值的有力补充，能通过人事管理帮助专业人才实现"在其位、谋其职"并充分参与到政府决策过程中。在中国语境下，我们可以借用"专业化"来对"专业主义"进行类同诠释，以强调专业公务人才的"身份职业化、职业专门化、知识能力专精化及行政决策权限专享化"。因此，创建中国高级专业技术类公务员管理制度体系的第一步，应该是在现代公共价值的共同驱动下构建规范性的制度框架。在此基础上，基于高级专业人才的专业性、重要性和稀缺性，创建具体的管理制度及运行机制。同时，基于高级专业技术类人才的发展潜质和高投入性等特点，还应坚持战略性人力资源管理的思路，选择基于核心竞争力的人力资源战略模式，从而帮助管理者经由组织战略自上而下分解党政机关的核心能力及人才类型。

因此，对"怎样建"的回答，便是在价值和战略的"双驱动"之下，开创性地设计高级专业技术类公务员全面管理职能体系，涵盖战略模型、制度框架与实施思路，以及选育用留等多个人力资源管理模块。特别是要结合现实情况，基于职位分类体系，在中国公务员通用职类、职级横纵相交的坐标系里，锁定高级公务员的合理位置和边界，进而构建中国高级公务员职位体系。为了方便高级专业技术人才的自由流动，该体系还应同国家职业大典和国家职称资格认证相连接，以增进该职位体系的兼容性，促进高级精英流向党政机关，保证人才认定的权威性和人才发展通道的顺畅。有研究根据结构功能主义理论进行国际横向比较后认为，中国高级公务员职级可比对传统的司局级（行政职级）及其以上职级来设定。结合中国最新的《专业技术类公务员管理规定（试行）》与《行政执法类公务

员管理规定（试行）》等管理规定和办法，基于职位分类的规范性实操原理，首先，本书将具有较高专业领域技能和行政执法技能的中国高级专业技术类公务员归入专业技术类公务员的第（六）级至第（一）级和行政执法类公务员的第（五）级至第（一）级，并据此构建中国高级专业技术类公务员职位管理体系。其次，在战略性人力资源管理理论指导下，基于战略核心要素，搭建中国高级专业技术类公务员管理模型；基于时间向度设定"短、中、长"期的差异化战略任务；基于差异化的价值考虑，创建全面的高级专业技术类公务员管理制度内容体系，从而保证该制度体系既能回应党政机关的战略，又能顾及人才自身成长的需要，既志存高远又立足眼前。最后，通过构想该制度体系的实现框架和实施路径，提出具体举措的合理化建议，以进一步增强该制度体系落地的科学性和有效性。

目 录

第一章 引论 ··· 1
 第一节 选题背景 ··· 3
 第二节 研究意义 ··· 6
 第三节 研究对象的内涵与外延 ····························· 7
 第四节 文献综述 ·· 17
 第五节 研究重点、难点与创新 ···························· 46
 第六节 研究方法 ·· 48
 第七节 研究内容 ·· 50

第二章 治贤的历史智慧：中国古代选贤任能的梳理与总结 ······ 53
 第一节 古代选贤任能概述 ································ 55
 第二节 不同时期人才选拔的典型机制 ······················ 56
 第三节 中国古代选贤任能的经验总结及现代借鉴 ············ 68

第三章 治贤的现实基础：创建中国高级专业技术类公务员制度的必要性和可行性 ·· 75
 第一节 政策红利 ·· 77
 第二节 制度基础 ·· 82
 第三节 人才素能 ······································· 122

第四章　治贤的价值驱动：现代公务员治理的专业主义及专业化 ·········· 145

　　第一节　基于政府回应性的现代公务员制度价值探讨 ·········· 147

　　第二节　现代公务员制度的专业主义价值内涵及其体现 ·········· 163

　　第三节　中国现代公务员制度的"专业化"价值探讨 ·········· 171

第五章　治贤的制度创想：中国高级专业技术类公务员管理制度建设思路及选择 ·········· 189

　　第一节　基于问题需求导向设计高级专业技术类公务员制度 ·········· 191

　　第二节　基于能力设计高级专业技术类公务员制度体系 ·········· 194

　　第三节　基于战略性人力资源管理设计高级专业技术类公务员制度体系 ·········· 213

　　第四节　中国场景下的制度建设思路选择：基于核心竞争力的战略模式 ·········· 229

第六章　治贤的行动路线：中国高级专业技术类公务员制度建设及实现路径 ·········· 233

　　第一节　创建中国高级专业技术类公务员制度面临的现实挑战 ·········· 235

　　第二节　基于职位坐标系的中国高级专业技术类公务员的身份确定 ·········· 243

　　第三节　基于战略性人力资源管理思路创建中国高级专业

　　　　　技术类公务员管理制度体系 ……………………… 259
　　第四节　中国高级专业技术类公务员制度体系
　　　　　实施路径 ………………………………………… 271

第七章　结论 …………………………………………………… 283
　　第一节　研究内容的梳理与回顾 ……………………… 285
　　第二节　研究局限及未来展望 ………………………… 289

参考文献 ………………………………………………………… 291

附录一：相关研究资料 ………………………………………… 311

附录二：相关研究成果 ………………………………………… 357

表目录

表 1-1　莫舍对美国文官队伍职业化发展阶段的描述 …………… 21
表 1-2　公共部门专业技术类人员管理的国外研究列表 ………… 29
表 2-1　汉代人才察举制度 ………………………………………… 64
表 2-2　汉代征辟制度 ……………………………………………… 65
表 3-1　中国综合管理类、专业技术类和行政执法类公务员职务与
　　　　级别对应表 ………………………………………………… 80
表 3-2　各个层级职业分类原则/标准 …………………………… 87
表 3-3　1999 年版与 2015 版《大典》职业分类体系对比表 …… 89
表 3-4　国家市场监督管理总局主要职责 ………………………… 90
表 3-5　基于职业分类大典的国家市场监督管理总局职业分类
　　　　体系构建 ………………………………………………… 92
表 3-6　深圳市公务员分类管理改革后不同职类公务员职业
　　　　发展通道 ………………………………………………… 111
表 3-7　省部级正职履历个别编码指标说明 ……………………… 127
表 3-8　省部级正职的基本情况描述统计 ………………………… 128
表 3-9　对省部级正职干部最高学历、第一学历的描述统计 …… 129
表 3-10　省部级正职干部本硕博毕业年龄及学位 ……………… 131
表 3-11　对省部级正职干部海外留学经历的描述统计 ………… 132
表 3-12　对省部级正职干部岗位变动状况的描述统计 ………… 132
表 3-13　省部级正职干部中学者型官员统计 …………………… 136
表 3-14　基于交叉分析的省部级正职干部专业技术型官员关联
　　　　 因素分析 ………………………………………………… 137

表 3-15	省部级正职干部各阶段学位配对分析	139
表 3-16	省部级正职干部中技术型官员的专业技术职务分析	140
表 3-17	学者型省部级正职干部最高学历与岗位变动情况的交叉分析	141
表 3-18	学者型省部级正职干部的专业匹配岗位数分析	142
表 3-19	涉及重大事件的领导干部情况	143
表 4-1	我国公务员队伍专业化建设的重要政策梳理（1982—2019）	175
表 5-1	厅局级干部胜任力因子分析的 KMO 与 Bartlett 球形检验结果	205
表 5-2	厅局级干部胜任力因子分析的主成分分析结果	206
表 5-3	厅局级干部胜任力因子分析的因子载荷矩阵（旋转后）	207
表 5-4	厅局级干部胜任力因子分析结果	208
表 5-5	2018 年美国 FDA 代表性高级文官岗位说明书	220
表 5-6	市场监管干部队伍专业化的组织与人事战略对照体系	223
表 5-7	美国 FDA 近五年 GS/GM 的平均职级	226
表 5-8	美国 FDA 三大高级文官任职资格条件汇总表	226
表 6-1	中国现行公务员职位体系	245
表 6-2	某企业职类职种划分表（部分）	246
表 6-3	某企业职位体系表	248
表 6-4	市场监管部门高级专业技术类公务员职务序列的创建设想（部分）	256

图目录

图1-1 "专业技术（类）公务员"检索文献的总体趋势	38
图1-2 "专业技术（类）公务员"检索文献的主题分布	38
图1-3 "专业技术类干部"检索文献的总体趋势	38
图1-4 "专业技术类干部"检索文献的主题分布	39
图1-5 技术路线图	52
图3-1 中国公务员分类管理发展演进	108
图3-2 深圳市公务员分类管理制度的改革演进	111
图3-3 深圳市综合管理类与行政执法类公务员职务序列	114
图3-4 上海市分类管理的改革演进	117
图3-5 省部级正职干部岗位变动情况统计图（一）	133
图3-6 省部级正职干部岗位变动情况统计图（二）	134
图4-1 现代公务员制度的政治、专业、行政"价值三角模型"	162
图4-2 政府专业人员的群体特征	182
图5-1 受访者的性别分布	203
图5-2 受访者的年龄分布	204
图5-3 受访者的职位类别分布	204
图5-4 受访者的教育水平分布	204
图5-5 人力资源规划的经典模式	216
图5-6 基于现状和理想状态趋近的人力资源规划模式	216
图5-7 基于核心竞争力的人力资源规划模式	217
图5-8 华为"管理-专业"双通道五职级的职位管理体系	228
图5-9 市场监管干部队伍的多通道职业发展体系	229

图 6-1 国家职业大典与职称资格认证对公务员职位体系的作用 …… 251
图 6-2 公务员职位分类体系与国家职业大典的简要对照 …………… 252
图 6-3 中国高级专业技术类公务员的职类、职级划分设想 ………… 255
图 6-4 中国高级专业技术类公务员战略管理体系的构想 …………… 260

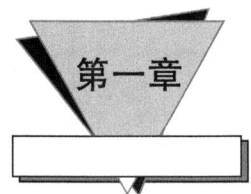

引论

国家公务员制度作为政府组织中的一个重要的制度框架,随着历史的渐变不断修正、完善,成为"支撑传统公共行政的基本假定之一"。

——盖伊·彼得斯《政府未来的治理模式》

第一章 引论

第一节 选题背景

随着时代的进步以及公众对公共服务需求的与日俱增，公共问题日趋多样化和复杂化，传统的基于利益相关者博弈而产出公共政策已逐渐让位于问题网络（issue network）下以科学知识和技能为基础的政策制定，以实现政府对新兴公共事务的有效回应，这也给政府治理现代化带来了严峻的压力和挑战①，"无疑对其国家管理制度及其运行这一管理制度的官员也提出了更高的要求"②。因此，建设高素质治国理政队伍的呼声日渐高涨，特别是那些有专业边界的高端公共事务，亟待引入各类高级专门人才加以应对。"致天下之治者在人才"，国家如何在激烈的人才竞争中"聚天下英才而用之"，如何让英才"在其位，谋其政"，这些还有待着力进行深入研究。

党的十八大以来，习近平总书记高度重视人才问题和人才工作，在多次强调"人才资源是第一资源"的基础之上提出了人才强国战略，确立了"完善和发展中国特色社会主义制度，推进国家治理体系和治理能力现代化"这一全面深化改革的总目标。随着国家治理体系和治理能力现代化的目标任务进一步细化，中央发布了针对公务员素能建设及管理原则的系列讲话、意见和条例，如新时代好干部标准、《努力造就一支忠诚干净担当的高素质干部队伍》、《关于进一步激励广大干部新时代新担当新作为的意

---

① JAMES S. BOWMAN, JONATHAN P. WEST, MARCIA A. BECK. Achieving Competencies in Public Service: the Professional Edge [M]. 2nd ed. Armonk. N. Y: M. E. Sharpe, 2004: 7.

② 蓝志勇，胡威. 谈人力资源管理工作中公务员的专业化问题 [J]. 中国行政管理, 2008 (6): 39-42.

见》等，为各级党政机关的高素质专业化干部队伍建设指明了方向。公务员制度作为国家治理体系重要组成部分，是一个国家的制度和制度执行能力的集中体现，是助推新时代中国特色社会主义建设的关键制度要素。随着"人才强国"理念深入人心，"人才优先发展战略"也成为理解党政机关人事管理现代化改革的关键语词，倒逼我国各级党政机关重视内部的"人才资源优先开发，人才结构优先调整，人才投资优先保证，人才制度优先创新"。众多相关政策动向和政治动议，也体现出新时代下将针对公务员制度中出现的不良现象和需要特别注意的问题进行系统化、整体性改革，从而打造具有中国特色的公务员制度体系的优势内核，并将其制度优势转化为治理效能。

综观中国目前的公务员管理现状，虽然在持续不断地推进制度的优化完善，但整体而言，仍然存在管理粗放化、一统化和僵硬化等问题。加之现今公共事务的复杂性叠加着社会、组织变革转型带来的高度不确定性，令尚不完备的中国公务员制度体系难以与时俱进地适应新时代中国特色社会主义建设的需要。尽管近年来中国一直在摸索公务员法律制度体系的更新，但并未触动公务员制度体系内基于职位分类的管理专业化和精细化、基于激励驱动的职业发展通道设计等深层次问题，这从最新修订并于2019年6月1日起施行的《中华人民共和国公务员法》中可见一斑。本次修订完善了公务员职务、职级以及分类管理等有关规定，包括：将原第三章章名"职务与级别"修改为"职务、职级与级别"；把其中"领导职务""非领导职务"的设置调整为"领导职务""职级"，并规定了设置原则，明确了领导职务、职级层次的划分。但是，这次修订并未从根本上提供职位分类管理的可操作性思路，也未突破公务员职位发展通道受限、跨类交

第一章 引论

流困难、激励机制失效乏力等问题，似乎进入了过于审慎的改革"瓶颈期"。如何解决这些问题？或许还需要更大的改革力度和步伐。

回顾中国古代贤人入仕的传统典型机制，考察不同国家及地区的公务员（文官）管理体系，不难发现，国家对高级人才的需求，不论古往今来、横跨中西，都存在着惊人的相似。高效吸纳、引进、保留和激励高端人才服务国家政事的需要，都要随着当时政治、社会、经济的发展进行适当的改革。同时，建立一套"以人为中心"的特色化高级公务员（文官）制度，甚至规模更加小而精的高级专业技术类公务员（文官）制度，也成为较多国家和地区的选择。高级专业技术类公务员（文官）制度体系以精细化的职位分类为基础，推行系列分类选拔、分类晋升、分类激励、分类考核等人事举措，不但能提高人才利用的有效性，而且更为重要的是，能够撬动公务员队伍行政水平的提高，带动文官队伍的整体进步，进而提高国家整体的科学决策力和回应力。

那么，中国是否也需要在现有公务员制度体系的基础上创建出一套具有中国特色的高级专业技术类公务员制度体系呢？① 这套制度体系是否是大势所趋、顺应潮流之举？如果是，又如何建设呢？本书拟通过对有关国家和地区高级专业技术类公务员管理制度研究文献的梳理和对中国古代选贤任能传统智慧的回溯，在总结、反思中国现有公务员制度体系建设的价值诉求和利好条件的基础之上，从时间向度和价值向度等方面提出中国高

---

① 本研究的立项题目原本为"创建我国高级专业技术类公务员制度"。但"专业技术类"其实是针对职位分类而言的"专业边界"，且经过研究发现，除美国建立了超越高级文官序列的"高级专业技术类文官"外，大多数国家和地区都采用的是基于职位分类思想下高级文官（senior executive system）的说法，因此，本书在部分章节也将"高级公务员"作为主要研究对象。事实上，"高级公务员"的出现必须依靠强大的职位分类体系，在职类和职级的比较坐标系中找到其职位原点，换句话说，高级公务员必须基于专业技术类职务的分工才能得以存续。

级专业技术类公务员制度体系的全景式创建构想。

第二节 研究意义

一、理论意义

本书通过对古今中外高级专业技术类公务员制度的盘点和中国现有公务员职位体系以及中国国家职位宏观体系的综合权衡，从中国公务员专业技术类别划分与层级设定的纵横维度对中国高级专业技术类公务员进行身份界定，从而拓宽中国公务员职位分类管理的视野，深化高级专业技术类公务员制度体系创建的科学依据，并进一步丰富和完善之。同时，通过剖析并借鉴"专业主义"——"公平"与"效率"之外指导现代公共人事行政的又一个重要价值，反思并完善中国语境下公务员制度改革的"专业化"价值内涵的框架，并以"专业主义"／"专业化"价值作为重要支撑性理念，创建中国高级专业技术类公务员制度体系，为现代公务员制度的迭代创新及现实推进增添价值理性，进而引起学界和有关各方对公务员制度改革价值逻辑的重视。此外，本研究借鉴了战略性人力资源管理的思路，从而为创建高级专业公务员人才的管理制度体系提供了更系统、更具前瞻性的视角，探讨了专业化价值指导下基于分类管理思想而创建的中国高级专业技术类公务员制度体系的实现路径，增强了这套制度体系的科学理性。

二、实践意义

本书旨在针对中国目前公务员管理中的突出问题和公共行政活动中所面

临的挑战，以公务员职位分类管理为基础，界定高级专业技术类公务员的身份与角色，经由历史视野下的经验传承以及国际比较视野下的经验借鉴，以"专业化"价值为指导，以战略性人力资源管理思路为框架，通过考察现有的制度基础和模式选择，对创建高级公务员选育用留等管理制度体系进行全面探讨，以进一步完善中国现代公务员制度体系，助力"拓宽社会优秀人才进入党政干部队伍渠道"，强化"关键岗位干部培养选拔"，使得"各方面优秀干部充分涌现、各尽其能、才尽其用"，打造知识化、专业化的人才队伍，全面提高干部素质和能力，提升党政机关的回应能力。同时，本书的另一实践意义是进一步转变党政机关内某些对人力资源的陈旧认知，强化"人是第一资源"在公共治理中的重要指导作用，从而进一步开拓党政机关尊重知识、尊重人才的"人才强党""人才强政"新思路，通过人力资源管理的效能增量，提升党政机关的现代化治理能力和治理水平。

第三节 研究对象的内涵与外延

一、高级专业技术类公务员的概念定义及基本特征

（一）定义界定

从一定意义上说，高级专业技术类公务员从属于高级公务员①，是公

---

① 在众多国家中，高级公务员是高级文官体系（senior executive system，SES）下的政府在职文官，是一支特别的文官队伍，他们可以是常任的事务官，也可以是有任期的政务官。他们不是传统意义上相对行政职务而言职级/层级较高的文官，而是政府中能级较高、甚至可以超然于行政职务职级金字塔结构的特殊存在体。此处，本书所指的高级公务员同样不是特指行政职务职级金字塔结构下某文官序列或代号，而是因其任职资格较高、专业能力较强而被认定的级别较高的公务员。

务员中的"超精英"群体,特指供职于政府等国家各类机关,具有特定专业资格,已在某一专业领域拥有突出建树,享有专业权威的高级专业性人才,能在机关事务的发展和研究中客观中立地提供建议,进行推荐,设计标准,帮助决策。他们一般具备研究生及以上学历,拥有相关专业研究背景和享誉国内外的声望。他们基于机关内部的职位分类管理思想及体系,通过内外部直接选录或竞争性选拔,担任高技术性公务领域的特别助理、高级代理人、政策建议者、高级咨询顾问、首席研究长官等职位。当政府等国家机关在某一专项遇到科学或技术问题时,他们可以从专业的角度贡献创造性建议或提供重要判断,从而肩负起促进经济社会发展、提升国际竞争实力和捍卫国家安全等重要职责,以更好地回应国家、社会和公众的需求。

高级专业技术类公务员就是指西方的技术官员吗?不能简单类比。从一些基本特征和主体职责来说,二者具有相似性。技术官员是指一些领域内的专家(他们不是职业政治家,甚至没有党派信仰)来充当政府高官,如部长、总理等。最典型的例子是西方一些国家的财政部长,他们中不少人拥有经济学方面的学术背景,有些还拥有多年的国际货币基金组织(IMF)从业背景,不具有选举经验,甚至不会很深地介入大选。高级专业技术类公务员与技术官员一样都是某领域的专家,都通过科学理性的学术输出以更好地服务于专业性公共事务。但是,基于他们进入政府等国家机关的通道途径以及职责岗位,二者还是存在一定的差别。首先,在西方,技术官员一般从政府外部选任,由民选政治官员指派,大多数时候经由议会审议。本书中所指的高级专业技术类文官,则既可从党政机关外部引入,也可从党政机关内部选出。虽然现在看经机关内部培养输出的相对不多,但还是具有较大可能性。其次,在西方,技术官员一般或担任政府内要职或加入内阁，其政治参与属性更强。本书中所指的高级专业技术类文官，从一定程度上而言，则更强调其专业技术性，并通过一套独特的管理制度体系保证他们专业权威或影响力的发挥。

（二）基本特征

虽然各个国家的体制机制差异较大，公务员管理体系迥异，但是放眼全球，众多国家都已经拥有了高级专业技术类公务员的职位序列，并呈现出如下两大共同的基本特征。

一方面，高级专业技术类公务员的产生、发展离不开对政府部门"专业"及"专业人员"价值意义的澄清。就"专业"而言，其英文表达"profession"在《朗文当代高级英语词典》（第二版）中，被定义为"尤指受过教育和专门训练的法律、医学、教育等脑力劳动方面的专业或职业"①。多年来，不同领域的学者对"专业"一词关注有加。社会学主要从教育程度、正式的资格认证、全职活动、谋生手段、专家社会、职业准则等或选其一或加以组合，对专业进行描述。社会学家卡尔-桑德斯（Carr-Saunders，A. M.）认为："所谓专业，是指一群人在从事一种需要专门技术的职业。专业是一种需要特殊智力来培养和完成的职业，其目的在于提供专门性的服务。"②马克斯·韦伯从宗教学意义上揭示了"专业"可能包含"职业劳动"、"使命"（mission）或"召唤"（calling）的含义③。布兰德斯（Brandeis）从管理学的角度提出"专业是一个正式的职

---

① 朱原，等译. 朗文当代高级英语辞典 [M]. 2版. 北京：商务印书馆，2002：1197.
② 蓝志勇，胡威. 谈人力资源管理工作中公务员的专业化问题 [J]. 中国行政管理，2008（6）：39-42.
③ 马克斯·韦伯. 学术与政治 [M]. 冯克利，译. 北京：生活·读书·新知三联书店，2005：45.

业,为了从事这一职业,必要的上岗前的训练应该以智能为特质,包括知识和某些扩充的学问……"①。从某种意义上说,"职业"与"专业"密不可分。在公共行政学语境里,弗雷德里克·莫舍(Frederick Mosher)将"专业"界定为一种社会机制,能将知识,特别是新知识转化为具体的公共行为和公共服务②。因而,公共行政领域所谓的"专业"应该是实现专业知识与公共服务转换的一种有效机制,能为政府提供一定的行事标准,能体现政治、行政及社会价值,能反映规范化的道德伦理。

就专业人员而言,马克斯·韦伯曾谈到"只有严格的专业化能使学者在某一时刻,大概也是他一生中唯一的时刻,相信自己取得了一项真正能够传之久远的成就"③。若想成为专业人士,最基本的是要满足技术方面的要求,这种技术性的表现应该与相应的专业机构紧密相关。因此,某些专业人员还会通过加入专业组织或通过专业资格认证,来确保自己的"专业身份"或"专业权威"。这就要求他们必须遵守这些专业组织和资格认证所要求的基本职业准则或操守④。公共部门的专业人员被认为是具有某一专业特长,并利用这些专业特长提供高质量的公共服务的人,能用他们拥有的"无比丰富的知识"去解决"政府中的技术性问题"⑤。因而在公务

---

① 赵康. 专业、专业属性及判断成熟专业的六条标准:一个社会学角度的分析 [J]. 社会学研究, 2000 (5): 30-39.

② FREDWRICK C. MOSHER. Democracy and the Public Service [M]. New York: Oxford University Press, 1982: 116-117.

③ 马克斯·韦伯. 学术与政治 [M]. 冯克利, 译. 北京: 生活·读书·新知三联书店, 2005: 23.

④ JAMES S. BOWMAN, JONATHAN P. WEST, MARCIA A. BECK. Achieving Competencies in Public Service: the Professional Edge [M]. 2nd ed. Armonk. N. Y: M. E. Sharpe, 2004: 36-68.

⑤ 马克斯·韦伯. 学术与政治 [M]. 冯克利, 译. 北京: 生活·读书·新知三联书店, 2005: 70-72.

员体系中，最有资格任职的候选者就是那些拥有知识、技能和能力的人，即那些专业人员①。这样的专业人员能占据公共服务中一些独特的职位，如军事、外事或公共医疗、消防等领域的职位，这些职位在其他私营部门中很难存在。

另一方面，高级专业技术类公务员的身份确立还需要植根于政府机关的职位分类思想及管理原则，科学的职位分类能为政府提供工作目录。基于职位分类划分的专业技术类公务员，要求强调机关单位中与行业领域相关的专业性和特色。不论什么行业、什么部门，只需要客观、系统地考虑到每个职位的四个要素，即工作种类相似、工作繁简难易程度相当、工作责任大小一致和所需资格条件相同的职位实行统一的工作标准，并在后续的薪酬、晋升等常规管理中给予同等的待遇，以此提升政府管理的专业化水平②。依据专业分工和职位性质等，可将政府内部的专业技术性职位合并同类项并划分成特定的职类、职种、职门，等等。比如科学技术类职类，可以分为计算机科学、信息安全、通信工程等职种，而计算机科学职种又可分为软件工程、解码加密等职门。那些任职于工作要求难度较大、工作责任更重大的不同专业职类高级职位的公务员称之为高级专业技术类公务员，但是高级专业技术类公务员的"高级"仅限于某一特定职类，假若要跨职类任职，其"高级"身份需要重新进行评估认定。

---

① 唐纳德·克林格勒，约翰·纳尔班迪. 公共部门人力资源管理：系统与战略 [M]. 4 版. 孙柏瑛，等译. 北京：中国人民大学出版社，2001：12.

② 魏少妮，刘莎，田月丽. 浅议专业技术类公务员的分类管理 [J]. 企业导报，2014（14）：90-91.

二、高级专业技术类公务员的应然职责

基于公务员管理体制机制的差异,不同国家和地区高级专业技术类公务员的职位序列存在较大差异。例如,是否"政治–行政"两官分途而治,就给国内外公务员管理的比较借鉴研究带来了挑战。并且,发挥他们专业才智的平台载体或途经通道也不尽相同,有的是入阁,有的是担任政治要职,有的是单列公务员职位序列等。然而,正如比较公共行政功能研究法的集大成者阿尔蒙德所说,"比较应该是以'政治系统中实施的相同功能'为基础,而不是简单地对政治系统中专门的政治组织进行比较,后者效用有限且适用性不高"。他主张在"什么是结构的恰当功能"的基础上,建立比较分析的理论框架,"使得一种比较分析方法可以用于各种政治系统"①。

事实上,从规范性来说,不同国家和地区的各个历史时期都存在类似于高级专业技术类文官(公务员)的角色。他们在政府决策、专业项目及组织协调等过程中充当着相似的高级角色,例如:现代政府里的特别助理、高级代理人或政策建议者、参谋、协调员等;我国古代的谋士等也承担着相似的职责,他们利用不偏不倚的专业智慧,担任专家咨询,参与领导决策,确立技术标准,协调相关冲突。

(一)提供专家咨询

首先,高级专业技术类公务员必须能作为专家为政府等国家机关和官员提供专业协助、专业建议及技术判断。大前研一在《专业主义》一书中这样说:专家要控制自己的情感,并靠理性而行动;他们不仅具备较强的专

---

① 费勒尔·海迪. 比较公共行政 [M]. 刘俊生, 译. 北京: 中国人民大学出版社, 2006: 11.

业知识和技能以及较强的理念，而且无一例外地以顾客为第一位，具有无穷的好奇心和无止境的进取心，严格遵守纪律；以上条件全部具备的人才，我才把他们称为专家①。因为他们"专业冷静的性格、较强的分析力"②，能够对政府等国家机关内的生化、能源、环境、卫生、航天等高科技行政事务方面的问题进行定义与探索，能够提供研究报告、设计方案及规划方案的实施步骤，论证其创新性并预测项目进展中可能影响最终成果的因素等。

其次，高级专业技术类公务员需要为某些专业项目或其他专业人员提供技术咨询与建议，进行推荐。因为他们一般都是某一领域的专家，需要利用自己高超的专业技能及创造力，通过一系列的测试或仿真等，为项目难题的解决提供方案，并帮助其他专业人员解析问题，寻找并领悟专业技巧的细节，参与领导决策。从政策分析理论角度来探讨，高级专业技术类公务员的出现及发展，体现了"专家建议论"向"专家指导论"的过渡，这是增强政府和各类国家机关回应性的必然要求。同时，在内在特征如服务动机的驱动及相关制度的保障下，高级专业技术类公务员的客观分析及科学理性能得到有效利用，并能帮助他们在决策过程中发挥"专业权威"，以推动制定更多的科学决策。

（二）确立技术标准

简单而言，高级专业技术类公务员应该是某一专业领域的"稀缺专家"，他们精通技术规范与职业准则，熟悉创新、技术的发展和整合，能利用仿真、实验等科学方法计划、指导研究，调查项目和具体的行为。他

---

① 大前研一. 专业主义 [M]. 裴立杰，译. 北京：中信出版社，2019：3-11.
② JOHN NALBANDIAN. The Manager as Political Leader: A Challenge to Professionalism? [J]. Public Management，2000（3）：7-12.

们掌握国家及行业内研究、发展、测试、评估等相关政策和程序的知识，因而能采用科学、有效、合法的方法与手段，为政府等国家机关内的专业领域或职位序列提供明确的技术标准，帮助业内专业人员了解合理的工作规则及基本、有效的规范。弗雷德森·艾略特（Eliot Freidson）评论道："专业主义是以专门知识为基础的，这区别于政治官僚及以市场为导向的工作形式，因而专业复兴过程中的实践者可能会失去某些独立性。但是，作为一个专业精英，他们能对标准更负责任。"一般而言，"专业权威"来源于行业领域内其他人共同认可及遵循的标准。登哈特认为，"行政官员的职责是以专业知识和行为规范为基础的，所以行政官员应该对他们的同类专业人员负责以满足共同赞成的标准"①。换句话说，前面所强调的技术标准应该与行业内的普适性标准相符。另外，弗雷德里克森曾提出"公务员义不容辞的责任就是能够建立和保护公平的标准和测量，以及认识公共服务对公民的尊严和福利的影响"②，因而理想的技术标准不应该是"冷冰冰地"对效率或"技术理性"的追求，它应该包含更多对公平、公正及人性等的考虑。

（三）协调相关利益

现代政府和国家各类机关中，不断涌现由跨学科政策专家组成的复合团队。行政事务的复杂化导致了人员构成及人员意见的多元化。因而，高级专业技术类文官需要运用让人信服的沟通、建议、提倡、表达方式，解释相关政策条文，并帮助协调争议。同时，他们还需要运用相关技术标

---

① 珍妮特·V.登哈特，罗伯特·B.登哈特.新公共服务：服务而不是掌舵[M].丁煌，译.北京：中国人民大学出版社，2010：88.

② GEORGE H. FREDERICKSON. New Public Administration [M]. University of Alabama Press, 1980：46.

第一章 引论

准，调节"政治官员"与"行政官僚"间的矛盾与冲突。"通过专业标准帮助科学和政治领域的合作和相互理解"①，这既可以鼓舞行政官僚的政治精神，也可使政治官员静下心研究技术详情，这种新生的倾向有助于组织内部的政策更快达成一致②。

三、高级专业技术类公务员制度及其实然表现

基于以上对高级专业技术类公务员的特殊身份、任职要求及角色职责的阐述可以看出，高级专业技术类公务员有着不一样的群体特征和招录标准，若想让他们放弃专业、行业领域内因专业权威带来的高薪及声望，投身政府等国家机关并愿意为公共事业奉献才智，需要一套有别于一般公务员的管理制度。国家需要通过设计适合高级专业技术类公务员特点且对高级专业技术类公务员具有有效管控力的选育用留等人事管理机制，体现对人力资本价值的重视，对个人成长规律及人力资源市场规律的遵循以及对政府等国家机关政治价值的秉承。

目前，许多欧美和亚洲国家都创建了基于职位分类的高级公务员制度。崇尚专才的美国还在高级文官制度的基础上，进一步细分出高级专业技术类文官（senior professionals，包含高级科技文官 ST 和高级专业文官 SL 两大细分职业分支）制度，涵盖以联邦政府文官职位体系为基础的高级专业技术类文官的职位管理、人才招录、选拔、培训、绩效考核、薪资

---

① KERNY, R. C, SINHA, C. Professionalism and Bureaucratic Responsiveness: Conflict or Compatibility [J]. Public Administration Review, 1988 (48): 571-579.

② 乔尔·阿伯巴奇，罗伯特·普特南，伯特·洛克曼. 两种人：官僚与政客 [M]. 陶远华，等译. 北京：求实出版社，1990：298.

计算以及奖励、福利制度等一套整合的制度体系，既体现了对这个群体特殊个性的关怀，也体现了鲜明的时代特色。最为关键的是，这套制度实现了对美国高级专业技术类文官的有效管理。在上述相关制度体系下，美国高级专业技术类文官在稳定性及工作满意度方面表现优于一般文官，他们个体的回应能力也有积极提升，这有利于政府整体回应能力的上升①。

四、中国高级专业技术类公务员及其制度的初步构想

党的十九大报告提出的新时代要"建设高素质专业化干部队伍"的目标，进一步明确了我国干部队伍建设的重大原则、基本要求和重点工作，为中国公务员现代治理能力的提升指明了方向。因而，创建中国高级专业技术类公务员制度，符合新时期赋予我国公务员队伍梦想和荣光的目标。同时，面对我国井喷式出现的复杂公共事务以及党政机关精细化管理的内涵式发展要求，创建中国高级专业技术类公务员制度也成为提升现代国家治理能力的一种必然选择。

本研究的初步构想，是依靠强大的职位分类体系，将我国现行综合管理类、行政执法类、专业技术类的职位体系进一步做精做细，重点依据行政执法类和专业技术类的任职资格条件进行"专业门类"的进一步细化，打破机关内部与社会上专业职位的分隔状态，打通国家机关内外专业人才的发展通道；进一步依靠职业大典等通用型社会职位体系划分，梳理基于专业门类的我国公务员职位坐标系，树立基于专业职类和职级比较的我国高级专业技术类公务员的职位集群，进而创建适合其职业发展特点及我国

---

① 潘娜. 美国高级专业技术类文官与政府回应性 [D]. 北京：中国人民大学，2011.

现代公务员管理需要的高级专业技术类公务员制度体系，不但包括选育用留等基础性管理制度框架，而且涵盖管理价值、设计原则、创建思路和实现路径等各个制度模块。

第四节 文献综述

本书以"创建中国高级专业技术类公务员制度"为题，虽或有"超前"之嫌，但综观国际学界，其实已经有大量关于高级专业技术类文官的相关研究，探索如何通过高级公务员制度建设更好满足政府的回应性需求。但是因为高级专业技术类公务员的出现较晚（比如美国直到20世纪90年代才出现类似职位序列，而有些国家和地区也仅仅基于职位分类划定了高级文官/公务员/行政官员的职位序列，并在高级文官制度体系里涉及一些专业门类高级文官的管理），各个国家和地区高级专业技术类公务员的存在历史较短，人数较少，鲜少为公众所注意，也并未引起学者们的更多关注，所以直接针对高级专业技术类公务员的学术文献不多。结合对国内外相关研究的梳理，本书重点围绕"高级文官/公务员/行政人员"（简称高级公务员）与"专业技术类文官/公务员/行政人员"（简称专业技术类公务员）的管理及其制度而展开，并尝试对高级专业技术类公务员制度的相关研究进行整体评析。

一、国外的研究

（一）高级文官制度

通过梳理相关文献，我们发现，美国学者早在20世纪40年代就开始

了对其本国高级文官的专门研究,学者本迪克斯(Bendix)研究了美国高层次文官体系中拥有较高权力文官的社会起源、职业及其地位问题①。但是在1978年美国高级文官正式产生之前,相关研究只是凤毛麟角,尚未形成气候,为此休·赫可洛(Hugh Heclo)曾在1977年提出"目前对联邦高层次活动知之甚少,应该大力加强对高层级文官的研究"②。

1978年出台的《文官改革法案》,确立了美国高级文官的合法身份。此后,随着美国高级文官制度国际影响力的增加,对其进行的研究逐渐增多。这些研究主要探讨了以下三个方面。

1. 高级文官的角色和职能

朱莉·杜兰(Julie Dolan)在其论文《影响联邦政府的高层决策:常任和政治任命高级文官比较》中,针对1 000名美国高级文官进行了问卷调查。分析结果显示,政治任命高级文官和常任高级文官的工作职责存在差异,政治任命高级文官比常任高级文官承担更多的政治联络活动,如沟通联系国会、相关利益集团等,但常任高级文官则比政治任命高级文官担负更多事务性责任,如人事管理等③。

2. 基于价值分析的高级文官管理

首先,在政治任命高级文官的政治回应性这个问题上,存在两种不同的观点。一种观点认为,政治任命高级文官对政治问题具有较高的敏感

---

① REINHARD BENDIX. Higher Civil Service in American Society: A Study of the Social Origins, the Career and the Power-position of Higher Federal Administrator [M]. Boulder, 1949.

② HUGH HELCO. A Government of Strangers: Executive Politics in Washington [M]. Washington D. C: Brookings Institution, 1977: 1.

③ JULIE DOLAN. Influencing Policy at the Top of the Federal Bureaucracy: A Comparison of Career and Political Senior Executive [J]. Public Administration Review, 2000 (11/12): 573.

第一章 引论

度，能切实加强对总统所期望政治目标的回应。乔尔·阿伯巴赫（Joel Aberbach）在《变革时代的美国联邦行政人员》中，通过相关数据论证，提出文官改革法案对政治任命官员的政治回应性确实起到了积极的作用；詹姆斯·P. 菲夫纳（James P. Pfiffner）在《政治任命官员和常任文官：第三世纪的民主与官僚的关系》中，也肯定了"政治任命高级文官确实是一种加强总统控制的有效手段"[1]。另一种观点认为，政治任命高级文官对加强政治回应性的作用不大。英格拉汉（Pattricia W. Ingraham）在《建设或破坏桥梁：总统、政治任命高级文官和行政官僚》一文中指出，政治任命高级文官因任期短及缺乏相应的管理才能，不能成为总统的"得力"助手，不能有效控制行政官僚[2]。

其次，高级文官的"政治化"现象。弗朗斯·E. 若克（Francis E. Rourke）在《行政人员对总统政策的回应：里根政府时期》一文中，明确指出在里根政府时期确实出现了普遍的高级文官政治化现象，但这在客观上加强了行政官僚的政治回应性[3]。

最后，政治任命高级文官与常任高级文官之间的冲突关系。《高级文官报告》一书指出，政治任命高级文官和常任高级文官之间从一开始就存在着政治化的冲突。由于政治任命高级文官受到来自上层的政治压力以及本人任期的压力，流动性大，要求变革的欲望强烈，推出的相关决策一般

---

[1] JAMES P. PFIFFNER. Political Appointees and Career Executives: The Democracy – Bureaucracy Nexus in the Third Century [J]. Public Administration Review, 1978, 47 (1): 57-65.

[2] PATTRICIA W. INGRAHAM. Building Bridges or Burning Them? The President, the Appointees, and the Bureaucracy [J]. Public Administration Review, 1987, 47 (5): 425-435.

[3] FRANCIS E. ROURKE. Executive Responsiveness to Presidency Policies: The Reagan's Executive Branch [J]. Public Administration Review, 1997, 57 (1): 75.

从政治角度出发，寻求短期效应。这给稳定的常任高级文官带来了政策执行时的压力，影响了政府工作的延续性①。其他持类似观点的代表性论文还包括保罗·罗仁（Paul Lorentzen）的《政治任命官员和行政官员的紧张关系》②等。

3. 高级文官制度的创新扩散

基于技术效率及有效性，美国高级文官制度得以在国际范围内传播，特别是在英语系国家。学者 T. J. 拉和詹姆斯·佩里（T. J. Lah & James L. Perry）探讨了美国联邦文官改革法案对经济合作与发展组织成员国的"辐射"作用，其中特别对美国高级文官制度被经济合作与发展组织成员国接受的年份进行了综述，较早接受并学习这一理念的包括葡萄牙（1979年）、加拿大（1981年）、澳大利亚（1984年）等③。

（二）专业技术类文官制度

1. 专业技术类公务员研究的代表性专著

美国学者弗雷德里克·莫舍被西方公共行政学界公认为系统研究公共部门专业技术类公务员的"第一人"④。继1968年撰写专著《民主与公共

---

① MARK W. HUDDLESSON. Report of the Twentieth Century Fund Task Force on the Senior Executive Service: The Government's Managers [M]. New York: Priority Press Publications, Background Paper, 1987.

② PAUL LORENTZEN. Stress in Political – Career Executive Relations [J]. Public Administration Review, 1985, 45 (3): 411-414.

③ T. J. LAH, JAMES L. PERRY. The Diffusion of the Civil Service Reform Act of 1978 in OECD Countries: A Tale of Two Paths to Reform [J]. Review of Public Personnel Administration, 2008 (28): 282-299.

④ JAMES Perry. Democracy and the New Public Service [J]. The American Review of Public Administration, 2007, 37 (1): 3-16. FRANK P. SHERWOOD. Responding to the Decline in Public Service Professionalism [J]. Public Administration Review, 1997, 57 (3): 212.

服务》① 之后，他又于1982年对该书进行了全面修订。该书被美国国内外的众多学者广泛引用。在书中，他重点探讨了美国文官队伍职业化的发展阶段（表1-1）。他认为政府专业技术职位是连接知识、理论与公共目标的"纽带"，并提出按照承担管理与专业性质事务的多寡，将政府内的行政人员划分为管理人员、专业人员及身兼专业与管理事务的人员；同时，他还细致描述了政府专业技术人员的持续性学习能力、自主性等个性特征，此外，他还主张对政府的专业技术人员加强教育与培训，并特别强调了伦理道德方面的培训，以提升专业技术人员在提高政府民主过程中的作用。

表1-1　莫舍对美国文官队伍职业化发展阶段的描述

阶段	时间段	标志事件	特征
绅士政府卫士国家阶段	1789—1829	华盛顿上任	美国建国初期，由当时的资产阶级绅士或革命者立国和监国，注重对官员家庭背景、教育程度、名流身份、党派出身及忠诚度的考察
普通人政府政治分肥阶段	1829—1883	杰克逊上任	美国内战前，杰克逊政府强调公共工作简单化，普通人都可以胜任，任命是对其服务于该政党的一种奖励
好人政府改革阶段	1883—1906	彭德尔顿法案的颁布	注重政府改革，认为改革是由知识分子所主导的；强化公共行政的道德意识；功绩制实施，强调行政人员的管理才能与专业技术
效率政府科学管理阶段	1906—1937	纽约市研究局的建立	泰勒的科学管理思潮盛行，讲究效率优先及技术理性，追求增长和发展，强化组织的专业化分工，认为存在最佳的工作方式

---

① FREDERICK C. MOSHER. Democracy and the Public Service [M]. New York: Oxford University Press, 1982.

续表

阶段	时间段	标志事件	特征
管理人政府管理经营阶段	1937—1955	布朗诺委员会报告	从罗斯福政府到约翰逊政府时期,对社会的大规模干预;行政人员被要求更高的政治敏感度与知识,以帮助总统履行更多的职责
职业人政府科学管理阶段	1955—现今	第一届和第二届胡佛委员会	公共管理专业化阶段。文官开始有自己特定的、专门的某一工作领域,这一领域需要娴熟的专业能力,文官可以在该领域追求终身职业

注:表中的阶段、时间段及标志事件译自莫舍的原著《民主与公共服务》,特征由本书作者归纳

另一本引人注目的专著是美国学者詹姆斯·S. 鲍曼（James S. Bowman）等所著的《公共服务的能力获取:专业人员的优势》。该书于 2004 年初出版,并于 2010 年出了修订版。该书深入分析了公共服务的复杂性、矛盾性及竞争性,剖析了美国政府新旧公共服务中都出现了的政治控制与专业人员控制间的紧张关系。作者认为,尽管功绩制终结了政党分肥制下的高度政治化,出现了公共服务的专业化,但政治活动总在恣意动摇着公共服务决策,进而凌驾于专业人员的专业价值与专业规范之上。如今,对政治化与专业主义的关系的探讨已成为公共行政领域的关注焦点[①]。

鲍曼归纳了专业技术类人员的两点关键能力:以性格特征为基础的能力模型包括应用技能的自主性、对技能的认可、专业技能、坚持服务导向、与专业团体组织的联系,及应用专业技能时遵循一定的行为准则等;以决策为基础的能力模型则强调专业技术人员应具备解决复杂任务及问题

---

① JAMES S. BOWMAN, JONATHAN P. WEST, MARCIA A. BECK. Achieving Competencies in Public Service: the Professional Edge [M]. 2nd ed. Armonk. N. Y: M. E. Sharpe, 2004: 21.

的能力等。从"决策-模型"出发,他主张政府中的专业人员应该精明强干,并有较高的技术能力、道德水平及领导技艺,这三者构成了政府中完美专业技术人员的"能力三角模型"①。

2. 专业技术类公务员研究的学术论文综述

从已有学术性论文来看,国外学者尤其是美国学者对专业技术类公务员的研究较多,主要围绕概念内涵、诞生缘由、能力要求与个性特征、承担责任及存在意义等主题而展开。其中,从公共行政学的角度及公共人力资源管理的角度探析专业技术类公务员与政治回应性的关系,以及政府内专业技术类人员的引、留、考核及赋权等管理举措是研究热点。

(1) 政府专业技术类公务员的内涵与外延

关于内涵,特里·库珀(Terry Cooper)认为,需要联系公共行政人员的公民身份去重新定义专业主义。行政人员是受公民雇佣并代表公民的一群人,他们的首要角色是公民,因而行政领域中专业人员的权威来自公民,不能脱离专业人员所处的政治团体去认识专业主义②。

至于外延的讨论,主要涉及以下几方面:

一是发展。保罗·斯达尔(Paul Starr)教授认为,社会的专业化发展影响公共部门专业人员的发展。他认为"在美国,20 世纪早期的医学专业的发展势头造就了政府公共医疗与公共卫生事业的产生与蓬勃发展"③。蓝

---

① JAMES S. BOWMAN, JONATHAN P. WEST, MARCIA A. BECK. Achieving Competencies in Public Service: the Professional Edge [M]. 2nd ed. Armonk. N.Y: M. E. Sharpe, 2004: 21.

② TERRY L. COOPER, LUTHER GULICK. Citizenship and Professionalism in Public Administration [J]. Public Administration Review (Special Issue: Citizenship and Public Administration), 1984, 44 (3): 143-151.

③ PAUL STARR. Professionalization and Public Health: Historical Legacies, Continuing Dilemmas [J]. Journal of Public Health Management and Practice, 2009 (11) (Supply): 26-30.

志勇（G. Zhiyong Lan）教授等认为，政府的工作范围正从最简单的非技术工作向复杂的任务过渡，公共工程、原子核研究、信息技术、生物工程、环境保护等新兴内容都对政府创造性解决问题、制订战略性计划及破除常规等提出了很高的要求①，因而对政府中专业人才质量与数量的要求日渐提升。

二是道德能力要求。威尔逊提出，专业公务员在加强自身能力建设的同时，需要提高自己对文官体系原则的认同和对公共利益及其理念的赞同②。弗兰克·P. 舍伍德（Frank P. Sherwood）坚持认为，除了以知识为基础的能力之外，政府的专业技术人员还应注重对伦理道德能力的追求③。事实上，除了专业知识和技能之外，学者们一致认为行政道德也是公务员不可忽视的一项能力要求。

三是个性特征。沃伦·本尼斯（Warren Bennis）在对"未来组织"的描绘中，提到未来专业技术人可能要求参与更多的组织活动及自主权④。正如有学者指出：有些专业性官僚人员反对控制，是因为他们喜欢自主权，如果他们成为自己的主人，他们的生活会相对容易一些，因为他们感觉自己最内行⑤。

---

① G. ZHIYONG LAN, LERA RILEY, N. JOSEPH CAYER. How Can Local Government Become an Employer of Choice of Technical Professionals [J]. Review of Public Personnel Administration, 2005, 25 (3): 238.

② 伍德罗·威尔逊. 行政学研究 [G]//彭和平，竹立家，译. 国外公共行政理论精选. 北京：中共中央党校出版社，1997.

③ FRANK P. SHERWOOD. Responding to the Decline in Public Service Professionalism [J]. Public Administration Review, 1997, 57 (3): 212.

④ WARREN BENNIS. Organization of the Future [G]// JAY M. SHAFRITZ, ALBET C. HYDE, SANDRA J. PARKERS. Classics of Public Administration. 5th ed. Wadsworth, 2004: 247-248.

⑤ GREGORY STREIB. Professional Skill and Support for Democratic Principles: The Case of Local Government Department Heads in Northern Illinois [J]. Administration & Society, 1992 (24): 22-40.

四是职责。福尔内（M. O Fulner）认为，公共服务的专业人员至少被三种不同类型的价值观或相冲突的理性原则所限制：第一，诚信原则，它是对法律认同感的反映；第二，责任感原则，它是对专业人员所属专业领域内的伦理道德及知识基础的遵循；第三，回应性原则，它反映了对不同政治领导要求及行政机构中不同要求链条的认同①。因此，福尔内主要从法律的、专业的及政治的途径来认识公共专业人员的职责。学者巴拉特（W. Barrett）认为，作为专业领域中的一员，公共专业人员也是"某一职业领域内或专业化进程中的主要创造者"，因而他们必须"坚持对技术持续进步的信念，保持足够的技术理性"②，这种技术理性植根于专门的内行知识、法治保障的社会身份、自主性及行业内对实践的控制，这是对专业标准的一种赞同与坚持。另外，约翰·纳尔班迪（John Nalbandian）认为"专业主义是要搭建行政现代化与公民参与的桥梁，有效的公共部门专业人士需要在他们的基本职责之上，承担以效率为目标的行政现代化及以民主为目标的公民参与的职责"③。

（2）政府回应视阈下的专业人员及专业主义价值的效应之争与正名

政府回应性是指"政府承担的公共责任"。现今国外学者对"政府回应性"的研究已经超越了"一般性描述分析"，不少定量的研究方法已经开始应用到"回应性"的测量和评估中。常用的"政府回应性"测评指

---

① M. O FULNER. Advocacy and Objectivity: A Crisis in the Professionalization of American Social Science [M]. Lexington. KY: University of Kentucky Press, 1975: 1865-1905.

② W. BARRETT. The Illusion of Technique [M]. Garden City, New York: Anchor Doubleday, 1979: 229.

③ JOHN NALBANDIAN. Professionals and the Conflicting Forces of Administrative Modernization and Civic Engagement [J]. The American Review of Public Administration, 2005 (35): 311-326.

标涉及效率、政府财政与预算的统一、责任、平等、中立能力、专家参与和专业主义①，以及民众对政府行为的感知或满意度，等等。可见，专家参与已经成为政府回应民众的重要参考指标，成为联系政府和公众的重要纽带。在现代公共治理中，专家才智备受倚重。然而，随着专业人员在政府部门中地位的提高及权威的增强，有学者担心专业人员或专业主义价值的局限性会威胁到民主等公共价值，进而对政府的回应能力造成消极影响。当然，大部分学者还是对专业人员和专业主义价值的积极效应给予了充分肯定和正面阐释。

①消极影响。库珀曾提出，"专业主义实践的消极影响主要来自行政人员对它所带来的'外部产出'如金钱、声望、地位、职位和权力等的过分追求，这也被认为是专业主义最应该受到谴责的负面影响"②。另外，有学者担心对"专业主义"价值的推崇很容易引起专业人员的"傲慢自大"与"短视"。学者科内斯·R. 格林内（Kenneth R. Greene）认为，专业分析人员的理性化取向与更着眼于回应人民需求的官员偏好之间可能在对待某一公共问题时存在分歧，这时专业主义和客观主义至上的观点为文官忽视外部意见提供了方便的、合理化的理由③。若克（F. Rourke）也提出，专业技术人员由于自身专业的狭隘性，只能理解他们所掌握的知识的细枝末节而没有全局概念，容易产生不能广纳公众意见的后果或忽视对公众利

---

① GRACE HALL SALTZSTEIN. Bureaucratic Responsiveness: Conceptual Issues and Current Research [J]. Journal of Public Administration Research and Theory, 1992, 2 (1): 63-88.

② COOPER, T. L. Hierarchy, Virtue, and the Practice of Public Administration [J]. Public Administration Review, 1987 (48): 322.

③ KENNETH R. GREENE. Municipal Administrators "Receptivity to Citizens and Elected Officials" Contacts [J]. Public Administration Review, 1982 (42): 4346-4353.

第一章 引论

益的考虑，因而造成"专业近视"（professional myopia）现象，对民主价值不利。①

②积极效应。首先，专业人员或专业主义与公共价值并不冲突，而是能够共存。考夫曼（Kaufman）早在1956年就曾评价道，"回应性与专业主义总是被当作民主官僚制设计与执行中的高等级价值"，他同时强调"应坚持专业人员的政治中立能力，才能保证民选官员在进行'政治说服'（political persuasion）时能有效利用他们的知识与技术参与国家政策过程"②。帕特丽夏·W.英格拉汉和班·卡罗琳（Ingraham, Patricia W. & Ban, Carolyn）认为，民选官员的政治控制与专业技能/客观化不存在孰轻孰重的问题，它们都是行政过程的简单组成部分③。克里斯托弗·丹尼尔与布鲁斯·J.罗斯（Christopher Daniel & Bruce J. Rose）将对教育重要性的认识、持续性学习、参与专业组织等作为专业人员专业化水平的测评维度，将代表性等作为专业人员政治敏锐度的测评维度，通过实证方法证明了专业主义与民主价值并不相悖④。学者纳尔班迪用案例法讲述了作为专业人员的城市职业管理人员如何与政治官员斡旋、如何帮助普通人的故事，以表明专业人员应该具备一定的代表性、讲求高效并具有维护社会公

---

① F. ROURKE. Responsiveness and Neutral Competence in American Bureaucracy [J]. Public Administration Review, 1992, 52 (6): 539-546.

② KAUFMAN, HERBERT. Emerging Conflicts in the Doctrines of Public Administration [J]. American Political Science Review, 1956, 50 (12): 1057-1073.

③ INGRAHAM, PATRICIA W, BAN, CAROLYN. Politics and Merit: Can They Meet in a Public Service Model? [J]. Review of Public Personnel Administration, 1988, 8 (1): 7-19.

④ CHRISTOPHER DANIEL, BRUCE J. ROSE. Blending Professionalism and Political Acuity: Empirical Support for an Emerging Ideal [J]. Public Administrate Review, 1991, 51 (5): 438-440.

平和公民权利的决心和勇气①。

其次，专业主义价值还能提升公共价值。科尼和辛哈（Kearny & Sinha）描述了专业主义对组织民主的贡献，认为专业人员及其专业主义的价值主要具有四项优势：第一，通过专业标准提升官员的责任感和责任心；第二，是一般官僚顽疾的解药；第三，促进科学和政治领域的合作与相互理解；第四，为专业技术人员提供了内部激励的重要源泉。同时，针对有些人认为"公共行政领域专业人员凌驾于机构价值之上"以及"专业人员的目标与公共利益相冲突"等担忧，他们总结了这些认识的错误所在，认为其具体表现在：其一，专业人员和组织的价值未必相互冲突；其二，专业内的成员不会坚持相同的价值；其三，专业官员能代表更广泛的社会；其四，专业知识或专长不存在垄断；其五，对官员的活动有很多政治方面的审查，不存在官僚势力的膨胀②。此外，斯吹伯（Gregory Streib）虽承认"专业主义会给民主政府带来一些威胁"，但他运用定量的方法证明，一定部门内专业人员的技术增长、教育提高及城市经理人的出现等，能提升专业人员对公民参与的关注度及对政治领导的尊重③。

综观国外对于专业人员与"专业主义"价值积极和消极影响的看法，尽管存有怀疑甚至质疑，然而对其持积极、正面评价的文献还是占多数；特别是认为其与公民参与、政治大局、公共利益之间并无冲突，政府甚至

---

① JOHN NALBANDIAN. The Manager as Political Leader: A Challenge to Professionalism？［J］. Public Management，2000（3）：7-12.

② KEARNY，R.C，SINHA，C. Professionalism and Bureaucratic Responsiveness：Conflict or Compatibility［J］. Public Administration Review，1988（48）：571-579.

③ GREGORY STREIB. Professional Skill and Support for Democratic Principles：The Case of Local Government Department Heads in Northern Illinois［J］. Administration & Society，1992（24）：22-40.

还能通过专家的引入增益政府文官队伍整体的公共价值,因此,专业人员与"专业主义"价值能显著提升政府快速、有效回应公众需要的能力,政府通过适当的专业技术人才管理,能积极促进政府回应能力的提升。

(3) 专业技术类公务员的管理举措

国外学者针对政府专业技术类公务员管理的主要研究列举如下(表1-2):

表1-2 公共部门专业技术类人员管理的国外研究列表

作者	研究方法	核心观点
蓝志勇等,2005	案例	政府吸引信息技术方面的专才:以亚利桑那州凤凰城为例,探讨战略性人力资源计划在政府人才吸引方面的重要性
罗伯特·哈夫,1982	定性	留住优秀公共财会人员的策略:选择那些真正有志于长期从事公共财会职业的人;好的留任始于好的选拔;尊重职员需求;提前做好人员离职的准备
桑利·安德桑,1999	定性	公共部门雇佣、留任公共医疗信息技术的专业人员的方法:一般技术人员参与的项目较长,因而关键是要听取并满足他们的需要
弗兰克·舍伍德,1997	定性	应对公共服务专业主义的减少:创造环境给予专业人员支持与信任,加强入职前培训,促进专业资格认证体系的改进及招募人才的渠道
詹姆士·科尼和约翰·纳尔班迪等,2007	定性	增强专业人员的作用:法治化能促进公共专业技术人员的信任、尊重及自我判断力而无须过多的监管

注:本表的制作参考了 G. ZHIYONG LAN, LERA RILEY, N. JOSEPH CAYER. How Can Local Government Become an Employer of Choice of Technical Professionals [J]. Review of Public Personnel Administration, 2005, 25 (3): 238. ROBERT HALF. Keeping the Best Employee Retention in Public Accounting [J]. The CPA Journal, 1982 (8): 34-38. SALLY ANDERSON. Is Everyone Out There? [J]. Behavioral Health Tomorrow (Special Report). 1999 (2): 47-48. FRANK P. SHERWOOD. Responding to the Decline in Public Service Professionalism [J]. Public Administration Review, 1997, 57 (3): 212. JAMES KEENE, JOHN NALBANDIAN, ROBERT O'NEILL, et al. How Professionals can Add Value to Their Communities and Organizations [J]. Public Management, 2007 (3): 32-38. 等文献

另外，这里对国外的一些特色管理举措梳理如下：

加拿大。高级公务员选任需要总理在枢密院的建议下，对副部长进行任命，"公共服务委员会"（Public Service Commission，PSC）负责整个任命过程。PSC 根据公共服务就业法（PSEA）[①]，负责任命高级公务员。PSC 拥有很高权力，主要包括拟订任命策略、任命和撤销高级公务员等。

英国。英国政府继 1994 年发布《英国公务员制度的继续与变革》白皮书后，又在提出建立高级公务员管理组织的基础上，于 1996 年正式成立高级公务员队伍（Senior Civil Service，SCS），实施独立管理体系，根据职位说明、重要性及绩效成果结付薪酬[②]；英国的常务次官、副次官、主管和助理次官等职位都属于高级文官范畴，其级别大致相当于中国的司局级公务员[③]。

澳大利亚。澳大利亚高级公务员分 3 级（SES band1~SES band 3），即高级公务员（SES）1 级、2 级和 3 级，分别处于公务员总共 11 个等级职位体系的第 9 级、第 10 级和第 11 级[④]；高级公务员综合领导力系统被视为"建立在高级公务员价值观基础上的先进系统"，它明确了整个高级公务员队伍不同层面所需的领导能力[⑤]。

韩国。目前韩国高级公务员占总公务员人数的 0.22%。一些高级公务员的职位对私营部门的专家开放，政府也鼓励来自系统内不同部门的官员

[①] 薛晓磊. 加拿大高级公务员核心领导力模型研究［D］. 武汉：华中师范大学，2015.

[②] 吴志华. 当今国外公务员制度［M］. 上海：上海交通大学出版社，2008：46-48.

[③] 廖昆明. 英、法、德、意四国高级公务员的招聘制度［J］. 政治学研究，2003（3）.

[④] 方振邦，姜颖雁. 澳大利亚高级公务员人才管理经验及启示［J］. 现代管理科学，2018（5）：97-99.

[⑤] 张敏. 澳大利亚的高级公务员制度［J］. 中国人力资源社会保障，2018（6）：50-51.

去竞争同一个岗位;韩国政府下设的行为伦理审查会制定了一套比较完整的体系去防止高级公务员的腐败行为,以督促他们公正地行使国家权力,比如高级别官员必须公开他们的财产状况等①。

日本:日本的高级文官录用以公开的考试选拔(分为综合职、一般职、专门职和经验者录用考试等)为主要手段,依据考试级别的不同选拔不同级别的公务员,比如设置了国税专业官录用考试、劳动基准监督官录用考试等15种特定行政领域相关专业知识的专门职务考试;综合职考试主要负责选拔未来的高级文官,一般职考试负责录用从事非领导职务的公务员;有在民间企业实际业务经验及其他类似经验者可参加经验者录用考试。

(三) 高级专业技术类文官制度探讨

1. 高级专业技术类文官的存在价值及意义

在一定程度上,高级专业技术类文官具有技术官员的特征。按韦氏词典的解释,技术官员是指因其技术才华和专业背景被政府选为决策者(adherent to technocracy and a technical expert especially in managerial authority)的一类人。这类人有别于传统民主过程中因强调相关行政技能和可被证明的绩效而选举出来的领导角色,可能有悖于甚至完全不适合多数人原则,并且其决策信息更主要来源于科学方法,而不是民意。

因为"政治官员缺乏必要的专门知识、信息、甚至时间去决定一个现代国家每年都要遇到的成千上万的政策问题",因而"行政官员也被授予

---

① 郭铭杰,郭晓彤,潘娜.韩国高级公务员制度的概况和分析[J].海外文摘,2020(5):5-9.

必要的权力参与高层决策和政策制定"①。有学者考察美国情况后提出,现今越来越多的高级人才被招募进入联邦政府承担一些高难度的任务,这既是现实复杂任务的需要,也是适应政府内外部专业人员增多的需要。因为他们能通过大量的方法论和数据解决政治问题。特别是资本主义国家发生经济危机（great depression）之后,一些熟悉经济持续复杂性的技术专家备受信赖。

另外,莫舍曾评论道,"政治委任官员与专业精英之间存在紧张局势,特别是当政治领导人不属于该专业团体（或分支）的时候"②。换句话说,当经由政治途径任命的高级专业技术类文官具备一定的专业技术知识的基础时,这种"紧张"关系可以得到缓和。杜兰特（Durant）认为,"政治任命高级文官与常任高级文官合作或者对抗取决于以下几个因素:一是常任高级文官在多大程度上认同机构或项目的使命、宗旨,二是政治性同盟的影响,三是他们拥有的专业知识和技能是否被政治任命官员肯定,四是常任高级文官在政治上的影响力"③。

2. 对高级专业技术类文官的质疑及管理要义

首先,谨防文官管理的"泛政治化"。"泛政治化"现象影响美国联邦政府高级文官活动的例子并不少见。为了弥补美国高级文官的"自主性"不足,"美国高级专业技术类公务员"应运而生。在传统的"政治-行政"两分理论下,政治官员制定政策,行政官员执行政策。一直以来,政治

---

① NORMA M. RICCUCCI. Unsung Heroes: Federal Excrucicates Making a Difference [M]. Washington, D. C: Georgetown University Press, 1995: 3.

② R. J. 斯蒂尔曼. 公共行政学:案例和观点（上册）[M]. 李方, 译. 北京:中国社会科学出版社, 1988: 348.

③ ROBERT DURANT. The Administrative Presidency Revisited [M]. Alabany: State University of New York Press, 1992: 293-294.

第一章 引论

官员依靠自己的"社会起源"和"政治身份"为美国的政治体制提供"动能",对"民主呼声"的了解让他们自诩能坚持"大画面"的视野,并由此掌控政策制定的核心权力。在这种情形下,"政治官员所履行的政治职能给政府提供了一个民主秩序下的前进方向,而官僚机构中受过高级训练的官员将被要求运用他们的智慧和技术加强政府的行政决策能力以安全达到目的"[1]。但现实却是"即使经验老到的高级专业人才,也不能摆脱政治的影响"。因此,高级专业技术类文官在很多方面很容易沦为政治官员的"棋子",他们的经验和专业标准只是政治家们追求其所认可的"技术可行性"和"行政有效性"的工具,这令他们专业才能的发挥受阻。因此,"分析专业标准抵御外部压力的限制非常重要"[2]。一般说来,知识也是构成权力的最重要的资源之一[3]。知识与经验所累积的"专业权威"是美国高级专业技术类文官的"生命线",它的维系需要形成自身稳固的"抗外界干扰"的能力,特别是抗拒"政治化"干扰的能力。因此,相关制度、法律的约束能帮助他们形成"去政治化"的身份,形成中立的"技术形象"。

其次,强调有效的授权。"授权"被日本战略管理大师大前研一看作是"专业主义的前提",他风趣地提到授权"是一种对下属的投资",与"股民对股市的投资没有区别",有"回报"也有"风险"[4]。他的言论耐人寻味,能引导我们思考何种"授权"才能获得最大限度的回报。针对高

---

[1] F. ROURKE. Responsiveness and Neutral Competence in American Bureaucracy [J]. Public Administration Review, 1992, 52 (6): 546.

[2] 乔尔·阿伯巴奇, 罗伯特·普特南, 伯特·洛克曼. 两种人: 官僚与政客 [M]. 陶远华, 等译. 北京: 求实出版社, 1990: 87-88.

[3] 张康之, 等. 任务型组织研究 [M]. 北京: 中国人民大学出版社, 2009: 181.

[4] 大前研一. 专业主义 [M]. 北京: 中信出版社, 2006: 19-25.

级专业技术类文官的特点，一方面要充分尊重他们在知识、技术及能力方面的独特性，适应他们期望较高自主权的特点；另一方面要赋予他们足够的自主权来决定工作内容与任务，这能提供给他们个人自由发挥的空间，防止某些不利思想或势力的渗透。

3. 高级专业技术类文官管理的具体举措

首先，基于人力资源战略发布岗位空缺。罗森布鲁姆评论道，"美国联邦人事管理局允许各机关因特殊的人事需求，在编制及执行政策上享有更多的权限，这正是'技术超越目的'的表现"①。具体而言，美国联邦人事管理局负责考察相关机构的高级人才岗位空缺比例，以及这些空缺应该设置什么样的岗位来填补，例如一线还是主管岗位，副职或正职等；同时负责相关机构的总体经费水平、人员的工资上限及增加人员编制之后对整个政府机构影响的评估，等等。联邦人事管理局经常会同联邦管理与预算办公室就各机构增编请求所提交的资料进行磋商。对于那些不可预见且属于重大任务所急需的高级专业技术文官，如果理由正当，联邦人事管理局将临时性放宽增编的要求。但是，欲增编的机构必须向联邦人事管理局提供全面的"理由说明"。这份"理由说明"必须要明确解释该职位为实现组织任务所能起到的作用。同时，还要求相关组织提供评估报告，以说明这一增编计划支持了"总统管理议事日程"（president's management agenda）中关于劳动力结构的设想，并说明它与联邦管理和预算办公室的劳动力计划及重构的指导性文件保持一致。

其次，罗森布鲁姆认为，公务员应该不以其职务之便去反对民选政府

---

① 戴维·H. 罗森布鲁姆，罗伯特·S. 克拉夫丘克. 公共行政学：管理、政治和法律的途径[M]. 张成福，等译. 北京：中国人民大学出版社，2002：236.

与政治社群所追求的共同目标①,因此要选拔那些在政治上和社会上能够代表一般民众的公共行政管理者②。例如,曾在克林顿总统任期内担任了四年(1993—1997)美国商务部技术行政办公室技术次官的玛丽·古德(Mary L. Good),就具备很强的专业背景和性别代表性,她曾任国家科学委员会主席、副主席及国家工程学会会员,也是美国阿肯色州州立大学信息科学与系统工程学院教授。

最后,根据詹姆斯·Q.威尔逊的观点,"鉴别一种专业工作人员之特殊性——至少就解释组织行为而言——不能依据其地位高低、收入的多少或受尊敬的程度,而应依据其享受这些待遇的缘由"③。高级专业技术类文官的高薪是对他们的知识、技术、技能的肯定,其背后的哲学是对人的价值、人力资本的认可,通过高工资的吸引,众多专业型人才加入联邦政府工作成为可能④。

二、国内研究

(一) 高级公务员制度

近年来,国内也加大了对各国高级文官群体的关注,但研究成果仍然十分有限。迄今为止,可检索到的学术性论文为41篇,其中针对各国高

---

① 戴维·H.罗森布鲁姆,罗伯特·S.克拉夫丘克.公共行政学:管理、政治和法律的途径[M].张成福,等译.北京:中国人民大学出版社,2002:256.
② 戴维·H.罗森布鲁姆,罗伯特·S.克拉夫丘克.公共行政学:管理、政治和法律的途径[M].张成福,等译.北京:中国人民大学出版社,2002:258-259.
③ 詹姆斯·Q.威尔逊.美国官僚政治:政府机构的行为和动机[M].张海涛,魏红伟,陈家林,等译.北京:中国社会科学出版社,1989:2-74.
④ 潘娜.美国高级专业技术类文官与政府回应性[D].北京:中国人民大学,2011.

级文官制度的15篇,关于美国高级文官的10篇,大多数论文都只是简单介绍了有关高级文官的新闻纪实,比如国际互访、交流经验与成果等。

从收集的资料来看,国内研究主要涉及以下内容。

第一,介绍美国高级文官制度并对其进行"中国化"的思考。如朱立言教授等的《美国高级文官制度与政府回应性》① 和《美国文官制度的变革与思考》②,深入分析了美国高级文官管理的现实情况和为提升政府回应性所做的特别制度设计,综述了美国高级文官承担的具体职责及扮演的角色,以及对如何创建中国高级公务员制度带来的启示;党秀云教授对美国高级文官的培训、招募、绩效考核等管理制度做了详细解说③;赵洪俊等对美国高级文官(包括高级科技人员)的选拔从程序、招聘周期、原则及职位分类进行了介绍与特点概括④;方振邦教授团队特别总结归纳了美国联邦政府高级公务员绩效考核体系及其对中国的借鉴意义⑤。

第二,追溯美国高级文官的发展历史。如石庆环和高岳所作《从艾森豪威尔到卡特:美国文官"高级行政职位"的建立》,比较了艾森豪威尔、尼克松和卡特三任美国总统对设立"高级文官"制度思路的异同,并认为美国高级文官制度实质上包含对"政治-行政"二者关系的考虑⑥。朱立

---

① 朱立言,龙宁丽. 美国高级文官制度与政府回应性 [J]. 中国人民大学学报, 2010 (1).
② 朱立言,卢丹,龙宁丽. 美国文官制度的变革与思考 [J]. 公共管理学报, 2010 (1).
③ 党秀云. 美国的高级文官制度 [J]. 北京行政学院学报, 2003 (4): 13-16.
④ 赵洪俊,刘晔华,吴瀚飞. 美国高级公务员选拔任用制度和考试测评方法 [J]. 领导科学, 2001 (2): 8-9.
⑤ 方振邦,侯纯辉,陈曦. 美国联邦政府高级公务员绩效考核体系及借鉴 [J]. 国家行政学院学报, 2016 (2): 128-132.
⑥ 石庆环,高岳. 从艾森豪威尔到卡特:美国文官高级行政职位的建立 [J]. 求实学刊, 2002 (11): 125-131.

言教授在《美国高级文官制度与政府回应性》一文中,回顾了美国高级文官产生的历史进程,并重点揭示了美国高级文官在全面提升政府的政治和技术回应性中的突出作用。

第三,认识美国高级文官的能力架构。祁光华教授描述了美国高级文官的冲突管理能力、领导变革、结果驱动、敏锐的商业管理及建立沟通的核心能力资格等以启示中国公务员能力建设[①]。此外,方振邦教授的团队也针对澳大利亚高级公务员的胜任素质模型及其高级公务员人才管理的经验进行了提炼总结[②]。

(二)专业技术类公务员制度及其相关研究

截至2019年7月1日,以"专业技术(类)公务员"为关键词,在中国知网检索出382篇文献(图1-1和图1-2),以"专业技术类干部"为关键词,检索出241篇文献,共计623篇(图1-3和图1-4)。其中多数都是针对人力资源管理的某个版块,如专业技术干部的职称评定、遴选与培训等展开讨论,且大多数论文涉及军队专业技术干部的管理和教育。较为相关的研究主题大多集中于公务员分类、职位分类、职位分类制度、分类管理、行政执法类公务员、专业技术等。特别是最近两年,关于公务员职位分类管理的论文大幅增多,但大多都是宏观的描述性分析,具体阐释如何划分公务员职位类别的操作性研究及学理讨论依然很少。同时,对于相关制度的盘点、评析工作也非常有限。

---

① 祁光华. 美国高级公务员的能力架构及对中国公务员能力建设的启示[J]. 探索,2005(3):63-65.

② 方振邦,唐健. 高级公务员胜任素质模型:国际经验及借鉴[J]. 行政管理改革,2018(12):81-86. 方振邦,姜颖雁. 澳大利亚高级公务员人才管理经验及启示[J]. 现代管理科学,2018(5):97-99.

总体趋势分析

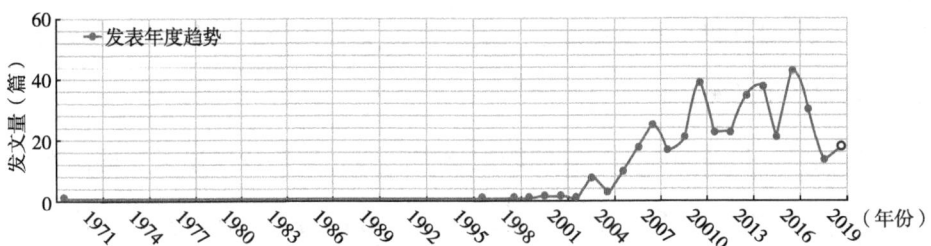

图1-1 "专业技术（类）公务员"检索文献的总体趋势（资料来源：知网）

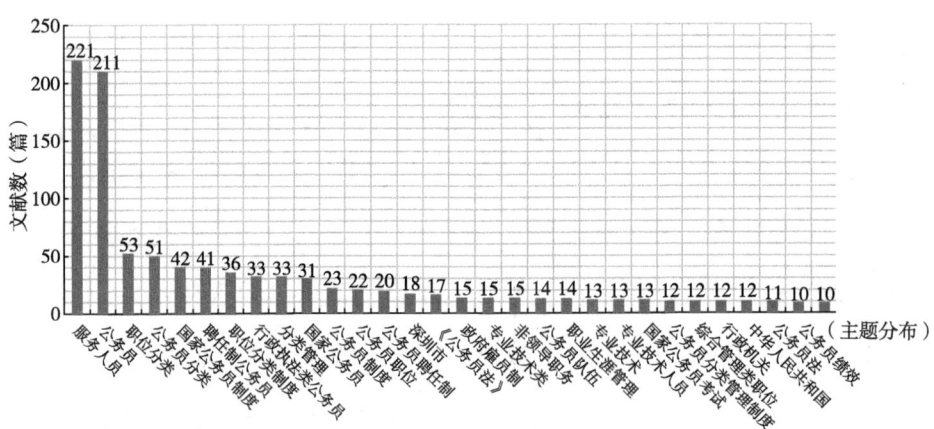

图1-2 "专业技术（类）公务员"检索文献的主题分布（资料来源：知网）

总体趋势分析

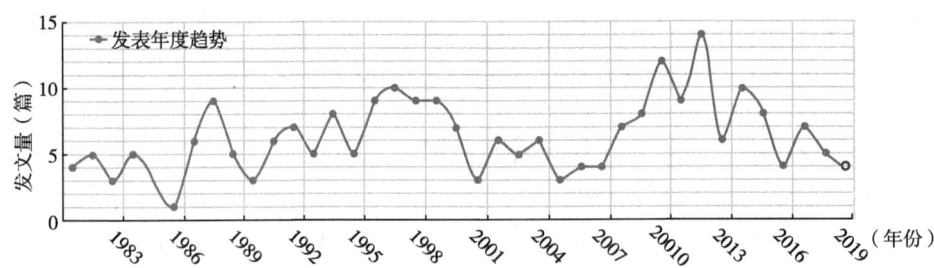

图1-3 "专业技术类干部"检索文献的总体趋势（资料来源：知网）

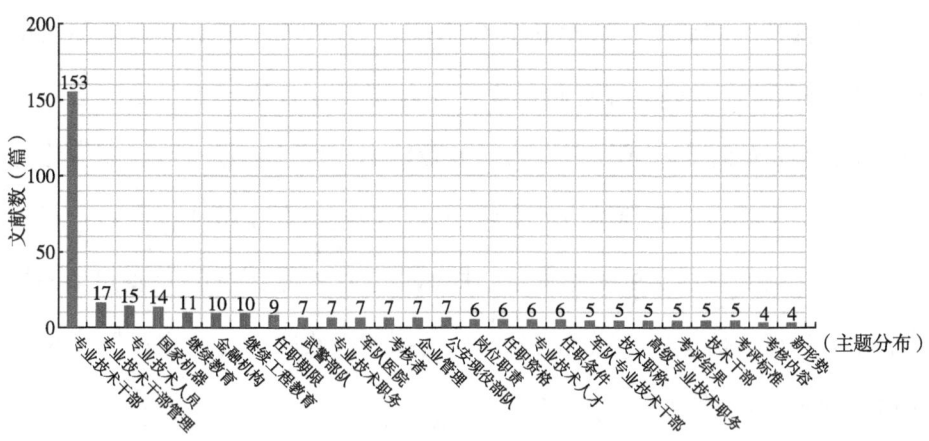

图1-4 "专业技术类干部"检索文献的主题分布（资料来源：知网）

从既有文献的总体趋势来看，随着党的十八大确立了建设高素质专业化干部队伍目标任务以来，相关主题的学术论文激增，特别是关于公务员队伍专业化的研究，出现了井喷式增长。这些最新讨论，提升了党政干部专业化的社会关注，加深了对其的认识深度，丰富了它的建设内容和情境，为我们深入领会公务员队伍专业化的时代内涵奠定了基础。

1. 概念丛林及审慎思辨

在新时期，要对公务员队伍专业化有全面的理解：一方面，是指对专业领域专业知识的掌握，要成为本领域内的行家里手；另一方面，是指"领导、管理"专业的专业化，例如讲政治就是"领导、管理"专业的前提要求①。同时，专业化是指专业能力、专业知识、专业精神和专业作风的统一，而不仅仅是专业对口那么简单。比如，作为在中国各级党政机关工作的公务员，要有自觉接受党的领导的政治自觉性，全心全意为人民服

---

① 罗政. 建设高素质专业化干部队伍的研究［J］. 科技经济导刊，2018（26）：27.

务的专业精神，廉洁奉公的专业作风，依法行政的专业能力和履职尽责的相关专业知识①。此外，专业化建设主要包括专业技术知识、公共管理知识、相关知识的综合应用这三个重要专业能力方面的建设，以及职业伦理道德水平，干部在专业领域中的专注和敬业程度等专业精神建设②。可见，这与专业化或专业主义的基本假定，即运用专业技术人员的专业知识和技能，依靠计算、衡量以及系统的概念所得到的权威性"专业主张"来思考和解决问题③是一致的。

2. 战略意义

当前中国已全面建成小康社会，并开始全面建设社会主义现代化国家。以技术化、科学化和市场化为重要特征的现代社会发展，使得社会分工更加精细和复杂，对科学技术和专业化知识等的要求也越来越高。建设环境的改变，无疑对管理国家管理制度及其运行的官员提出了更高的要求，也自然对公务员队伍的专业化能力建设提出了更高的要求④。

可见，以"高素质"为前提的"专业化"，是新形势下我国公务员队伍建设的一项重大战略任务。如何加快国家干部队伍专业化建设的步伐，是党对国家人事部门、教育部门等提出的一项十分重要与紧迫的任务⑤。公务员专业化管理的成功与否，关系到国家管理科学化、国家继续发展和进步以及社会管理效率不断提高的可持续发展的动力和基础，所以呼唤一

---

① 刘峰. 努力成为高素质专业化的好干部 [J]. 行政管理改革, 2018 (5).
② 刘昕. 建设适应时代发展要求的专业化干部队伍 [J]. 中国党政干部论坛, 2018 (5).
③ 向实, 朱晓鹏, 等. 马克思主义哲学的当代视域 [M]. 北京: 中央编译出版社, 2009: 324.
④ 蓝志勇, 胡威. 谈人力资源管理工作中公务员的专业化问题 [J]. 中国行政管理, 2008 (6).
⑤ 季明明. 国家公务员队伍专业化建设的一个途径: 论我国设置公共管理硕士专业学位的必要性与可行性 [J]. 中国行政管理, 1999 (3): 24-27.

第一章 引论

个公务员专业化时代的到来①。

3. 未来走向

想把专业过硬的优秀干部用起来，必须注意培养领导干部的内在素质。他们要有战略眼光、全局观念、科学思维，要有广博的哲学、社会科学和自然科学方面的知识，要有科学决策、驾驭全局的能力，以此建设适应时代发展要求的高素质专业化干部队伍②。一定要让"专业的人干专业的事"，这是注重选拔使用具备专业能力的干部的重要体现之一③。公务员专业化，就是要增强驾驭决策风险方面的专业能力。要增强决策的专业性，深入系统培养专业能力，离不开专业精神的支撑。一名高素质的专业化干部势必把专业精神作为不懈追求，持之以恒地保持对工作的热爱，甚至忘我工作，保持一钻到底和专注做事的韧劲，在难题面前敢于开拓，在矛盾面前敢抓敢管，在风险面前敢担责任，不断激发出自己的最大潜能，把党的领导力落到实处④。此外，未来应该特别强调职位分类管理的细化，注重专业技术类公务员适用范围问题，精细化分类标准的设计。比如，可以依据职能、规格、编制限额、职数以及结构比例等要素，进行专业技术职位设置；采用四大识别即身份识别、职务识别、职位识别和资格识别系统⑤，对专业技术类公务员进行身份确定。

---

① 蓝志勇，胡威. 从莫石理论看中国公务员队伍的专业化发展与管理的趋势 [J]. 第一资源, 2012 (4).
② 王懂棋. 建设适应时代发展要求的高素质专业化干部队伍 [J]. 中国党政干部论坛, 2018 (8).
③ 晋秋红. 专业化不等于技能化 [N]. 中国组织人事报, 2018-06-27.
④ 王懂棋. 建设高素质专业化干部队伍 [J]. 中国领导科学, 2018 (4).
⑤ 李佳琪. 专业技术类公务员管理现状及对策研究 [J]. 中国行政管理, 2013 (8)：74-77.

(三) 高级专业技术类公务员制度及其相关研究

1. 高级专业技术类公务员制度

在中国，目前尚没有高级专业技术类公务员制度以及高级公务员制度，与之相关的研究也非常少。其中，有学者研究了我国专才型公务员因待遇偏低、职务上升空间有限、个人价值难以实现，以及在外行领导下与上司沟通困难，难以发挥个人作用等原因造成离心倾向，由此带来了专才型公务员的流失①。综观国内研究，大多围绕美国高级专业技术类文官展开。首先，依据"专业主义"人事管理价值的孕育、确立和推崇三阶段，追踪了美国高级专业技术类文官制度所历经的政党分肥时期、功绩制时期和后功绩制时期，在此过程中，高级专业技术类公务员制度得以逐步创建，并不断发扬光大②。其次，以政府回应性为视角，全面梳理了美国高级专业技术类文官制度体系，包括战略性人力资源管理、职位管理、职责划分、选拔录用、培训开发、绩效考核以及薪资福利等，分析并提出该制度既适应了现代管理实践，又体现了个体的独特性，并彰显了人事管理多元价值的恰当平衡，同时，提出了未来应该适度简化职位分类、增强规划的前瞻性以及强化授权留责等改进建议③。最后，对美国高级专业技术类文官的发展现状、规模以及分布进行了考察。他们作为美国联邦政府的"内脑"，虽然自 1998 年到 2010 年人数有大幅增长，但也只占美国联邦政府文官职位的万分之五左右，并主要分布在内阁级部

---

① 罗筠. 专才型公务员的流失及对策 [J]. 人事管理, 2003 (202).
② 潘娜, 朱立言. 美国文官制度改革的专业主义价值: 演进与评析 [J]. 经济与管理研究, 2013 (10).
③ 潘娜. 美国高级专业技术类文官制度探究 [J]. 中国行政管理, 2013 (3).

委、科研及军事类型机构，比如国防部、航空航天局、史密森学会、司法部等①。

2. 其他相关研究：技术官员与贤能政治/精英主义

其他相关研究围绕技术官员、贤能政治及精英主义等主题展开。在中国，技术官员是指各级党政机关中拥有各类专业背景的中高层官员。中国技术官员的共同特点是专业学问和专业造诣很深，且对相关专业有相当丰富的实务经验。过去40多年中，技术官员已经成为中国改革开放进程中一支不可忽视的重要力量。他们是市场化和国际化的先行者，身份于官员与知识分子之间切换，既"坐而论道"也"起而行之"，以"经世致用"的精神与务实的作风为中国带来了变革。比如，在学者型官员周小川担任行长的15年里，中国人民银行除了研究局等专门从事研究的部门之外，其他各部门也都有很强的研究能力，主管各部的司局长们也都带有很强的研究者气质。有学者研究日本情况后提出，在日本众多的政策审议委员会中，政府官员、企业界与研究人员等之所以可以并肩议政，也是因为这些委员会成员多为德高望重的技术官员。此外研究显示，技术官员地位的提高还有助于国民科学意识的培养，也就是对于科学技术的尊重与对相关职业的向往。

东方的精英主义理论有很多源于传统儒家的"贤人政治"思想。李光耀一贯主张，新加坡必须实行任人唯贤的精英制度，使最富有才智、办事能力强的精英分子加入文官服务和参政治国的行列。这与儒家"修身、齐家、治国、平天下"的思想相一致。

---

① 潘娜. 美国如何发挥高级专家作用：美国高级专业技术类文官制度 [J]. 中国人才，2012 (6).

然而，不少学者认为，以技术官员为枢纽的创新体制也有其适用性和局限性。从技术创新的角度来说，在政府技术官员、专家、精英推动下的创新需要多行业、多部门协同合作，但是完全以编码化和模块化管理为特征的技术官员则很难发挥出这种体制的优势，反而会因为缺乏弹性而成为创新的阻力。

三、研究述评

综上所述，国外关于高级专业技术类文官及其制度的文献多为描述性、陈述性研究，较为浅表，但它们对辨识现代治理下高级专业技术类公务员的范围、特征与特性有一定的共识，对其管理背后的价值驱动及政治属性进行了试探性分析，并有较为全面深入的总结和反思。特别是，既针对高级专业技术类文官制度的存在价值和意义进行了充分阐发，又理性意识到高级专家参政的"泛政治化"等局限性，提出要适当去除对高级专业技术类文官的政治干扰，以及适当放权等管理原则。然而，遗憾的是，学者们并未高度聚焦高级专业技术类公务员产生的渊源与动因展开研究，也未将现有认知与其管理制度关联起来，通过制度分析及评估框架进一步论证相关制度体系的价值取向、制度理性与实施效果，更谈不上最终通过研究帮助实现制度优化与改进。同时，国外学者对于不同国别的高级专业技术类文官制度的比较研究囿于各国实践的发展情况，较多聚焦美国高级专业技术类公务员制度进行研究。

国外高级专业技术类文官是在精细化的公务员职业化及其分类管理的基础之上，为弥补高级文官"政治性"太强且功能性不足的缺陷而产生的。从公共部门内部来讲，各国在高级文官的基础上派生出高级专业

第一章 引论

技术类文官是一种适应现实行政的内在需求。此外，随着政府公共事务的多元化与复杂化趋势，未来应该会有更多的学者关注这个特殊的群体，并且剖析其渊源演进、管理现况、制度设计及完善等，从价值逻辑、群体特性、制度逻辑等方面对这个重要群体进行系统性研究。

就国内而言，目前人们已经逐渐重视对高级公务员和高级专业技术类公务员的研究。特别是党的十八大提出"高素质专业化的公务员队伍建设"战略以来，已全面开启了对公务员专业化、专业技术类公务员、公务员职位分类管理的研究，同时也有少许文章开始了对国外高级专业技术类文官序列的研究。然而，这些研究大多是碎片化的、描述性的研究，研究内容比较松散、零碎，研究方法也比较简单、单一，尤其是尚未对高级专业技术类公务员制度体系的价值诉求、制度创建及实现路径进行全面而深入的考察，尚未充分分析国内除一般公务员制度体系之外，创建高级专业技术类公务员制度的必要性，也未积极学习并借鉴国外相关文官制度对我国具体实践的启发。随着党的十八大后中央对干部队伍专业化建设的重视和"人才强国"战略下人才体制机制改革的态势，以及党政机关对高级知识员工、专业人员、学者型官员等需求的增加，公共部门人力资源管理及人才治理能力的提升，公共人事制度国际化交流的增强等，对高级专业技术类公务员及其制度的研究或将成为提升执政能力研究的新焦点与增长点。特别是在统一界定并充分认知"专业化"等核心概念的前提下，在审慎思辨专家、专业人员正负效应的基础之上，探讨如何通过合理有效的管理举措和制度体系设计实现"高素质专业化的公务员队伍建设"，相信能够极大促进我国公务员队伍的制度建设及行政效能提升。

第五节 研究重点、难点与创新

一、研究重点与难点

本书旨在面向中国现在的形势和未来的需要，创建一套崭新的高级专业技术类公务员的制度体系。既要基于横向的国际比较，在各个国家和地区的公务员制度中寻找可资借鉴的经验，又要探寻该制度体系符合国内情境的必要性、适用性和制度理性。因此，基于目前国内不够充分的研究基础，本书之研究必须锁定研究重点和难点。

（一）研究重点

第一，全面剖析公共人事行政的价值理念，特别在公共事务日趋多元化与复杂化的背景之下，需要深刻剖析公平、效率等常见价值之外的支配性价值及其变迁，从而把握"专业价值"／"专业化"的内涵逻辑、表现形式及其影响和效用等。

第二，探讨创建新时代中国高级专业技术类公务员制度的思路、框架及实现路径。以现行公务员管理的宏观环境和制度框架为基础，以"专业主义"／"专业化"为支配性价值导向，以战略性人力资源管理为核心思路，科学设计基于中国现代公务员职位分类管理体系的中国高级专业技术类公务员制度框架，并从中国现实基础与条件出发，探讨理性设计该制度框架的实现路径。

（二）研究难点

首先，中国公务员职位分类的现代化设置。职位分类是当代人力资源管理科学化的前置环节和重要基石,中国高级专业技术类公务员制度的创建也应当基于理性的职位分类。目前,中国现代化的公务员职位分类既必须符合党政机关所面临的内外形势、现实情况及未来发展,也必须依靠该职位体系实现这些高端技术性职位与社会职位的兼容性及含金量,因此,现代化的公务员职位分类体系还须与目前中国宏观的基于社会行业职业分工的国家职位分类体系以及基于职业资格认定的职称制度改革等相适应,此为难点之一。

其次,中国高级专业技术类公务员的身份边界厘清及群体特征画像。中国高级专业技术类公务员是本书的核心研究对象,基于历史比较和结构功能主义理论视域下的国际借鉴等,如何将这一研究对象从公务员专业类别与级别的划分中提取出来,准确为其画像以充分认识这一研究对象的能力标识、个性特质、应然职责等,此为研究难点之二。

最后,中国高级公务员管理制度体系的创建。这一问题既是重点也是难点,因为对其价值取向、目标设定、框架内容、实现路径的理性选择与可行性考虑等,都需要吸纳并超越现有学术成果,通过采集并参考众多资料、信息、进行数据分析等展开整体性、系统性的创新,其系统性、说服力及客观理性等乃研究难点之三。

二、研究创新

本书在一定程度上突破了目前中国公务员制度改革的框架,以更具开拓性的学术追求,希望推动中国现有的公务员职位结构和制度体系改革的进一步深化。这些实践在世界一些发达国家和地区中已不罕见,且目前国内也拥有创建高级公务员管理制度较合时宜的政策环境和空间以及制度基

础,因此,本书的观点、思路有一定的可行性和创新性。其创新性主要体现在:

首先,为回应现今公共事务多元化、专业化、复杂化的趋势,致力于创建中国高级公务员职位序列及其管理制度框架,从而创新中国公务员管理的研究对象,创新性地确立了中国高级专业技术类公务员的身份与范围,打造"不在多而在于精"的党政机关内脑核心"细胞"。

其次,比较、借鉴相关国家和地区文官制度专业类别的划分、职位级别的设定、专业职称的评定以及职责、作用、角色与特征等,据以启发、推进中国公务员职位分类管理改革,加快中国公务员制度专业化建设的步伐。

最后,基于"专业主义"/"专业化"的支配性价值以及战略性人力资源管理等思路,创造性地设计中国高级专业技术类公务员制度框架,并尝试寻求打造这一制度体系的实现方案。

第六节　研究方法

中国高级专业技术类公务员管理制度研究不仅体现了现代国家治理下对高级专业技术类公务员这一特殊群体的重视,更是对深化中国传统公务员制度改革的一种积极探索,代表着对中国公务员管理类别、层级、现存管理工具、方式与机制等的思路创新,意味着对我国党政机关为适应新时代职能转变、角色定位、能力建设等而对内部人力资源管理进行重新调整和改革的进一步思考。本研究基于人事行政的"专业主义"/"专业化"价值以及战略性人力资源管理思路,以通过加强高级专业技术人员的管理来提升党政机关回应性作为主线,从人力资源管理和行政学等角度重点进

第一章 引论

行制度框架的设计。本书采用的研究方法如下：

第一，文献研究法。本书主要通过检索图书馆、政府门户网站以及电话、邮件联系国外政府相关部门的信息中心咨询并索要数据等方式，搜集了大量关于国外高级文官和高级专业技术类文官及其管理制度的数据、政府政策/制度/法规、政府报告、问卷调查资料、工作计划、方案指南、公函、史料、新闻报道、统计数据和学术理论文献等，通过梳理相关人事制度，把握其制度变迁的脉络，作为本研究制度框架设计的重要参考。

第二，比较研究法。比较研究法是目前对公共行政进行宏观分析的重要方法之一。本书通过深入挖掘中国古代选贤任能的传统经验，提炼其对中国现代化公务员管理的可借鉴之处。此外，本书还通过对上海和深圳等地公务员分类管理的试点案例进行比较研究，把握中国公务员职位分类管理的实践情况，并从中总结、提炼对深化中国公务员职位分类管理改革的有益做法。

第三，定量研究法。定量研究法是将问题与现象用数据表示，通过分析、检验、解释，从而测定对象特征数值或求出某些因素间变量的变化规律的科学研究方法。首先，运用 SPSS 软件实证分析中国现有中高级公务员的胜任力素质模型数据，勾画这些中坚力量的规范性能力结构，把握中国未来高级公务员的能力特征。其次，通过对党的十九大以来部级干部的履历分析，追踪中国部级干部的专业背景和专业化水平同其晋升年限的相关性，把握我国高级官员"高素质专业化"的选用标准及其成长规律和发展路径，以实证性地呈现创建中国高级专业技术类公务员管理制度的现实条件，为开发此类人才潜力，并为我国党政机关目前的用人导向提供决策支持。

第四，访谈法。本书的整体研究设想较为庞大，且核心研究之产出取决于众多变量的考虑，因此，需要扎根现实场景，深入访谈相关人员，尝试直面现实问题，求证某些观点创想等。访谈对象包括公务员管理机构的部分官员，有代表性的学者型公务员、专家型公务员，基层专业技术部门的公务员，等等。

第七节 研究内容

一、研究目标

本书侧重分析国内外公务员制度中选贤任能的历史诠释与现实表现，并以"专业主义"/"专业化"价值为指导，结合中国现行公务员管理制度框架及其管理现状，以及中国古代的成功经验，尝试创新性地设计中国高级专业技术类公务员的战略性管理制度框架。主要内容涵盖高级专业技术类公务员的职位序列设计与管理思路，以及选育用留等人力资源管理模块，旨在推动建设中国公务员制度"科学规范、开放包容、运行高效的人才发展治理体系"。

二、结构框架

根据研究目标，本书具体章节安排如下：

第一章，引论。首先，交代研究背景，提出研究问题，分析研究意义和效用，聚焦研究目标对象的内涵和外延等。其次，在研究现状综述的基础上，交代研究的重点、难点及创新。最后，介绍研究方法及逻辑结构。

第二章，中国古代招贤纳才以辅治国政的制度安排。重点梳理历朝历代较有代表性的察举、举孝廉、大臣举荐、九品中正制以及科举制等人才选拔和吏治运行机制，在历史纵向比较中提炼选贤任能的传统经验，为我国现代人才治理提供有益的历史经验。

第三章，中国高级专业技术类公务员制度创建的基础。包括国家宏观的政策信号和现实条件，党政机关的改革动向以及人力资源红利，中国单独开设高级专业技术类公务员序列以及创建中国高级专业技术类公务员制度的必要性与可行性研究。

第四章，现代公共人事行政的"专业主义"及中国语境下"专业化"的价值辨析及其实现路径。重点挖掘其起源演进、概念内涵、表现形式及落地实施等，旨在为本书提供高屋建瓴的价值引领和综合理性分析。

第五章，中国高级专业技术类公务员管理制度的创建思路与选择。基于文献梳理并借鉴有代表性国家、地区的做法，提出三条参照性的创建思路：基于问题需求导向，基于胜任能力导向，以及基于战略性人力资源管理，并最终在系统性、综合性和有效性等原则的考虑下，拟选择战略性人力资源管理思路，从而为下一核心章节进行铺垫。

第六章，中国高级专业技术类公务员制度体系设计。以"专业主义"/专业化理念为支撑，在全面梳理、剖析既存制度问题，把握未来能力需求，以及借鉴有代表性国家和地区相关制度经验等基础上，循着职位分类管理下高级专业技术类公务员群体的范围界定和战略性人力资源管理的理念思路，从人力资源的规划、获取、开发、纪律与惩戒等维度全面设计中国高级专业技术类公务员制度的框架体系，并由近及远，探讨逐步推进该制度实施落地的具体机制与举措。

具体的研究路线见图1-5。

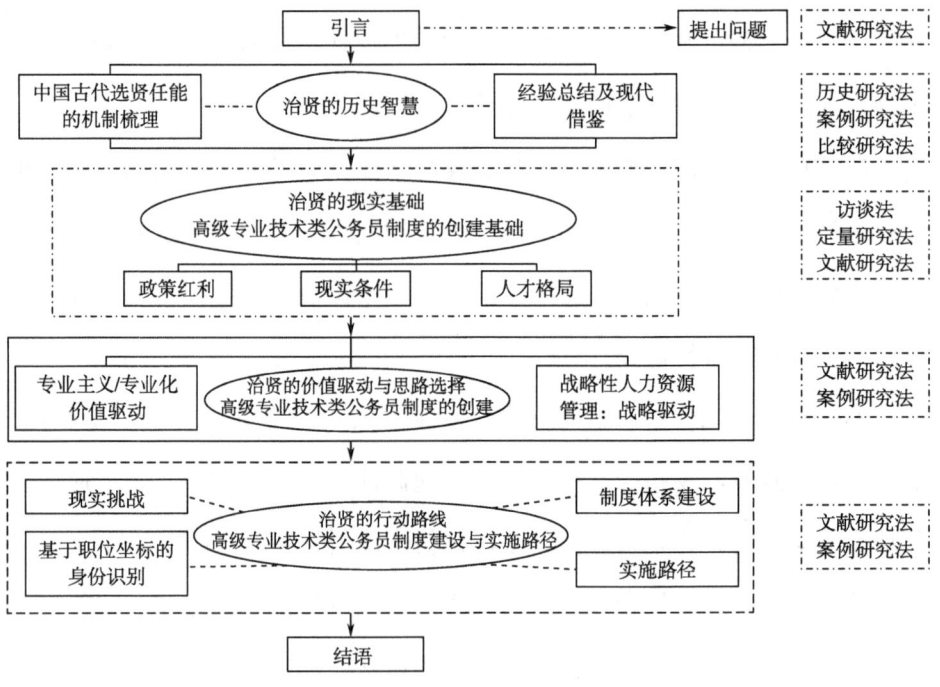

图1-5 技术路线图

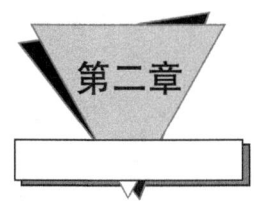

第二章

治贤的历史智慧：中国古代选贤任能的梳理与总结

第二章　治贤的历史智慧：中国古代选贤任能的梳理与总结

"为治之要，莫先于用人。而知人之道，圣贤所难也。""信念坚定、为民服务、勤政务实、敢于担当、清正廉洁"，这是习近平同志指出的新时代好干部的五条标准。从"用一贤人则群贤毕至，见贤思齐就蔚然成风"，到"把好干部选用起来"，强调完善选人用人机制，再到"从严治党，关键是从严治吏"等，习近平同志的"人才经"涵盖了识才、荐才、量才、用才、容才等多个方面。从中国的政治实践历史来看，古代以贤能为标尺的选拔任用制度与当代所弘扬的好干部标准，具有一定的共通性。新时代、新形势下，追溯中国古代选贤任能的典型机制，挖掘其在现代干部管理中值得传承之处，具有独特的借鉴价值。

第一节　古代选贤任能概述

在中国传统文化中，参与治理国家是知识分子的最高追求之一，统治者也对选拔人才非常重视。如果将中国古代史与西方古代史加以比较，可以看到中国古代知识分子对政治的参与性与热情都较西方更高，人才选拔制度也更加完备。

考察中国古代的人才选拔制度，对今天来说，依旧有很重要的参考、借鉴意义。当然，这种相对完备的制度并非一蹴而就，而是在历史演进过程中不断调整完善，同时和政治形态、国家形态的发展密切相关。因此，考量中国古代的人才选拔制度，需要结合各个历史阶段的政治、国家形态等进行分析，不能简单化。

从中国古代政治史的角度考察，虽然其中有各种反复，但整体来说皇权是逐渐加强的，到明、清两代时，政治权力的集中达到顶峰。

随这一过程而来的,是人才选拔越来越以皇权意志为核心,其选拔过程的完备性也在这一历史进程中逐渐加强乃至最终走向僵化。到清代中晚期,人才选拔完全跟不上社会发展,成为中国近代积贫积弱的重要原因之一。

中国持续了一千余年的科举制度对人才的选拔和培养有深远影响。自隋唐至清末,中国的官方人才选拔和科举密不可分。乃至到后来,科举成为主流社会评判知识分子成就的不二标准。因此,在考察中国古代人才选拔时,需要以607年(隋朝大业三年)为分水岭,将这之前和之后的人才选拔分别进行讨论。

这一年,中国科举制度正式实行。虽然历代科举在考试内容方面都有所不同,但这一形式依然稳定延续了一千多年,直到清末的1906年方才废止。这期间的人才选拔,单从形式而论并不复杂,甚至可以说比较简单。自有科举制以来,历史上留名的文官几乎都是经此而来(有少数不通过科举考试的例子后文详述)。相较而言,在科举制度确立之前,人才的选拔机制更具有不确定性和随意性,单从形式而论,也更复杂,先后经历并包括了选举、世袭、察举、征辟、九品中正等多种形式。

第二节 不同时期人才选拔的典型机制

一、上古人才选拔

早在三皇五帝时代,中国就已经有了官制的雏形。尽管这一时期的历史记载很少,只有《史记》等寥寥几本史书有记录,但从这些史书中仍

第二章 治贤的历史智慧：中国古代选贤任能的梳理与总结

可以辨读出当时的人才选拔主要是通过选举来达成——这也符合当时部落联盟的社会形态特征。在《史记·五帝本纪》中，便有这样的记载：尧曰："悉举贵戚及疏远隐匿者。"众皆言于尧曰："有矜在民间，曰虞舜。"……舜让于德不怿。正月上日，舜受终于文祖。文祖者，尧大祖也。①

与之同时，这一时期的人才选拔也有了世袭的成分，这或可视为春秋之前"世卿世禄"制度的雏形。《史记·五帝本纪》对此是这样记载的："黄帝居轩辕之丘，而娶于西陵之女……黄帝崩，葬桥山。其孙昌意之子高阳立，是为帝颛顼也。"②后世将黄帝尊崇为帝王，实际上他并非帝王，而是部落联盟的首领，统治权的交接也并非如同后世在某个家族中延续，故而这种对统治权的继承和后世对皇权的继承有所差别，可以将其看作是通过"世袭"来进行人才选拔。

通过考察《史记》中的记载，还可以明确的是，这一时期，"世袭"会为"选举"让路。统治者似乎并没有绝对的权力。《史记·五帝本纪》中所记载尧最终将权力交给舜而非其子朱丹，便是证明：尧知子丹朱之不肖，不足授天下，于是乃权授舜。授舜，则天下得其利而丹朱病；授丹朱，则天下病而丹朱得其利。尧曰"终不以天下之病而利一人"，而卒授舜以天下。③

当然，对于上古时代的历史，我们终归只能观其大概，毕竟能用以参考的资料有寥寥可数。司马迁所撰写的《史记》作为传世经典，虽然体例

---

① 司马迁.史记·五帝本纪［M］.长沙：岳麓书社，2001.
② 司马迁.史记·五帝本纪［M］.长沙：岳麓书社，2001.
③ 司马迁.史记·五帝本纪［M］.长沙：岳麓书社，2001.

明确，但在撰写的时候也有不尽严谨之处，其研究历史的方法也不尽科学，其中难免有臆测甚至杜撰的成分，加之时代久远，《史记》中的各种记载仅供参考，不可尽信。

二、三代至春秋的人才选拔

（一）人才选拔方式整体概述

夏商周（此处指西周）三代时间跨度很长，约从公元前2070年到公元前771年。这一时期是中华文明的初步定型时期，诸多影响后世的政治制度、文化传承等都形成于这一时期。但对于这一历史时期的记载，资料同样有限，因此也只能管中窥豹，见其一斑。

夏商周时期，人才选拔的普遍形式是"世卿世禄"制。所谓"世卿世禄"，即指对爵位、官职、俸禄等的世代继承。世卿指代代相传的爵位、官职，世禄则指官吏们世代继承享受的土地、税赋。关于夏商的记载过于简略，目前关于其历史多为推论，因此，现在可进行比较细致考察的历史要从周代开始。实际上，关于夏商的很多历史，也是依据周朝历史还原而来的。

具体考察西周"世卿世禄"制度的形成，有两个原因。

其一，在周武王取得政权的过程中，依靠了同一氏族和同盟的部落，所以周取得天下非一人之功，天下也非一人之天下。其二，这一时期周仍保留了公社及其所有制——井田制，故其行政机构亦脱胎于氏族酋长和元老，具有贵族执政的先天性。诸侯列国亦由公子、公孙辅政。可见，世卿制度与周之氏族集团互为表里，代代执政本于氏族共治的习俗，而氏族的存在也依赖于代代相传的官职。正如《左传·文公十六年》中所记载的：

第二章 治贤的历史智慧：中国古代选贤任能的梳理与总结

"弃官则族无所庇。"①

这一状况纵向上令此类文官系统代代相袭，横向上则形成了庞大的氏族集团。这一状况直到五代时期才逐渐消弭。当时，这类官员和世家大族，其势力甚至可以和国君相抗衡——所谓"家""国"并称。《左传·襄公三十年》有"安定国家，必大（指大族。笔者注）焉先"②的说法；《左传·文公十二年》也有"不有君子，其能国乎？"的说法。③

（二）"世卿世禄"的时代沃土

夏商周三代，中央政府对地方的控制力并不强，所能直接控制的地域有限，其余地方还是以自治为主，这和后世的王朝有很大不同。加之社会生产力发达程度不够，所以在一定程度上反而出现政权相对稳固的局面。这种不太起波澜的政治生态，成为"世卿世禄"制产生的重要土壤。直到三代结束，这种人才选拔制度始终都是主流。

需要注意的是，"世卿世禄"是后世对这一时期人才选拔制度的总结。此时的"世卿世禄"更多是一种普遍存在的现象而非制度，且并非一成不变。例如，官员的爵位和相应的俸禄会得以延续，但其官职依旧有所变化。其时，世卿世禄也曾受到诟病，被认为是有违上古礼法的乱象。但究竟上古为何情形，各方也只能给出推测，并未有确凿的证据。

春秋时，齐国名臣晏子说过"唯卿为大夫"。大夫是爵位，卿是高级的大夫。在参与政权前，通过册命将大夫任命为卿，提高大夫的地位，使之在体制上与封建等级对等。卿的爵位不世袭，但卿拥有的采邑世袭。张

---

① 左丘明. 左传 [M]. 西安：三秦出版社，2008.
② 左丘明. 左传 [M]. 西安：三秦出版社，2008.
③ 徐喜辰. 论周代的世卿巨室及其再封制度 [J]. 东北师范大学学报，1989（5）.

荫麟在《中国史纲》中说："大夫的地位是世袭的，卿的地位却照例不是世袭的，虽然也有累世为卿的巨室。"① 世卿是春秋特有之现象，之所以出现鲁国的三桓、晋国的六卿等累世为卿的大家，是由于当时王纲解钮、权力下移，执政的卿把持政权。这是春秋乱制，并非正常，故而称之为世卿现象，而非世卿制度。这些具体的人物和故事，在司马迁时代已经有了非常详细的记载。

尽管世卿世禄是当时的重要现象，但是在此之外，依然有很多人才通过其他方式得以进入政治领域。不过并没有形成一个具体的选拔标准，或为推荐，或是执政者自己发现。总体来说，此时尤其对于不具备家族背景人才的选拔，还比较混乱。如《史记·管晏列传》中记载："管仲夷吾者，颍上人也。少时常与鲍叔牙游，鲍叔知其贤。管仲贫困，常欺鲍叔，鲍叔终善遇之，不以为言。已而鲍叔事齐公子小白，管仲事公子纠。及小白立为桓公，公子纠死，管仲囚焉。鲍叔遂进管仲。管仲既用，任政于齐，齐桓公以霸，九合诸侯，一匡天下，管仲之谋也。"② 又如《史记·孙子吴起列传》中说，"孙子武者，齐人也。以兵法见于吴王阖庐。……孙武既死，后百余岁有孙膑。膑生阿、鄄之间，膑亦孙武之后世子孙也。……吴起者，卫人也，好用兵。尝学于曾子，事鲁君。……吴起于是闻魏文侯贤，欲事之。……文侯以吴起善用兵，廉平，尽能得士心，乃以为西河守，以拒秦、韩"。③

---

① 张荫麟. 中国史纲 [M]. 上海：上海古籍出版社，1999.
② 司马迁. 史记·管晏列传 [M]. 长沙：岳麓书社，2001.
③ 司马迁. 史记·管晏列传 [M]. 长沙：岳麓书社，2001.

第二章　治贤的历史智慧：中国古代选贤任能的梳理与总结

三、战国秦汉时期的人才选拔

（一）战国秦汉时期人才选拔的时代背景和主流方式

自东周始，周王室日渐式微，王权瓦解，诸侯割据，小国被吞，大国以割据一方实现统一。春秋时，周王的势力减弱，诸侯群雄纷争，齐桓公、晋文公、宋襄公、秦穆公、楚庄王相继称霸，史称春秋五霸。战国实为春秋之延续，与春秋历史交错、界限模糊，史学界对其断代也各执一词。依照其中一种说法，以公元前453年，韩赵魏三家分晋为起始，至公元前221年秦统一六国为终止。

战国也是中国历史上列国诸侯争斗最激烈的时代之一。在这样的大背景下，人才选拔机制也产生了相应的变化，实用主义盛行，统治者选拔人才只以"有用"为标准。虽然尚没有像后世曹操那样提出"唯才是举"的口号，但在实际行为上其实已经走到了这一步。

（二）战国、秦朝时期的人才选拔——"有用论"

秦国的崛起，是战国时最重要的历史事件之一。秦统一六国之前，"仕进之途，唯辟田与胜敌而已"[①]，而胜敌是主要途径。秦统一后的官吏，也多出于军功。不过这并不绝对，当时依然有很多名臣是通过军功之外的途径获得仕进，或为人举荐，或自我举荐，或为当权者自己发现。只是其选拔方式并未形成体系标准。无论哪种方式，其核心皆为"有用"，即可利耕战，可利国家。

考察典籍，这类事例不胜枚举。以非军功而得任者，典型如商鞅、吕

---

① 杜佑. 通典·选举一 [M]. 北京：中华书局，1988.

不韦等。如《史记·商君列传》中载:"公孙鞅闻秦孝公下令国中求贤者,将修缪公之业,东复侵地,乃遂西入秦,因孝公宠臣景监以求见孝公……卫鞅复见孝公。公与语,不自知膝之前于席也。语数日不厌。……故吾以强国之术说君,君大说之耳。然亦难以比德于殷、周矣。"① 又如,《史记·吕不韦列传》里说:"吕不韦贾邯郸,见而怜之,曰'此奇货可居'。乃往见子楚,说曰:'吾能大子之门。'……子楚心知所谓,乃引与坐,深语。……吕不韦曰:'子贫,客于此,非有以奉献于亲及结宾客也。不韦虽贫,请以千金为子西游,事安国君及华阳夫人,立子为适(通"嫡"。笔者注)嗣。'子楚乃顿首曰:'必如君策,请得分秦国与君共之。'"②

这一时期,对人才"有用"的重视,甚至在一定程度上可以超越国与国之间的政治斗争。例如,韩人郑国以间谍身份在秦国进行水利工程建设的故事,千年来已为人所共知。《史记·河渠书》中载:"韩闻秦之好兴事,欲罢之,毋令东伐,乃使水工郑国间说秦……秦欲杀郑国。郑国曰:'始臣为间,然渠成亦秦之利也。'秦以为然,卒使就渠。渠就,用注填阏之水,溉泽卤之地四万余顷,收皆亩一钟。于是关中为沃野,无凶年,秦以富强,卒并诸侯,因命曰郑国渠。"③ 以敌国之间谍身份,得享重要水利工程的命名,这在中国历史上也称得上独一无二,成为秦国重视人才的一个重要象征。苏秦、张仪同样是这样的人才代表,合纵连横的故事已经成为中国历史上的经典。他们一个游说六国以合纵,一个入秦以连横,并因此都身居高位,成为当时各国政坛

---

① 司马迁. 史记·商君列传 [M]. 长沙:岳麓书社,2001.
② 司马迁. 史记·吕不韦列传 [M]. 长沙:岳麓书社,2001.
③ 司马迁. 史记·河渠书 [M]. 长沙:岳麓书社,2001.

上的重要人物。

秦以军功论之人才则更多，各国亦如是。略数秦国名将，就有白起、王翦、蒙恬等，六国则有田单、廉颇、李牧等，不胜枚举。这些纵横的将星，都是这一时期重视军功的体现。他们中既有起于行伍之微末者，也有贵胄大族出身之人。

（三）汉朝时期的人才选拔——察举征辟

汉代是中国历史上第二个大一统的王朝。因秦朝时间太短，所以从历史意义而言，直至汉代中国才算真正确立了大一统的思想理念，并在此后两千多年的历史中产生了非常深远的影响。总体来说，有汉一代的政治格局是平稳的，虽然其中各类叛乱、起义不断，但其大一统中央集权的状态始终没有被彻底摧毁。并且，继董仲舒提出"独尊儒术"的理念后，汉朝整体的政治思想也得以转变，故其人才选拔相对前朝而言，体系性更强，更有系统性。当然，汉承秦制，这些体系很多也是由秦的政治制度发源而来。

汉朝的人才选拔制度包括察举、皇帝征召、公府与州郡辟除等主要方式，以及大臣举荐、考试、任子、纳资等多种方式，总之不局限于单一方式，而是可以多种选拔方式并用。

其中，察举即选举，是自下而上的人才选拔制度。汉代察举的标准，大致不出四条，亦称"四科取士"。据《后汉书·百官志》载，四科分别为"德行高妙""学通行修""明达法令""刚毅多略"（表2-1）。简单而言，察举制度其一要重视德行，其二要考察被举为孝廉之人的真才实学，德才兼备者方可为官。基于当时的历史背景、历史条件，察举制确是一个科学、合理的人才选拔制度，为当时的社会阶层流动、下层人民的"出人头地"开辟了通道。孝廉所面向的举荐范围不再局限于贵族集团内部子弟，而是从制度、理论上将范围扩展至全国范围有德行的读书人，从而将众多"草根"读书人吸纳进统治阶层，既促进了政府官员来源的重大变化，也间接促进了政府的统治方式的转变。察举制度为汉政府引进了众多著名人才，例如汉初的政论家晁错，即是通过汉文帝十五年（前165）两次诏举"贤良方正能直言极谏者"而入朝为官的。"晁错者，颍川人也。以文学为太常掌故。"[①] 汉武帝时期的名臣东方朔也是通过察举入仕。"东方朔，字曼倩，平原厌次人也。武帝初即位，征天下举方正贤良文学材力之士。朔初来……朔文辞不逊，高自称誉，上伟之，令待诏公车，俸禄薄，未得省见。"[②]

表2-1　汉代人才察举制度

项目	内容	具体说明
时间	上起西汉，下迄东汉	
标准	德行高妙，学通行修，明达法令，刚毅多略	
类别	岁举；特举	以常制或临时规定为据
具体科目	孝廉、茂才、贤良方正、文学（通常指经学）以及明经、明法、尤异、治剧、兵法、阴阳灾异等	实为功名，可授官职
重要制度	乡举里选	体现尊重乡里舆论对士人德才评判的权威性

与察举相对的是征辟制度。这是一种自上而下的官员选拔制度，主要包括皇帝征聘与公府、州郡辟除两种形式。皇帝征聘包括特征与聘召两种方式，由此选拔德才兼备的名望人士，或任顾问，或委政事。秦孝

---

① 司马迁. 史记·袁盎晁错列传 [M]. 长沙：岳麓书社，2001.
② 班固. 汉书·东方朔传 [M]. 北京：中华书局，1962.

第二章 治贤的历史智慧：中国古代选贤任能的梳理与总结

公公开下令求贤即属聘召，秦始皇时叔孙通以文学征即属特征。征辟制度的另一种选拔形式辟除包含两种情况：一种是三公府辟除，一种是州郡辟除。汉代的人才选拔制度的确立，为后世科举制的推行奠定了基础。科举实际是由此发展而来，只是用"考试"的形式将其规范化（表2-2）。

表2-2 汉代征辟制度

制度	皇帝征聘		公府、州郡辟除	
性质	汉代高级官员任用属官的制度			
时间	上起于汉高帝十一年（公元前196年）的求贤诏，之后汉武帝至东汉沿袭			
面向人才	有名望的品学兼优人士			
类别/方式	聘召	特征	三公府辟除	州郡辟除
实例/具体方法	秦孝公公开下令求贤	"叔孙通者，薛人也。秦时以文学征，待诏博士"	由公府高第或由公卿荐举与察举	由州郡佐吏，因资历、功劳或试用之后，以有才能荐举或察举
需求官位	顾问、政事		可出补朝廷官或外长州郡	可升任朝廷官吏或任地方长吏
地位	属于汉代最为尊荣的入仕方法；被征者具有极大的自主权，朝廷监督但不强制；地位高于一般官僚		公府掾属官位虽低，却易于显达	

注：此表根据《汉书·武帝本纪》《史记·刘敬叔孙通列传》等整理而成。

（四）三国时期的人才选拔——九品中正制

东汉末年社会动荡，加之军阀混战，其形类于春秋战国各国之攻伐，原有吏制难以为继，故而有九品中正制的出现。同时，曹操提出"唯才是举"的用人原则，也是人才选拔的一大进步。

三国时期，曹魏的御史大夫陈群首先提出并推行九品中正制。推选朝堂之上有名望的官员担任中正官并查访各州郡的当地士人，秉持"不计门第"的原则,将所查访各个士人按照德才、声望评定为九个等级,然后根据士人的等级向朝中吏部进行举荐,吏部再根据中正官的举荐文书按品级授官。

九品中正制的初衷是延续汉代官吏选拔的传统,继承曹操的用人方法,旨在解决朝中选拔官吏和乡里清议的统一管理问题。然而,到了魏晋之交,中正官被各个州郡的"著姓士族"所垄断。他们举荐和评定品级时偏袒本族人士,完全背离了"不计门第"的原则,以致此后的三百年,呈现出"上品无寒门,下品无士族"的门阀士族垄断政权的局面。

四、隋唐后的人才选拔——以科举为代表

(一)科举制度确立的历史背景

南北朝时期,是中国历史上政权更替最为频繁的时期之一,这时的人才选拔较前代实际上有不小的退步。门阀士族集团据门第高低分配权力,将社会最大群体的下层人民阻隔于统治集团之外。高门士族垄断的官吏选拔制度加剧了当朝腐败和地方割据,直至南北朝末年,士族制度完全腐化。虽然东晋至南北朝时期有诸多名臣的出现,如王导、谢安、谢玄、王羲之等,但士族制度的腐朽和崩溃已成定势。

继南北朝之后的隋唐,国家进入了新的大一统阶段,且持续时间很长。大一统局面为制度革新和强化中央集权提供了稳定的政治、社会环境,同时直接催生了贯穿中国千年历史的人才选拔制度——科举制。

需要注意的是,科举制的出现,并没有使之成为当时人才选拔的唯一方式。隋唐之际,士族的力量依然强大。尽管后世有人称唐代为"士庶合

第二章 治贤的历史智慧：中国古代选贤任能的梳理与总结

流"，但在"两唐书"中仍可看到为数众多的崔姓、裴姓、韦姓、李姓等士族出身的官员，如唐末著名宰相李德裕就出身士族。可见唐代依然保存着根深蒂固的门第观念，这和唐代以前一脉相承，却和唐代以后相迥异，故可以得知尽管士族在唐代已走向衰落，但它仍然存在，而此后则渐不复见。

（二）科举制度的兴衰

科举萌发于南北朝，创建于隋朝。自隋唐确立科举制度以来，平民通过读书考试获取入仕机会，基本就是靠科举。继隋文帝废除九品中正制后，大业三年隋炀帝诏令文武官员举荐符合"孝悌有闻、德行敦厚、结义可称、操履清洁、强毅正直、执宪不挠、学业优敏、文才秀美、才堪将略、膂力骄壮"等十科的人才，并且开设进士科，通过"试策"等考试选拔方式招用人才，标志着中国科举制的正式实行。

唐代是科举制创立（隋朝时间太短，制度只是初具其形但并未推行）、完善最重要的时期之一。唐高宗后，进士科尤为时人所重，也是当时高级官员的重要录用渠道，唐代宰相大多是进士出身。

宋代科举制大体沿袭了唐代的制度，但宋代后期出现了冗官的局面。而且与唐代相比，宋代常制的科举科目大大减少。然而，进士科依旧最受重视，进士一等甚至可晋升至宰相官位，因此当时人们认为进士科即宰相科。宋代开创了糊名和誊录等考试制度以防徇私。两宋总共开科118次，取进士2万人以上。

元代的科举制度与宋代大体一致，但只考一科，而且此时考试划分为左右榜，以区别蒙古人和汉人，右榜供蒙古人、色目人应考，左榜供汉人、南人应考。元代共举办过16次科举考试，取进士1 139人，此外国子学录取284人，总计1 423人。但由于元代"重武轻文"，科举选拔出来的文人大多不受重用，对当时的政治影响有限。

科举制在明代进入了鼎盛时期。明代高度重视科举制度，科举制度的严密性超乎以往历朝历代。尽管在明成祖继位以后，监生直接做官的机会越来越少，但是可以直接参加乡试，通过科举做官。

到了清末，随着西学在中国的传播，科举科目内容向"务实"转变。1888年清政府增设算学科，首次将自然科学纳入科举考试科目；1898年又准设经济特科，废除八股，改考时策论，旨在取经时济变的当世人才来解决统治危机。然而，当戊戌变法失败后，科举又随之改回旧制。1905年，经袁世凯、张之洞奏请立停科举，延续千余年之久的科举制度遂于1906年正式废除。

自唐代以来，经科举所出人才不胜枚举，历代名臣文官，大都由科举所出。他们的经历被后人传颂，既成为家喻户晓的故事，也成为重要的历史经验。

第三节　中国古代选贤任能的经验总结及现代借鉴

从秦始皇建立秦朝直至清朝的2 000多年里，虽然中国历史风云变幻，但实质的统治核心并没有变化，"君权神授"与"家天下"始终是政治统治的核心与基础。朝代的更迭无非是当权者的变化，其治理手段和国家形态都没有本质性的变化。不过，历代对人才的重视和对官员的种种管理，为后世留下了丰富的历史经验。

一、古代治官的经验传承

通过将中国历代对于人才选拔制度的共同特性进行归类,本书认为,其中有四点对今天的社会发展和新时期公务员制度的完善有所裨益。

其一,以"尊贤"为治国之本。习近平总书记《在中国科学院第十七次院士大会、中国工程院第十二次院士大会上的讲话》中指出,"盖有非常之功,必待非常之人"。"尊贤"在中国历史上屡见不鲜,也是诸多文学作品的素材来源,例如《三国演义》中"三顾茅庐"的情节。在这一时期,历史中有确切记载的是曹操的人才观,他对人才的重视在历史上留下了浓墨重彩的一笔。在其著名诗篇《短歌行》中有"青青子衿,悠悠我心,但为君故,沉吟至今"等诗句,都是其尊贤、求贤思想的体现。

实际上,在曹操之前,中国历史中关于君王对人才重视的例子已不胜枚举。如战国时燕国郭隗建议燕昭王"千金买马骨"。据《战国策》中载,郭隗先生曰:"臣闻古之君人,有以千金求千里马者,三年不能得。……死马且买之五百金,况生马乎?天下必以王为能市马,马今至矣。……于是昭王为隗筑宫而师之。乐毅自魏往,邹衍自齐往,剧辛自赵往,士争凑燕。"

及至唐代,一日唐太宗看到新科进士鱼贯而入朝堂,于是高兴地说:"天下英雄入吾彀中矣。"所谓窥一斑而见全豹,更何况中国历史中难以胜数的关于君王渴求人才的记载,都充分说明了古人对于人才的重视。

其二,在中国古代,官员的选拔中高度重视"德",这对现今我国公务员管理而言同样具有重要借鉴作用。无论是三国时期曹魏所提出的九品中正制,还是后来的科举,对于"德"的重视,往往都在"才"之

上。到了科举制度的后期,当八股取士成为科举的固定模式后,实际上考察的已经不再是人才的行政能力,而更多以经义作为品德衡量标准。对于品德、操守和政治上的坚定,同样也是现代公务员管理必须强调的。2014年5月8日,习近平总书记同中央办公厅各单位班子成员和干部职工代表座谈时指出,领导干部要同党中央保持高度一致必须是全面的,在思想上、政治上、行动上全方位向党中央看齐,做到"表里如一,知行合一"。

其三,中国历代对于建立健全人才管理制度大都十分重视,这些制度的建立对中国历史上的社会发展起了强大的推动作用。如秦代即设立御史大夫,负责监察百官,对此在《汉书·百官公卿表》中有"御史大夫,秦官,位上卿,银印青绶,掌左丞相"的记载。

创立于隋、完善于唐的三省六部制,更是将中国古代的人才管理推向了新的高度。在六部中,居于首位的便是"吏部"。吏部这一管理机构承袭于东汉建立的官员管理机构"吏曹",在三省六部制中,其功能得以进一步完善。吏部主要掌管天下文官的任免、升降、调动、考核、勋封等事务。此后的官员管理制度,直到清朝,基本都是对隋唐以来吏部模式的延续和完善。

宋初的官吏考核标准相对简单,所谓"政绩尤异者为上,恪居官次、职务粗治者为中,临事驰慢、所莅无状者为下"。至宋真宗赵恒时,考核标准增加了廉洁方面的考评。所谓"公勤廉干,文武可取,利益于国,惠及于民者为上;干事而无廉誉,清白而无治声者为次;畏懦而贪,漫公不治,赃状未露,滥声颇彰者为下"。南宋以降,又进一步加强了对地方官吏的监察,如对县令的考核标准由"四善""三最"变为"四善""四最",并增加了知州层面的考核;对监司的考核则由七事增加至十五事。

明清两代官员考察制度更为复杂完善,针对低级官员和高级官员分别制定了考察制度,并且有详尽的保障机制,可谓建立起了当时世界上最严密完善的官员管理制度。祸患常积于忽微,在用人方面一定要严格,防止用人上的不正之风,建立严管机制,这在今天依然有深刻的警示意义。正如习近平总书记在河北参加省委常委班子专题民主生活会时的讲话中所引用的古人之言,"邦之兴,由得人也;邦之亡,由失人也。得其人,失其人,非一朝一夕之故,其所由来者渐矣"。

其四,中国古代对人才的待遇向来优渥,这也是确保人才能安心为政权服务的重要物质保障。在历代史书中都不乏知识分子可以免除赋税、劳役等例证。当然,以财富和物质享受来笼络人才,还是比较低级的做法。国君以尊崇的身份、极大的尊重来礼遇人才,方可得到人才的真正效忠。这种观念在宋代达到一个顶峰。文彦博在与宋神宗的对谈中说"与士大夫治天下",就是将自己视为国家的主人。这既是中国古代文人的普遍认识,进而言之,也是其积极参与政治生活的动因之一。

二、古代官吏治理的警示

纵观中国吏治的历史,古代出现的"官吏分途而治"也曾带来一些不良后果,值得我们在现代公务员制度改革探索中引以为戒。中国古代有专门的技术型官员,不过他们当时并没有进入官员体系,而是以"吏"的身份存在。在历史上,这些"吏"即便作出了很大的贡献甚至推动了社会进步,但史书对其记载却往往或语焉不详,或只鳞片爪,这证明了在当时这类人员的实际处境，他们并不受重视。在文学作品中，偶尔也可以看到对这些"吏"的生存状态的描述。如在《水浒传》第二十一回中，作者评述道"原来故宋时，为官容易，做吏最难"。在此书中，作者将"官""吏"进行了严格区分。虽然"吏"在行使官府职能，但其并非官身，还不能名正言顺地进入当时的政治体系当中。

又如宋代著名建筑家李诫，他所编写的《营造法式》对后世影响极深，并且主持营建了大量建筑，但《宋史》没有为他立传，明清两代的《郑州志》《郑县志》等亦无他的传记。

明清两代，绍兴师爷这一群体在官场中崭露头角。之所以冠以"绍兴"二字，或出于两种原因：一示地域差别，明清时徽州亦多出师爷；二示从业者之多，所谓"操是业者之类皆绍人也"。据余姚《邵氏宗谱》载，邵氏家族有师爷7、8人；《会稽陶氏族谱》中明确记载有作幕经历者达39人；《绍兴县志资料》（第一辑）记有名师爷150余人。据载，当时绍兴府县县出师爷，而以山阴、会稽最多。据不完全统计，两县前后约出师爷2 000余名。乾嘉时期龚萼在《雪鸿轩尺牍》中说："吾乡之业于斯者不啻万家。"另据王士性《广志绎》中载："自九卿至闲曹细局，无非越人。"顾炎武《日知录》中则称："户部十三司胥算皆绍兴人。"据《绍兴县志资料》（第一辑）统计，从顺治元年（1644）至宣统三年（1911），绍兴学子中进士者636人，中举人者达2 361人。如此众多士人，势必不能一一仕进，遂以幕业为其进身之途。加之清代仕途杂进，可由佐变官。只要在幕中积得军功、治功，可以由督抚等"保题议叙"。正如徐珂《清稗类钞》有云：雍正初，上谕有曰："今之幕宾即古之参谋记室，凡节度、观察皆征辟幕僚，功绩果著即拜表荐引。"

第二章 治贤的历史智慧：中国古代选贤任能的梳理与总结

据《病榻梦痕录》所载，乾隆初年，刑钱师爷年薪已达银220两至260两。乾隆二十七年（1762）以后，幕脩愈高。至乾隆四十九、五十年时，岁脩已有达800两者。而当时七品官之年脩亦不过45两而已。此外，到清代中期，师爷群体已不是入幕文人的简单集聚，而是已经有了一定的理论指导和行为规范，甚至形成了专门的学问——幕学。但自始至终，这些师爷们并无官身，这也是中国政治史中的一道独特风景。

师爷的种类很多，以其职能与工作性质来分，有专理刑事、民事案件的刑名师爷，办理财政、赋税事务的钱谷师爷，负责起草奏疏的折奏师爷，掌管往来信函的书启师爷，负责批牍及往来文件注册登记的挂号师爷，负责稽查考核、征收田赋的征比师爷以及佐理河工、盐务、军务的师爷等。师爷起初只是大致分工，后来随着幕学的形成与发展，对各类师爷的具体职责与学识要求等都有了明确的标准。如对刑名师爷，幕学提示要学宗申（不害）韩（非）刑名之术，至要是明习律例，尤其是要精熟《大清律例》。幕学名著《续佐治药言》中说："幕客佐吏，全在明白律例。……幕客之用律，犹秀才之用四子书也。……律文解误，其害乃至延及生灵。"人员的专门化，虽保证了这一群体的专业性，但也形成了事实上的行业垄断和行政专断，滋生了腐败与徇私等诸多问题。

总体而言，虽然中国古代吏治存在这样那样各种问题，但其所蕴含的丰富的礼遇高人、招贤纳士、辅治国政等价值理念和不少行之有效的做法对现代还是有极强的借鉴作用的。这些古代丰富的治官思想，既饱含"聚天下英才而用之"的崇德善能情怀与人才理念，也拥有开放多元的纳贤手段、机制、举措和方式,比如察举、举孝廉、大臣举荐、九品中正制以及科举制等,同时还不乏"辟田""胜敌""直言纳谏"等关键德行标准和评定技巧,不但符合现代干部管理的"审美旨趣",也对现代公务机关的人才测评与管理之道有积极的启发意义。

第三章

治贤的现实基础：创建中国高级专业技术类公务员制度的必要性和可行性

第三章 治贤的现实基础：创建中国高级专业技术类公务员制度的必要性和可行性

综观全球，美国、英国、加拿大、日本、韩国等发达国家在其公务员制度发展演进中，为了适应国内公共行政事务的需要，纷纷建立了高级专业技术类公务员制度体系，这在一定程度上有效提升了政府回应性，增强了政府的现代治理能力和水平。对于中国而言，几十年来公务员制度的改革变迁一直在路上，经历了一轮又一轮的完善递进。然而，中国是否已经具备了高级专业技术类公务员选录的人才基础、政策基础？创设高级专业技术类公务员制度时机是否已经成熟？本章从创建高级专业技术类公务员制度的政策红利、现实条件以及人才基础等方面进行系统考察，分析并论证中国创建高级专业技术类公务员制度的可行性和必要性。

第一节 政策红利

从人事管理的核心功能和关键因素来看，中国已经制定了一些与高级专业技术类公务员制度创建相适应的政策，为下一步的创新探索提供了制度基础。

一、人才强国战略下的人才政策基础

人才强国战略基于中国国情和时代背景提出，是国家长期发展战略，主要着眼于人才资源的开发力度以及创新体制，做好培养、吸引和使用各方面人才的工作，从而形成中国人力资源方面的优势。公务员队伍建设是国家人才工作的重要组成部分，如何在人才强国战略下引导、推进包括高级专业技术类公务员在内的中国公务员制度建设，有着重要意义。

改革开放至今，中国已经打下坚实的人才政策基础，人才政策不断深化，人才开发、使用和党政机关人才工作制度建设方面均已取得显著成就。自党的十八大以来，人才政策建设力度进一步提升。2012 年，党的十八大报告提出加快确立人才优先发展战略布局；2016 年，中央印发《关于深化人才发展机制体制改革的意见》，以"放权松绑"为核心，在人才聚集、使用、激励和环境建设等方面提出一系列人才红利政策。2017 年，党的十九大进一步将人才资源的重要性升至战略高度，十九大报告中明确指出"人才是实现民族振兴、赢得国际竞争主动的战略资源"。

因此，基于新时代的人才强国战略，公务员队伍的建设也要与之相适应。在全面建设社会主义现代化国家的道路上，借助深化人才政策创新与体制机制改革的契机，推动公务员管理制度的迭代升级，充分发挥现有人才队伍、工作基础、党管人才等体制机制优势，使公务员队伍建设紧跟人才发展理念，走上"服务发展、人才优先、以用为本、创新机制、高端引领、整体开发"的道路。

二、新时代公务员制度的完善进步

2006 年 1 月 1 日正式实施的《中华人民共和国公务员法》，在《国家公务员暂行条例》的基础上，首次正式提出实行公务员职位分类管理的思路。2019 年 6 月 1 日，经修订后颁布实施的《中华人民共和国公务员法》再一次强调"国家对公务员实行分类管理，提高管理效能和科学化水平"，并在第三章"职务、职级与级别"的第十六条指出："国家实行公务员职位分类制度。公务员职位类别按照公务员职位的性质、特点和管理需要，划分为综合管理类、专业技术类和行政执法类等类别。根据本法，对于具有职位特殊性，需要单独管理的，可以增设其他职位类别。各职位类别的适用范围由国家另行规定。"

此外，2016年中共中央办公厅、国务院办公厅印发的《专业技术类公务员管理规定（试行）》，规定了专业技术类公务员的定义、职位设置、职务与级别、职务任免与升降、管理与监督等，为专业技术类公务员的管理工作提供了制度性保障。该规定还明确指出了专业技术类公务员的两个特性：强技术性，低替代性。

职位分类不是为了赶时髦，也不是为了向谁看齐，而是为了优化管理。正如我国公务员法中所确立的对专业技术类、行政执法类、综合管理类等进行区分，其实就是一种优化，将具有类似工作性质的职位划归同一序列，方便进行"一体适用"的科学管理。

根据现行管理规定，中国综合管理类、专业技术类和行政执法类公务员职务与级别对应如下（表3-1）。其中，专业技术类公务员职务分为十一个层级，通用职务名称由高至低依次为一级总监、二级总监、一级高级主管、二级高级主管、三级高级主管、四级高级主管、一级主管、二级主管、三级主管、四级主管、专业技术员（表3-1中为实现各类型统一，省去了四个层次）。通过表3-1可见，中国专业技术类公务员以自身的专业知识和技能为基础，具有较高的技术权威与专业素质。为提升党政机关的决策科学性和执行准确性，将专业技术类人员单列出来，进行公务员职位体系"小分类"管理的尝试，有利于我国吸引、留住专业技术人才，培育一支少而精的公务员中的专家队伍，打造一支高素质、专业化的干部队伍。

表 3-1 中国综合管理类、专业技术类和行政执法类公务员职务与级别对应表

职务级别	职务序列			职务对应的级别	职务对应的级别数
	综合管理类	专业技术类	行政执法类		
国家级正职				一级	1
国家级副职				二级~四级	3
省部级正职				四级~八级	5
省部级副职				六级~十级	5
厅局级正职	巡视员	一级总监		八级~十三级	6
厅局级副职	副巡视员	二级总监	督办	十级~十五级	6
县处级正职	调研员	二级高级主管	二级高级主办	十二级~十八级	7
县处级副职	副调研员	四级高级主管	四级高级主办	十四级~二十级	7
乡科级正职	主任科员	二级主管	二级主办	十六级~二十二级	7
乡科级副职	副主任科员	四级主管	四级主办	十八级~二十四级	8
	科员	专业技术员	一级行政执法员	十八级~二十六级	9
	办事员		二级行政执法员	十九级~二十七级	9

三、体制机制改革突进中的管理创新

(一) 加大聘任制与选任制，为专业技术类干部创造灵活选录机制

2019年3月，中共中央印发了修订后的《党政领导干部选拔任用工作条例》（简称《干部任用条例》），提出"要坚持事业为上，拓宽用人视野，激励担当作为，大力选拔敢于负责、勇于担当、善于作为、实绩突出的干部"。可见，新时代公务员的选任方式更为灵活、更为务实。此外，现行公务员法规定："机关根据工作需要，经省级以上公务员主管部门批准，可以对专业性较强的职位和辅助性职位实行聘任制。前款所列职位涉及国家秘密的，不实行聘任制。"这一规定为专业技术类干部的选录提供了明确的法律保障。

一般来说,政府部门紧缺的专业性人才大体包括金融、财会、法律、信息技术等职位,如首席经济学家、法律顾问、金融专家、数据分析员、技术鉴定专家等。这类职位具有社会通用性,政府需要同私营企业进行人才的竞争。此外,还有一些是党政机关中专属性很强的职位,如国防军事、公共医疗、保密等。在深圳市的公务员制度改革试点中,已经对部分行政执法类和专业技术类岗位实行了聘任制,并辅以"协议式"薪酬机制、独立的退出机制等;综合管理类职位则一般实行委任制或选任制。聘任制公务员不能转为委任制公务员,但月薪最高可达3万元人民币。现今,聘任制公务员已进入全国试点扩展阶段。

相比委任制管理的缺乏弹性,选任制与聘任制有助于拓宽择才用人渠道,吸引多样化的优质人才,从而提高党政机关的整体实力和回应能力。正如我们在对高级公务员的访谈中所听到的,"干部竞争上岗,发挥了作用","在一定的岗位上,有平台,无论有多大的能力和本事,感觉都比较好"。

(二)现行公务员制度改革对高级专业技术类职位管理的推动

中国历来都重视一支强有力的领导干部队伍的建设,邓小平同志提出的"革命化、专业化、知识化、年轻化"便是对干部队伍建设的基本要求。为此,早在20世纪80年代,邓小平同志就指出了干部知识能力不足的问题,即"干部构成不合理,缺乏专业知识、专业能力的干部太多,具有专业知识、专业能力的干部太少"[1]。

干部人事制度改革一直是我们党和国家改革创新的重要组成部分。

---

[1] 邓小平.目前的形势和任务[G]//邓小平文选:第二卷.北京:人民出版社,1994:263-264.

1997年，党的十五大郑重提出了"建设一支高素质的专业化国家行政管理干部队伍"的战略任务。为适应新情况和新问题，2000年，中共中央又颁布了《深化干部人事制度改革纲要》；2002年，颁布了《党政领导干部选拔任用工作条例》；2004年，下发了《公开选拔党政领导干部工作暂行规定》《党政机关竞争上岗工作暂行规定》等"5+1"法规性文件。上述政策文件的重点都是为了优化党政领导干部的选拔及进出，创造新型的有利于人才脱颖而出的用人机制，促进干部选拔任用工作的科学化、规范化。

2005年起，中国公务员制度开始进入深化改革阶段。2006年，我国开创性地推出了《中华人民共和国公务员法》。"这是中国第一部干事人事工作的重要法律，是公务员管理的总章程"，标志着中国公务员制度开始走上科学化、民主化和法治化轨道。后来，我国又相继推出了一系列完善党政领导管理的法规，如《关于对党员领导干部进行诫勉谈话和函询的暂行办法》等，公务员管理体系得到进一步完善。随后，随着以"高素质"为前提的公务员队伍"专业化"建设不断强化，又掀起了一轮又一轮关于公务员职务职级、分类管理等的创新改革。这些改革的成果及实践经验不断得到巩固和丰富完善，为中国创建和发展高级专业技术类公务员制度奠定了基础。

第二节　制度基础

一、国家职业分类大典的发展完善

（一）职业分类的内涵、定位和社会作用

随着人类社会的不断进步和人类文明的不断发展，长期的生产性活动

催生了劳动分工，职业分类即是劳动分工的必然结果。在劳动分工的每一个环节上，因劳动对象、劳动工具以及劳动的输出方式等都具有其自身的特殊性，就有了不同职业之间的区别。马克思指出："我们这里所指的分工，是整个社会内部自发的和自由的分工，是表现为交换价值生产的分工，而不是工厂内部的分工（不是个别生产部门中劳动的分解和结合，而是社会的、似乎未经个人参与而产生的这些生产部门本身的分工）。"社会分工、职业分类是拥有不同专业技能的劳动者在社会活动中获取生活来源、实现自身价值的社会依托。正如亚当·斯密在《国富论》中所提到的：劳动生产力最大的改进，以及劳动在任何地方运作或应用中所体现的技能、熟练和判断的大部分，似乎都是劳动分工的结果。

职业分类是一个国家职业体系的基础工作与首要条件。《中华人民共和国劳动法》第八章第六十九条明确规定："国家确定职业分类，对规定的职业制定职业技能标准，实行职业资格证书制度，由经过政府批准的考核鉴定机构负责对劳动者实施职业技能考核鉴定。"可见，职业分类是中国不同职业技能鉴定的前提和基础工作，职业分类体系则是相关职业资格证书制度和职称评定制度的基础。

对职业进行分类管理，是在现代市场经济环境下我国实现社会化、现代化治理的必然选择。随着经济繁荣发展、科技进步创新以及产业结构调整升级，中国的社会职业结构、种类等发生了巨大变化，一些传统职业开始衰败甚至消失，一些现代职业则不断涌现发展起来。尤其是在当前中国经济发展进入新常态和加快完善国家治理体系的大背景下，职业分类对于适应和反映经济结构特别是产业结构变化，适应和反映社会结构特别是人口、就业结构变化，适应和反映人力资源开发与管理特别是人力资源配置需求变化，都具有重要意义。

职业分类对国家、社会、组织、个人都具有重要意义。从微观层面看，职业分类为企业、政府、非营利组织（NPO）、非政府组织（NGO）等用人单位的职位设置、定岗定编和职业学校、高等院校等教育单位的学科设置、教学设计，以及劳动者的职业教育、职业培训、职业规划等做了基础性铺垫。从宏观层面看，国家职业分类为社会劳动力流动、薪酬体系构建、毕业生择业、组织人力资源战略的制定等提供了参照和依据。

对我国党政机关而言，职业分类为其进行科学精准的职位分析、岗位结构调整、人力资源流动、薪酬体系构建与优化等提供了基础框架，有利于专业技术类公务员的职位管理体系建设及其相关制度建设。具体而言，职位分类在这之中的作用主要体现在：便于党政机关内相关岗位的科学调整和人员的合理流动，便于公务员薪酬体系的构建和职能等级体系框架的优化等。

首先，便于党政机关内相关岗位的科学调整。现有职业分类结合并顺应了中国经济社会发展情况和中国产业结构发展趋势，反映了中国当前的社会职业结构以及不同职业的未来发展趋势，便于党政机关根据社会实际需求灵活调整部门内的岗位设置。

其次，便于党政机关的人员合理流动。中国职业分类包含了职业定义和主要工作任务，隐含了必要的专业技能要求。目前在中国，基于职业分类体系的职业标准体系主要是针对技术要求较高的职业所制定的工作标准，是对从业人员工作能力水平的规范性要求[1]。职业分类与职业标准共

---

[1] 季明明. 国家公务员队伍专业化建设的一个途径：论我国设置公共管理硕士专业学位的必要性与可行性 [J]. 中国行政管理, 1999 (3): 24-27.

同划定了职业的"客观定义"和"主观内涵"。职业分类明确了不同类型劳动力在社会网络结构中的对应区域,是人才流动网络的一个隐形因素,既为人员流入、流出党政机关提供了结构对结构、内容对内容无缝连接的重要依据,也是人员从事职业工作活动、接受专门职业培训/教育和职业技能鉴定,或是用人单位录用、评估、考核、使用人员的重要依据。以美国为例,其建立在职业分类基础上的职业信息网络(也称 O*NET 系统),包含职业定义、工作任务、工具与技术要求、知识要求、工作能力要求、工作活动、工作方式、相关经验及教育水平、职业培训要求、薪资及岗位要求、职业兴趣、性格要求、工作价值观、相关联职业等信息在内的上万种职业名称和代码,为美国劳动力市场提供了重要信息支撑,为从业者提供了充分的职业信息。

再次,便于公务员薪酬体系构建。职业分类为公务员薪酬体系构建提供了基础框架。科学合理的职业分类及其在劳动力市场中所对应的价格,为我国公务员的薪酬体系构建提供参考和依据。不同职业的技术水平差异所反映在市场中的价格差异,也为各党政机关内所对应的岗位技能水平提供了灵活、差异性的薪酬标准参照。同时,其符合市场价格规律的薪酬体系也为人员的流入、流出提供了一个具体可见的"收益-成本"估算。

最后,便于公务员职能等级体系框架的优化。完备的职业分类能提供不同职业"专业技能"潜在的等级要求属性,这些要求属性可为专业技术类公务员的职位体系构建提供能级标准。同一专业的职业,以专业技能等级进行职位分类,既不失为一个合理、科学的分类标准,也有利于对接相应的规范化职业资格证书制度、职称评定制度等。例如,德国的职业分类体系采用分层化的构建方式,包含职业领域、大类、中类、小类、细类五大层级。其中,第五层级的细类以"要求等级"标准来划分,标识所从事职业活动的复杂程度,最多细化为四个等级(第一等级是助手级与初等级的职业活动,第二等级是专业指向性的职业活动,第三等级是综合专业指向性的职业活动,第四等级是高度复杂性的职业活动)①。可见,假若公务员凭借不断精深的专业技术能力,考取/获评更高等级的职称、职业技术等级而赢得"专业权威"的进阶,则完全有机会凭借"专业技术能力"而获得"晋升"等美好的职业前景。

(二) 中国国家职业分类体系的构建

1. 中国国家职业分类体系的历史发展脉络

职业分类是现代人力资源管理与人力资源服务的基础工具。自20世纪中叶以来,职业分类以及职业分类的国际标准在世界各国/地区/组织中纷纷建立。通过借鉴世界先进经验,中国也建立起了国家职业分类体系。从20世纪80年代中期的《职业分类标准》和《职业分类与代码》国家标准到1992年正式颁布的《中华人民共和国工种分类目录》,再到1999年公布的首部《中华人民共和国职业分类大典》,经过多年的摸索,中国职业分类体系已初步建成,它既填补了中国职业分类的空白,也为适应中国经济社会发展发挥了广泛而深刻的作用。

自1999年第一部职业分类大典颁布后,该大典已先后经历了5次修订。然而,由于职业领域的快速深刻变化,社会各界对全面修订大典的呼声很高。为此,国家人力资源和社会保障部与国家检疫局、国家统计局等

---

① 谢莉花,苗耀华,余小娟. 中德两国职业的比较研究[J]. 职教论坛,2017(1):70-79.

于 2010 年 8 月再次联合启动职业分类大典修订工作，旨在更加顺应经济全球化的国际大背景，适应互联网、人工智能等新技术对传统职业的冲击与挑战。因袭客观性、继承性、科学性的修订原则，经过近 5 年的努力，2015 年 7 月，中国正式颁布了最新的国家职业分类大典。

2. 职业分类大典（2015 年版）概述

根据《中华人民共和国职业分类大典（2015 年版）》（以下简称《大典》），职业主要是指"从业人员为获取主要生活来源所从事的社会工作类别"，职业具有目的性、社会性、稳定性、规范性和群体性 5 个显著特征。《大典》将职业分类定义为"以工作性质的同一性为基本原则，对社会职业进行的系统划分与归类"。其中，工作性质即"一种职业区别于另一种职业的根本属性，一般通过职业活动的对象、从业方式等的不同予以体现"。同时，《大典》规定：对于工作性质同一性所进行的技术性解释，要视具体的职业类别而定。

《大典》将中国的职业体系通过层级结构的划分方式分为 8 个大类、75 个中类、434 个小类、1 481 个细类（职业），并列出了 2 670 个工种，标注了 127 个绿色职业。与 1999 年版相比较，《大典》保持了 8 个大类，增加了 9 个中类和 21 个小类，减少了 205 个职业，取消了 342 个"其他"职业（表 3-2）。

表 3-2　各个层级职业分类原则/标准

类别	分类原则/分类标准
大类	以工作性质相似性和技能水平相似性为主要依据，并考虑中国政治制度、管理体制、科技水平和产业结构的现状与发展等因素
中类	基于中国行业发展业态，参考国民经济行业分类
小类	中类基础上的进一步划分和细化，与中类划分原则基本一致

续表

类别	分类原则/分类标准
细类（职业）	主要以工作分析为基础，以职业活动领域和所承担的职责，工作任务的专门性、专业性与技术性，服务类别与对象的相似性，工艺技术、实用工具设备或主要原材料、产品用途等的相似性进行划分，同时辅之以技能水平相似的依据

在中国的职业分类系统中，不同层级的分类标准、分类原则是不同的。大类属于中国职业分类体系中的最高层级，主要基于工作性质的同一性进行划分，并将中国的政治制度、管理制度、科技水平和产业结构等的现状和发展等因素纳入考量。中类属于大类的子项，是对大类的进一步细化，主要根据职业活动所涉及的知识领域、实用工具和设备以及技术方法等的同一性进行划分。小类则是中类的子项，划分根据是工作活动环境、工作条件以及相关技术性质等的同一性。细类/职业是职业分类大典的基础单元，主要根据工作对象、工艺技术、操作方法等进行划分。通过《大典》的划分原则和具体职业说明，可以了解我国对于某职业的定义和该职业所涉及的工作任务，从而获得一个框架性、系统性的概念。但是，相较于美国的职业网络（O*NET）系统的完备性、社会便利性，或德国细类划分的专业技能水平等级的明确性等，中国的职业分类体系划分标准及其体系性还有进一步改善的空间。①

3. 1999年版和2015年版职业分类大典的比较

表3-3为1999年版和2015年版的职业分类大典的对比，该对比涵盖了对我国经济社会发展变化与社会职业结构变革过程中职业分类管理的科

---

① 常晓雪. 美国职业信息网络及其对中国职业信息网络化的启示 [J]. 中国职业技术教育，2015（27）：55-61.

学化、精准化程度的简略比较。可以看出，经过近 25 年的发展，2015 年版《大典》的职业分类体系更加完善、系统，职业信息描述更加严谨，职业划分更加科学合理（如对绿色职业的探索分析），更加符合当今中国的社会职业结构实际，更加切合人力资源现代化管理的时代要求。

表 3-3　1999 年版与 2015 版《大典》职业分类体系对比表

1999 年版《大典》				2015 年版《大典》			
大类	中类	小类	细类（职业）	大类	中类	小类	细类（职业）
第一大类：国家机关、党群组织、企业、事业单位负责人	5	16	25	第一大类：党的机关、国家机关、群众团体和社会组织、企事业单位负责人	6	15	23
第二大类：专业技术人员	14	115	440	第二大类：专业技术人员	11	120	451
第三大类：办事人员和有关人员	4	12	53	第三大类：办事人员和有关人员	3	9	25
第四大类：商业、服务业人员	8	43	197	第四大类：社会生产服务和生活服务人员	15	93	278
第五大类：农、林、牧、渔、水利业生产人员	6	30	135	第五大类：农、林、牧、渔业生产及辅助人员	6	24	52
第六大类：生产、运输设备操作人员及有关人员	27	195	1 176	第六大类：生产制造及有关人员	32	171	650
第七大类：军人	1	1	1	第七大类：军人	1	1	1
第八大类：不便分类的其他从业人员	1	1	1	第八大类：不便分类的其他从业人员	1	1	1
合计	66	413	2 028	合计	75	434	1 481

注：表中参照了《中华人民共和国职业分类大典（2015 年版）》中的数据信息。另，表中 1999 年版《大典》细类的数据中包含 2005 年版、2006 年版、2007 年版增补本的相关数据

(三) 基于职业分类大典的公务员职位体系设计：以国家市场监督管理总局为例

职业分类为公务员分类管理提供了参照基准。具有社会普适性的职业分类大典能为我国的公务员职位分类提供依据，并可以为专业技术类公务员的岗位类别、级别设置、具体制度建设等提供参考。本书尝试以国家市场监督管理总局为考察对象，通过结合其主要职责和中国一般通用型职业分类体系，并考虑专业技术类公务员的特殊性，由此构建国家市场监督管理总局的专业技术类公务员职位体系，进而为中国专业技术类公务员制度乃至高级专业技术类公务员制度提供借鉴参考。

2018年3月，中共中央印发《深化党和国家机构改革方案》，提出组建国家市场监督管理总局，将原有国家工商行政管理总局、国家质量监督检验检疫总局、国家食品药品监督管理总局等政府职能并入国家市场监督管理总局，原有的三总局则不再保留。《深化党和国家机构改革方案》明确指出，国家市场监督管理总局的核心职责为："负责市场综合监督管理，统一登记市场主体并建立信息公示和共享机制，组织市场监管综合执法工作，承担反垄断统一执法，规范和维护市场秩序，组织实施质量强国战略，负责工业产品质量安全、食品安全、特种设备安全监管，统一管理计量标准、检验检测、认证认可工作等。"通过查询国家市场监督管理总局的官网可知，其主要承担工商服务、质检服务和食药监管服务三大职能（表3-4）。

表3-4 国家市场监督管理总局主要职责

工商服务	质检服务	食药监管服务
企业登记	综合办公	负责药品（含中药、民族药，下同）、医疗器械和化妆品安全监督管理
信用信息公示	质量管理	

续表

工商服务	质检服务	食药监管服务
个私登记	通关业务管理	负责药品、医疗器械和化妆品标准管理
广告业务	动植物检验检疫	
市场管理	进出口食品安全	负责药品、医疗器械和化妆品注册管理
企业监督	产品质量监督	
消费维权	国际合作司/港澳台办公室	负责药品、医疗器械和化妆品质量管理
商标管理	人事管理	
合同监管	督察内审	负责药品、医疗器械和化妆品上市后风险管理
年报公示	质检信息化工作	
动产抵押登记	质检法规	负责执业药师资格准入管理
	计量管理	
	卫生检疫	负责组织指导药品、医疗器械和化妆品监督检查
	进出口商品检验	
	特种设备管理	对外交流与合作，参与相关国际监管规则和标准的制定
	执法打假	
	科技工作	负责指导省、自治区、直辖市药品监督管理部门工作
	计划财务	
	党务工作	完成党中央、国务院交办的其他任务
	离退休人员管理	

资料来源：国家市场监督管理总局官网 http://samr.saic.gov.cn.

在归纳总结国家市场监督管理总局核心职责和主要职责的基础上，本书梳理出其最需要的专业技术人才包括食药品、信息、法律、质量、产权、经济、行政方面的专业技术人才，党政、研究、宣传方面的专业技术人才，以及人事、出版等专业技术人才。在分析国家市场监督管理总局对技术人才需求的基础上，本书从国家职业分类大典中摘取适合的职业类别，发现第一、二、三大类的职业类别与之最为契合。因此，本书在系统考虑国家市场监督管理总局的专业技术人才需求和中国职业分类体系的基础上，尝试筛选出最贴合的职业类别，构建适合的专业技术类公务员职位分类体系（表3-5）。

表3-5 基于职业分类大典的国家市场监督管理总局职业分类体系构建

高度关联 ——核心职责	中度关联 ——重要职责及核心职责延伸	轻度关联 ——非核心职责及核心、重要职责延伸
机关负责人	信息和通信工程技术人员	人力资源专业人员
食品工程技术人员	经济学研究人员	档案专业人员
安全工程技术人员	法学研究人员	翻译人员
标准化、计量、质量和认证认可工程技术人员	医学研究人员	其他办事人员
管理（工业）工程技术人员	管理学研究人员	
检验检疫工程技术人员	工业（产品）设计工程技术人员	
制药工程技术人员	康复辅具工程技术人员	
药学技术人员	轻工工程技术人员	
医疗卫生技术人员	税务专业人员	
经济专业人员	商务专业人员	
统计专业人员		
会计专业人员		
审计专业人员		
评估专业人员		
知识产权专业人员		
法律顾问		

第三章 治贤的现实基础：创建中国高级专业技术类公务员制度的必要性和可行性

续表

高度关联 ——核心职责	中度关联 ——重要职责及核心职责延伸	轻度关联 ——非核心职责及核心、重要职责延伸
行政执法仲裁人员及其他办事人员		
行政业务办理人员		
行政事务办理人员		

由表3-5可见，标准化、计量、质量和认证认可工程技术人员、管理（工业）工程技术人员、检验检疫工程技术人员、制药工程技术人员、药学技术人员和医疗卫生技术人员等专业技术人才是专门对口国家市场监督总局的食药监督管理服务的核心专业技术人才，属于与之关联度最高的职业类别等级。同时，国家行政机关负责人主要负责国家市场监督管理总局的党政事务，也属于关联度最高的职业类别等级。经济学研究人员、法学研究人员和管理学研究人员等专业技术人才，主要负责研究（除核心工作职责外）等机关内部事务，属于中度关联的职业分类等级。人力资源专业人员、档案专业人员等，属于轻度关联的职业分类等级。

二、职称制度改革

（一）职称制度对专业技术人才的重要性

本书中的人才，是指具有一定专业知识或专门技能，进行创造性劳动并对社会作出贡献的人，是人力资源中能力和素质较高的劳动者[①]。可见，

---

① 这一概念取自《国家中长期人才发展规划纲要（2010—2020年）》。

专业技术能力是人才的重要标志之一，也是当代国民经济发展、科技创新等人才队伍的重要组成部分，更是时代发展的核心支柱力量。《国家中长期人才发展规划纲要（2010—2020年）》指出："造就宏大的高素质人才队伍，要抓好专业技术人才等人才队伍建设。"同时特别强调指出专业技术人才队伍建设的发展目标是："适应社会主义现代化建设的需要，以提高专业水平和创新能力为核心，以高层次人才和紧缺人才为重点，打造一支宏大的高素质专业技术人才队伍……到2020年，专业技术人才总量达到7 500万人，占从业人员的10%左右，高级、中级、初级专业技术人才比例为10∶40∶50。"

专业技术人才是中国人才队伍中数量最大、专业水平最高和创新能力最强的一支队伍，是整个人才队伍的骨干和中坚力量，也是推动中国科技创新和发展方式转变的关键因素①。截至2014年，中国的专业技术人才队伍规模已达5 550多万，占中国总体人才队伍的45.6%。同时，中国高、中、初级专业技术人才比例为11∶36∶53，大专以上学历占比近7成，专业技术人才队伍结构不断优化。到2014年为止的5年中，中国专业技术人才增加了860万人，博士后研究人员近6万人，海归人才105.57万人，有945.15万人取得专业技术职业资格，专业技术人才队伍发展的人才基础不断夯实②。

职称是专业技术人才学术、技术水平和专业能力的主要标志。职称制

---

① 盛若蔚. 我国专业技术人才队伍更加壮大 [EB/OL]. [2020-04-15]. http://scitech.people.com.cn/n/2014/0922/c1007-25704979.html.

② 盛若蔚. 我国专业技术人才队伍更加壮大 [EB/OL]. [2020-04-15]. http://scitech.people.com.cn/n/2014/0922/c1007-25704979.html.

度是专业技术人才评价和管理的基本制度,是评估、鉴定专业技术人才专业技术能力和职业素质水平的重要制度基础,也是加强专业技术人才队伍建设的重要工具手段,实现专业技术人才科学配置、管理和使用的重要依据,对党和政府团结凝聚专业技术人才、激励专业技术人才职业发展、加强专业技术人才队伍建设具有重要意义。

职称制度对于专业技术人才本身以及用人单位都具有重要意义。首先,职称制度是专业技术人才自我检验、自我评估的重要工具。通过职称考试,可帮助专业技术人才科学理性审视自身专业技术能力,了解自己在本专业领域的阶位与社会认可度,进而为自身的职业规划、技术水平进步等提供方向和动力。其次,职称制度是用人单位招聘、任用、激励、培训的重要根据。用人单位根据自身的用人需求招录不同水平的专业技术人才,同时借助职称等级划定人才的工资水平体系等。最后,职称制度能帮助用人单位审视自身人才队伍的整体素质,并结合组织战略目标和人力资源规划,为人才队伍的培训、激励等提供可行的行动方向。

(二) 我国职称制度改革的历史与现状

1. 职称制度改革的过程

中国的职称制度改革由来已久,根据不同阶段的改革特征,可分为实行职务等级工资制为导向的技术职务任命阶段(1949年至1950年代末)、以探索学衔制为导向的技术职称评定阶段(1960年代初至1983年)、以推行专业技术职务聘任制为导向的职务与称号管理阶段(1986年至1993年)和以完善人才评价机制为导向的职务和资格管理阶段(1994年至今)。[①]

---

① 孙一平,谢晶. 深化职称制度改革背景下职称评聘模式研究 [J]. 中国行政管理,2017(10):30-35.

从1949年中华人民共和国成立到20世纪50年代末，中国实行了以职级薪酬制度为主的专业技术职务任用制。主要由各个单位的领导和组织部门考核、评估、任用专业技术人员，并为合格人员给付相应的工资，初步形成了技术性较强、学术性较严的专业技术职务系列。在此期间没有"职称"的相关概念，专业技术人员即国家干部，对他们的评估、考核、使用和激励与其他类型公共部门工作人员没有什么差别。

从20世纪60年代初到1983年，属于以探寻学衔制为指引的专业技术职称评定机制。1956年以后，工资晋升基本冻结，技术岗位的提升基本停止，专业技术人员在专业技术能力和业务水平方面取得的进步和成就无法得到及时、客观的评估。在20世纪50年代中期和60年代初期，中国曾两次尝试建立学术技术头衔制度，都未成功。1977年9月，《中共中央关于召开全国科学大会的通知》中指出，应恢复技术职称，建立考核评估制度，实施技术岗位责任制。由此，中国开始恢复和重建专业技术职称评估鉴定制度。1983年9月，中共中央、国务院发布《中央职称评定工作领导小组关于整顿职称评定工作有关问题》的通知，职称评估鉴定暂停，全面整改开始，并开展了对职称改革方案的相关研究工作。该阶段的职称制度具有以下四个显著特点：第一，职称是专业技术人员的水平能力和工作业绩的证明。第二，没有工作岗位限制和数量要求，没有任期要求，终身享有。第三，与职责和待遇没有直接联系。第四，职务分类、评估标准和程序由国务院相关主管部门统一进行管理；由行业专家按照标准和程序鉴定；只评估，不与聘任挂钩。

从1986年到1993年，属于以专业技术职务聘任制为指引的职称制度探索阶段。在此期间，建立了专业技术职务聘任制度，评估鉴定与任用相结合的模式和评估鉴定与聘用相分离的模式先后出现。最先出现的是专业技术职务岗位聘任制和评估鉴定与任用相结合的模式。1986年2月，国务院颁布了《关于实行专业技术职务聘任制度的规定》，改革职称评定，实行专业技术职位聘任制度，探索建立符合国有企事业单位特征的专业技术人才队伍和立足职位管理的职称体系框架。之后，中国又开始探索专业技术资格考试制度和评估聘任相分离的模式。1990年，人事部启动了专业技术资格考试制度。任何由国家统一组织专业技术资格考试的将不再进行专业技术资格考核工作。通过国家认可的专业技术资格考试，由国家颁发专业技术资格证书。1991年，中国开始尝试人才密集型单位的副高级职称的评估聘任分离模式。在《人事部关于职称改革评聘分开试点工作有关事项的通知》中，强调"进行评聘分开试点工作，是为进一步强化竞争机制，深化和完善专业技术职务聘任制度"。

从1994年至今，是以完善人才评估机制为指引的职务管理阶段。此阶段的职称制度呈现以下五个特征：①在功能定位方面，职称既是职位又是任职资格。②在制度构成方面，职称制度是一个既包括专业技术工作聘任制度，又包括许可类职业资格和专业技术水平评定的"三位一体"的框架。③在职称系列方面，仍然主要使用已有的29种。④在适用范围方面，打破体制内外的边界，构建全社会专业职称评估服务平台，既服务于事业单位等的专业技术人员，又为针对私营组织、社会组织等的专业技术人员提供社会化的资格评估服务。⑤在评估和聘用关系方面，双轨制保持不变；同时，随着职称概念含义的调整和职业资格制度的引入，职称、职业资格和职务等概念常常被混为一谈。

2. 职称制度改革的深化

2016年11月1日,中央全面深化改革领导小组召开第二十九次会议,审议通过了《关于深化职称制度改革的意见》,重点解决职称制度体系不够健全、评价标准不够科学、评价机制不够完善、管理服务不够规范配套等问题①,使专业技术人才队伍结构更趋合理,能力素质不断提高。具体目标如下:

职称评选体系更加健全。首先,完善职称系列,继续沿用工程、卫生、会计、教师、科学研究等领域的职称系列,取消个别不适应经济社会发展的职称系列,整合职业属性相近的职称系列,探寻增添新兴职业领域的职称系列。其次,健全层级设置,各职称系列均设置初级、中级、高级,其中高级职称分为正高级和副高级,初级职称分为助理级和(技术)员级,并可根据需要仅设置助理级。推动职称制度和职业资格制度的进一步有效衔接,在相关职业领域建立职称与职业资格对应关系,即只有在专业技术人才取得相应职业资格之时,才可认定其具备相应系列和层级的职称。

职称评价标准更加科学。把品德放在专业技术人才评价的首位,重点考察专业技术人才的职业道德。完善诚信承诺和失信惩戒机制,实行学术造假"一票否决制",对通过弄虚作假、暗箱操作等违纪违规行为取得的职称,一律予以撤销。科学分类评价专业技术人才能力素质,打破职称评价"一把尺子量到底"、职称论文"一刀切"、职称晋升"玻璃门"等条条框框,对不同人才制定不同标准,支持人才自选代表性成果代替论文,

---

① 陈鼎杰. 关于职称制度的评价与创新 [J]. 福建论坛 (人文社会科学版), 2008 (7): 125-127.

第三章 治贤的现实基础：创建中国高级专业技术类公务员制度的必要性和可行性

开通多类人才的职称申报渠道，实现"干什么、评什么"，让干得好的人能评得上。突出评价专业技术人才的业绩水平和实际贡献，注重考核专业技术人才履行岗位职责的工作绩效、创新成果，增加技术创新、专利、成果转化、技术推广、标准制定、决策咨询、公共服务等评价指标的权重，将科研成果取得的经济效益和社会效益作为职称评审的重要内容，等等。

职称评价机制更加完善。丰富职称评价方式，建立以同行专家评审为基础的业内评价机制，注重引入市场评价和社会评价。拓展职称评价人员范围，进一步打破户籍、地域、身份、档案、人事关系等制约，创造便利条件，畅通非公有制经济组织、社会组织、自由职业等专业技术人才职称申报渠道。推进职称评审社会化，对专业性强、社会通用范围广、标准化程度高的职称系列，依托具备较强服务能力和水平的专业化人才服务机构、行业协会学会等社会组织，组建社会化评审机构进行职称评审。加强职称评审监督，完善各级职称评审委员会的核准备案管理制度、评审专家遴选机制，健全职称评审委员会工作程序和评审规则、建立职称评审公开制度和建立职称评审回避制度等评审监督制度，加强评审过程、能力监督。

职称管理服务更加规范。下放职称评审权限，进一步推进简政放权、放管结合、优化服务。主管部门在职称评价工作中要加强宏观管理，加强公共服务，加强事中事后监管，减少审批事项，减少微观管理，减少事务性工作。健全公共服务体系，按照全覆盖、可及性、均等化等要求，打破地域、所有制、身份等限制，建立权利平等、条件平等、机会平等的职称评价服务平台，简化职称申报手续和审核环节。为此，2016年中共中央印发《关于深化人才发展体制机制改革的意见》，围绕"深化职称制度改革，

提高评审科学化水平"提出研究制定深化职称制度改革的意见：突出用人主体在职称评审中的主导作用，合理界定和下放职称评审权限，推动高校、科研院所和国有企业自主评审；对职称外语和计算机应用能力考试不作统一要求；探索高层次人才、急需紧缺人才职称直聘办法，等等。为我国一定时期内职称制度建设的规范化、市场化和灵活化奠定了基调。

3. 职称制度改革情况概述

不管是从各地方的角度看，还是从各领域的角度看，中国职称制度改革进展都相对顺利，且初具成效。截至 2018 年初，河北、云南、辽宁、湖南、内蒙古等 23 个省（自治区）已制定出台实施意见，贵州、西藏、青海、新疆等 9 个省（自治区）改革实施意见已报省委省政府（自治区党委、政府）审议。各省（自治区）基本完成改革实施意见制定工作。2017年，财政部、工信部、农业部、卫计委、交通运输部等国家部委多次召开座谈会，通过调研、问卷调查等形式认真研究本系列职称制度改革的重点难点问题，会计、工程、农业、卫生、船舶等系列改革意见已经形成文稿，并在本领域内广泛征求了意见。此外，中国社科院、国家统计局、国家文物局等单位也多次召开专家论证会、一线专业技术人才座谈会等，研讨改革意见，社会科学研究、统计、文博等系列改革意见已具备良好基础①。

同时，中国职称制度的配套政策有序展开。2017 年，人社部印发了关于在部分职称系列中设置正高级职称的相关通知，完善了层级设置，拓宽

---

① 人力资源和社会保障部. 聚焦重点问题狠抓改革落实职称制度改革成效凸显：2017 年深化职称制度改革工作综述 [EB/OL]. [2020-06-18]. http：//www.gov.cn/xinwen/2018-02/03/content_5263458.htm.

了专业技术人才职业发展空间；研究制定了职称评审管理规定，进一步规范职称评审过程管理和事中事后监管；为落实"互联网+人社"行动计划，进一步提高职称公共服务水平，人社部在广泛调研基础上研究制定了职称评审信息化建设方案，等等。除此之外，中国其他各个重点领域也各有动作和成就。

教育领域。2009年，人社部、教育部在吉林松原、陕西宝鸡以及山东潍坊开展深化中小学教师职称制度的改革试点工作，将原本分离的中学和小学教师职称系列统一合并为中小学教师职称系列，同时又在原有的职称基础上增加高级职称系列。2017年11月，人社部率先出台关于技工院校教师职称制度改革的意见。目前，人社部正会同教育部加快推进中等职业学校教师、高等学校教师系列职称制度改革。

医疗卫生领域。2018年1月24日，《国务院办公厅关于改革完善全科医生培养与使用激励机制的意见》中明确提出，拥有本科及以上学历，通过全科专业住院医师规范化培训，并且在基层医疗卫生机构工作的医师，可以直接参加中级职称考试，通过职称考试的可以直接聘任中级职称。并且，在对中级职称和高级职称的申报条件中免除外语成绩，同时免除论文和科研工作等刚性条件，着重考察基层全科医生的临床工作水平，把签约居民量、服务质量、接待数量以及群众满意度等作为职称评审中的重要评审因素。对长期扎根贫困地区和农村基层工作的全科医生，可突破学历等限制，破格晋升职称。经住培合格，取得中级职称后在国家贫困县和农村基层连续工作满10年的医师，可经考核认定直接取得副高职称。

会计领域。2019年1月11日，人力资源和社会保障部正式颁布了

《关于深化会计人员职称制度改革的指导意见》①，规定拥有初、中、副高以及正高级职称的人才可依次评定为助理会计师、会计师、高级会计师以及正高级会计师。会计人员职称等级与事业单位专业技术岗位的各个等级相对应。其中，正高级会计人员对应专业技术岗位1~4级，副高级和专业技术岗位5~7级相对应，中级与专业技术岗位8~10级相对应，初级对应专业技术岗位的11~13级。同时，《会计人员职称评价基本标准条件》规定，实行国家标准、地区标准和单位标准相结合，地区标准、单位标准不得低于国家标准。此外，还建立了职称评审绿色通道，为对中国经济社会各个领域作出巨大贡献的杰出会计人才，放宽学历、年限等限制。

(三) 职称制度在公务员领域的建构

1. 职称制度对中国公务员管理的时代价值

职称是专业技术人才专业技术水平和专业能力的主要标志，职称制度是专业技术人才评价和管理的基本制度，对于党和政府团结凝聚专业技术人才，激励专业技术人才职业发展，加强专业技术人才队伍建设具有重要意义。当前，尽管中国职称制度改革仅限于非公务员领域，但是随着时代的发展和对中国治理能力现代化的新要求，各党政机关的人才也面临着科学化、精细化管理的需求，要使其人才评价、人才激励不断得到强化，职称制度不失为一条可选可试之路。党的十九大报告提出了新时代"建设高素质专业化干部队伍"的目标，进一步明确了干部队伍建设的重要地位、重大原则、基本要求和重点工作，为加强公务员队伍建设提供了根本方向。职称制度利于划分人才等级、专业技术水平，既为做好新时代公务员

---

① 人力资源和社会保障部，财政部.关于深化会计人员职称制度改革的指导意见［EB/OL］. ［2020-04-15］. http：//kjs.mof.gov.cn/zhengwuxinxi/zhengcefabu/201901/t20190117_3124613.html.

管理工作，选拔、培养高素质、专业化公务员提供了有效的方法/工具，也为呼应、落实公务员的进一步精细化分类管理奠定了基础。

同时，《专业技术类公务员管理规定（试行）》和《行政执法类公务员管理规定（试行）》的出台，为专业技术类公务员的专业化管理提供了更加有利的条件和空间，而在这之中，职称制度对于专业技术类公务员更具有适用性和激励性。因为职称制度既能给专业技术类公务员的晋升激励、薪酬体系构建以及人才流动管理等提供规范化的思路、路径，也能为专业技术类公务员提供更为清晰的职位晋升渠道；既能帮助党政机关吸引、留住必不可少的专业技术人才，又能激励、鼓舞其专业技术类公务员立足本职本岗，并从中成长为本领域的专家。

2. 构建专门的专业技术类公务员职称体系

第一，完善职称系列体系。职称系列体系是专业技术类公务员职称制度构建的基石，起着重要基础性作用。因此，可尝试在科学合理的职业分类管理的基础上，构建适应中国经济社会现实需求和未来发展的专业技术类公务员职业分类体系，进而在合理的职业分类体系的基础上建立健全专业技术类公务员的职称系列体系。

第二，健全层级设置。中央《关于深化职称制度改革的意见》中，规定我国社会一般性的职称系列可分为初级、中级、高级，其中高级职称分为正高级和副高级，初级职称分为助理级和员级，一共五级。同时，鉴于专业技术类公务员的"公务员"身份，对应我国公务员职级制度中的职级体系，设置中国专业技术类公务员的职称层级，使之成为专业技术类公务员职级上升的又一条路径，激励专业技术类公务员立足本职，深挖潜能。

3. 构建公务员专属职称评价机制的设想

第一，评价标准。首先，品德是中国专业技术类公务员的首要评价因素。在《关于深化职称制度改革的意见》中指出，品德是专业技术人才评价的首位，公务员选任的基本标准也是"德才兼备，以德为先"；其次，以职业属性和岗位需求为基础，分系列修订职称评价标准并与国家标准对接，因此需要注重考察专业技术类公务员的专业性、技术性、实践性、创造性，并突出对创新能力的评价；最后，注重考核专业技术类公务员在履行岗位职责时的工作绩效、创新成果，增加技术创新、专利、成果转化、技术推广、标准制定、决策咨询、公共服务等评价指标的权重，并将科研成果取得的经济效益和社会效益作为职称评审的重要内容。

第二，评价方式。建立以同行专家评审为基础的业内评价机制，并注重引入市场评价和社会评价。要有序推进评审社会化，依托具备较强服务能力和水平的专业化人才服务机构、行业协会学会等社会组织，组建社会化评审机构进行职称评审。同时，各用人部门在条件允许情况下可根据自身的用人情况单独建立基层专业技术人才职称评审委员会或评审组，单独开展评审。可借鉴一般性社会职称鉴定方式，采用考试、评审、考评结合、考核认定、个人述职、面试答辩、实践操作、业绩展示等多种评价方式，提高职称评价的针对性和科学性。建立完善的个人自主申报、业内公正评价、用人单位择优录用等社会化评审机制，满足专业技术类公务员的职称评价需求和党政机关专业技术能力的升级发展需要。

第三，加强职称评审监督。公务员的职称制度相较于一般性的社会职称制度应更加"严肃认真","容错度"更低。因此,在构建专业技术类公务员的职称制度体系中,完备的职称评审监督体系举足轻重。首先,要建立各级职称评审委员会核准备案管理制度,明确界定评审委员会的评审专业和人员范围,从严控制面向全国的职称评审委员会;建立评审专家遴选机制和完备的评审专家库;建立职称评审公开制度,包括严格规范的评审工作程序和评审规则,加强过程监督,确保过程公平。其次,建立倒查追责机制以及职称评审回避等制度,旨在打造具有公信力、权威性的评价标准,强化专业技术类公务员职称评审人员的自我约束和外部监督。

三、分类推进事业单位专业人才的管理改革与创新

继 2011 年 3 月出台《中共中央国务院关于分类推进事业单位改革的指导意见》后,中央又连续出台相关文件,全面部署分类推进事业单位改革工作。分类推进事业单位改革,是落实科学发展观、保障和改善民生的客观要求,是加快转变发展方式、促进经济更好更快发展的迫切需要,是转变政府职能、建设服务型政府的重要举措。要努力把分类推进事业单位改革引向深入,一是改革工作机制全面建立,二是清理规范工作基本完成,三是事业单位分类稳步推进,四是体制机制创新迈出步伐。

在此背景下,事业单位的专业技术人员管理也面临新形势,推出了新举措。不断完善专业技术人才选拔机制(内部选拔和外部招聘相结合),完善专业技术人才使用机制(良好的工作氛围、科学的竞争机制、自主权等),完善专业技术人才激励和约束机制,建立完善的专业技术

人才评价机制（明确评价标准、强化岗位职责、扩大评价范围等）。根据《中共中央办公厅　国务院办公厅印发〈关于深化职称制度改革的意见〉的通知》精神，现阶段我国科研事业单位职称制度改革不断深化，科研事业单位职称制度体系不断健全，科研事业单位专业技术人员职称评价标准得以完善……①遵循专业技术实践和人才成长规律，不但符合专业技术人才职业特点，极大激发专业技术人才创新潜能，还能培养造就素质优良、结构合理、充满活力的专业技术人才队伍。一方面，事业单位在专业技术人才管理中的因事设岗、人岗相适、以岗定薪、岗变薪变等管理目标及举措，为党政机关管理专业技术人才提供了借鉴；另一方面，做实做大做强我国事业单位专业人才的供给，能为党政机关的专业人才需求提供优质候选人，称得上是最为相亲相近且可行的"旋转门"路径。

四、公务员分类管理改革的深入推进

公务员分类管理制度源自分工理论。分工理论最早可追溯到古希腊时期的思想家柏拉图，而18世纪古典经济学大师亚当·斯密的《国富论》，则第一次从经济学意义上对分工进行了系统的论述。以亚当·斯密为代表的古典经济学的分工思想认为，分工、专业化促进了技术进步和劳动生产率的提高；而泰勒科学管理思想的精要之一，就是选择第一流的工人，即能力与工作相适应原理。可以说，分工理论与科学管理思想共同为公务员分类管理奠定了理论基础。西方分类管理理论的发展演

---

① 孙彦玲. 事业单位岗位管理制度的有效性分析：以专业技术岗位为例 [J]. 中国人事科学，2019（2）.

进，又可细分为以英国为代表的品位分类制度和以美国为代表的职位分类制度。

中国在选择吸收中外经典理论精华和总结自我发展经验的基础上，其公务员分类管理改革不断向纵深发展，并成为撬动公务员制度改革的重要支点。

（一）公务员职位分类管理的发展演进

从中华人民共和国成立初期到20世纪70年代末，中国一直实行因"人"设岗、以品位分类为特征的传统人事制度。将全国范围内的管理人员、技术人员、工勤人员等各层次、各类型人力资源汇合成两大体系：干部体系、工人体系。其中，干部包含了在党委机关、政府机关、军事机关、事业企业单位、群众团体组织等当中除工人之外的全部工作人员。在实施过程中，传统的人事制度逐步表现出党政不分、政企不分、人员混用、机构臃肿等弊端。

改革开放开始后，中国经济社会得到快速发展，伴随而来的观念冲击、外来文化等影响也不断加深，对传统人事管理制度的改革呼之欲出。其中，针对中国计划经济时期流传下来的"大一统"人事制度以及由此导致的管理模式单一化、缺乏人事分类等结构性缺陷，推进职位分类管理备受关注。20世纪80年代，邓小平同志在中共中央政治局扩大会议上发表了著名的《党和国家领导制度的改革》重要讲话，指出对于职务和职称不必再以阶级性质划分和使用，更多要解放思想，通过考试录用或授予，给予不同人才更为宽松的任用条件。在这一思想的指导下，中国的干部人事制度改革力度不断深入，创新步伐不断加快。以下为中共十三大以来我国公务员分类管理发展演进的脉络梳理（图3-1）。

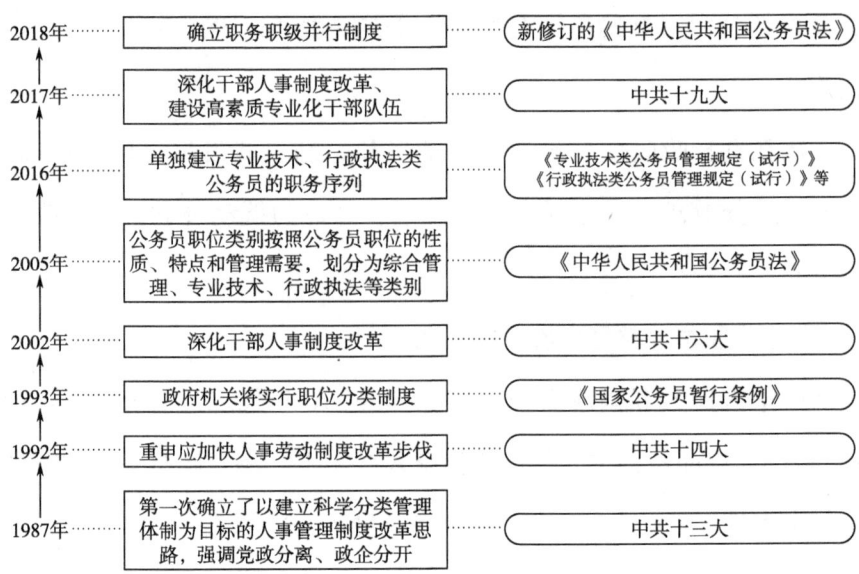

图 3-1 中国公务员分类管理发展演进

1987 年，中共十三大报告中第一次确立了以建立科学分类管理体制为目标的人事管理制度改革思路，强调党政分离、政企分开。1992 年，中共十四大报告中重申应加快人事劳动制度改革步伐。虽然 1993 年起施行的《国家公务员暂行条例》规定了政府机关将实行职位分类制度，但实际上并没有对公务员职位进行系统归类，也没有编制职位管理体系。因此，各地在执行该条例过程中遇到了诸多问题，例如职位如何设置、如何分类与管理等等，尤其是中国长期实行的是品位分类管理制度，对于职位分类这种现代人事管理制度既不了解也不重视，后者更多成为理论界和研究机构眼中一个可望而不可即的改革愿景。不过值得欣慰的是，一些地方政府在自发探索人事制度改革创新的过程中，积极倡议职位分类制度早日落地生根。

在社会各界多年呼吁下，2002 年中共十六大报告中再次专门强调深化干部人事制度改革。2005 年，《中华人民共和国公务员法》正式出台，规定"公务员职位类别按照公务员职位的性质、特点和管理需要,划分为综合管理、专业技术、行政执法等类别"。2016年,中办、国办印发了《专业技术类公务员管理规定(试行)》《行政执法类公务员管理规定(试行)》,目的是为300余万名从事专业技术、行政执法工作的公务员建立单独的职务序列,改变长期以来用一个模式管理全部公务员的状况,对提高公务员管理科学化、精细化水平具有重要意义。2017年,中共十九大报告对深化干部人事制度改革、建设高素质专业化干部队伍作出重要部署,为深入推进公务员管理制度改革、优化公务员队伍结构、激发公务员队伍内在动力提供了根本保障。在新修订的《中华人民共和国公务员法》中,正式确立了公务员职务与职级并行的制度,进一步将公务员分类管理改革推向了更加科学、更加有效的发展阶段。

总体而言,中华人民共和国成立至今,我国逐步形成了具有中国特色的半品位半职位分类的新型人事制度管理模式,中国情境下的公务员分类管理在萌芽、确立、发展和完善过程中,充分适应了中国公共治理的现实需求与公务员队伍的发展节奏。不仅如此,目前中国公务员管理在稳中求进、进中求新的合适节奏中,被赋予更为重大的历史使命。

(二)公务员职位分类管理的内容

以职位为中心的分类管理,是推进人才职业化发展的重要驱动。从计划经济时期遗留下来的"大一统"人事管理模式的弊端,一直影响着中国专业化公务员队伍的建设。在《中华人民共和国公务员法》(2006)的原则指引下,《行政执法类公务员管理规定(试行)》指出,"行政执法类公务员,是指依照法律、法规对行政相对人直接履行行政许可、行政处罚、行政强制、行政征收、行政收费、行政检查等执法职责的公务员,其职责具有执行性、强制性"。例如，市场监管局、城市管理行政执法局的基层执法人员等都属于此类。《专业技术类公务员管理规定（试行）》指出，"专业技术类公务员，是指专门从事专业技术工作，为机关履行职责提供技术支持和保障的公务员，其职责具有强技术性、低替代性"。例如，气象预报、城市规划等专业技术人员。不过，在中国现实中的公务员制度实践中，分类管理政策的设计、实践推动及其试点经验扩散等都极为缓慢，分类管理仍然任重道远。

（三）公务员职位分类管理的试点案例

1. 深圳

如图3-2所示，深圳市行政机关公务员分类管理制度改革是深圳行政体制改革和综合配套改革的重要内容，主要涉及职位分类和聘任制两方面内容。作为人力资源和社会保障部批准的全国聘任制公务员制度试点城市，深圳市政府于2007年和2009年分两批招聘了53名聘任制公务员。这一本土化实践也为接下来在深圳全面试点公务员分类管理提供了经验支撑。① 2008年8月，国家公务员局批复同意深圳市开展公务员分类管理改革试点工作；2010年2月，深圳全面启动公务员分类管理。2015年3月26日，深圳市政府发布新修订的《深圳市行政机关行政执法类公务员管理办法》和《深圳市行政机关专业技术类公务员管理办法》，在全面总结分类管理改革实践经验的基础上，进一步强化了职位管理导向和专业能力建设，并对相关制度作了补充完善。②

---

① 蔡冬峻. 深圳行政机关公务员分类管理改革探析 [J]. 中共中央党校学报，2011（15）：4.
② 易丽丽. 公务员职位分类管理改革探究：基于深圳试点 [J]. 行政管理改革，2015（6）：66-70.

第三章 治贤的现实基础：创建中国高级专业技术类公务员制度的必要性和可行性

图 3-2 深圳市公务员分类管理制度的改革演进

表 3-6 深圳市公务员分类管理改革后不同职类公务员职业发展通道

	综合管理类	行政执法类	专业技术类
改革后职业发展通道	各层级均实行职数管理，发展通道是典型的金字塔形、强调竞争择优、个体发展不仅受个人表现的影响、还受职数、队伍结构等外在因素影响、发展前景差异大、不确定性高，个别人可能晋升到厅局级乃至国家级职务，但大部分人尤其是基层和大系统的绝大多数公务员最终将集聚在金字塔的底部（科级）	在职业发展的大部分时间不受职数限制，靠年功积累和工作业绩晋升，发展前景确定、路径清晰、节奏平缓，大部分人最终发展高度差别不大（一级或二级执法员），但快慢有别	在主管以下职务层级可以不受职数限制，但入职和晋升都有技术门槛，专业技术水平在职业发展中的作用至关重要，大部分人发展前景明朗、待遇稳定、更能实现专业技术价值

公务员分类管理是依据一定的规则将公务员划分为若干类别，分别实施有针对性的管理。深圳市行政机关公务员分类管理改革的重点是探索实施职位分类，主要有以下四项内容：

第一，划分全新职位类别。在公务员法规定的框架下，将行政机关公务员划分为综合管理、行政执法、专业技术三类。从原先的公务员综合管理中，逐步划分出行政执法和专业技术两类职位。行政执法类公务员，是指在各级行政机关中，主要履行行政许可、处罚、强制、征收、检查等执法职责的非领导职务公务员。为便于操作和管理，深圳市暂时将整建制执法单位中所有非领导职位归入行政执法类职位，领导职位则归入综合管理类职位。截至2011年9月，全市交通、文化、环保、规划国土、劳动监察、市场监管、药品监管、卫生监督、城市管理、监狱劳教等部门整建制执法单位中的非领导职务公务员已套转为行政执法类公务员，加上此前已于2006年8月先行改革的公安系统警员，截至2011年12月，深圳市共有21 270名左右行政执法类公务员，约占全市行政机关公务员总数的55%。专业技术类职位是指在各级行政机关中从事专业技术工作，履行专业技术职责，为机关实施公共管理提供专业技术支持和技术手段保障的公务员职位。在此次深圳的分类改革中，确定了公务员中公安系统的刑侦技术、行动技术（包括网监）两个职系和气象系统的气象预警预报和气象信息网络两个职系为专业技术职位，总人数约800人。① 从表3-6可以看出，改革后三大职类公务员皆有各自的职业发展通道，不再按综合管理类单一通道晋升。同时，每条通道下再分职组、职系，不同类别公务员分途发展②。

第二，建立全新职务序列。在综合管理类职务序列之外，另行建立行

---

① 易丽丽.公务员职位分类管理改革探究：基于深圳试点[J].行政管理改革，2015（6）：66-70.
② 易丽丽.公务员职位分类管理改革探究：基于深圳试点[J].行政管理改革，2015（6）：66-70.

政执法类和专业技术类公务员相对独立的职务序列。深圳综合管理类公务员领导职务分8个职级,从高到低依次为市级正副职、局级正副职、处级正副职、科级正副职;非领导职务也有8个职级,从最高的巡视员到最低的办事员。① 2015年制定的《深圳市行政机关行政执法类公务员管理办法》中,行政执法类公务员职务一般称为执法员,根据任职条件、年功和工作业绩要求等划分为7个职级,由高至低为一级执法员、二级执法员、三级执法员、四级执法员、五级执法员、六级执法员、七级执法员。实践中,大部分人员的职务级别和工资福利待遇水平集中于中间部位,一部分人经过努力能达到顶点职级(一级执法员),另有一部分位于入门职级(七级执法员及其下增设的助理执法员、见习执法员,区别在于个人资历、起始薪级等),详见图3-3。② 专业技术类公务员则不设统一的职务序列,各职组、职系可以按照职位特点、任职资格、权责轻重等,由高到低设主任、主管、助理等职务并划分为若干职级。以气象职组公务员为例,根据2014年《深圳市专业技术类气象职组公务员管理办法(试行)》,气象职组分为气象预报和气象信息两个职系。气象预报职系设7个职级,从高到低为气象预报总主任、气象预报高级主任、气象预报主任、气象预报一级主管、气象预报二级主管、气象预报三级主管、气象预报助理。气象信息职系分6个职级,由高至低为气象信息高级主任、气象信息主任、气象信息一级主管、气象信息二级主管、气象信息三级主管、气象信息助理。

---

① 蔡荣安. 公务员分类管理研究:以深圳市为例 [D]. 南昌:南昌大学,2015.
② 蔡荣安. 公务员分类管理研究:以深圳市为例 [D]. 南昌:南昌大学,2015.

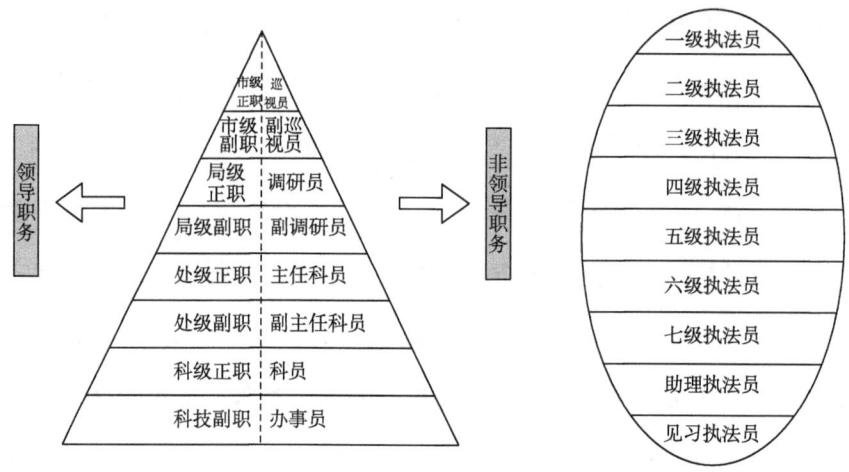

图 3-3 深圳市综合管理类与行政执法类公务员职务序列

注：此图绘制于《中华人民共和国公务员法》2018年第七次修订前

第三，实施全新管理模式。根据各类别公务员的职业特点，实施分类招考、分类培训、分类考核等制度，努力推进公务员管理的科学化、精细化。一是分类招考。招考行政执法类公务员不再考《申论》，取而代之考执法相关知识；针对专业技术类进行专业素质测试，如气象专业技术进行气象专业素质测试。二是分级分类考核。根据不同类别实施考核，重点考核"能"和"绩"。三是分类晋升。行政执法类公务员晋升前需开展执法业务水平测试，专业技术类公务员晋升前需开展专业能力评估。四是分类培训。根据各职类对公务员能力素质的要求，分类进行培训。最终，通过全新管理方式形成真正有利于推行公务员分类管理的实际工作的抓手，提升中国公务员队伍的专业化水平。①

第四，实行薪级工资制度。按照"职务与职级并行"的思路，借鉴

---

① 易丽丽. 公务员职位分类管理改革探究：基于深圳试点 [J]. 行政管理改革, 2015 (6)：66-70.

香港经验建立薪级工资制度,并与公务员的住房、医疗保健等福利待遇挂钩。在深圳专门设计的薪级工资制度中,行政执法类和专业技术类总共有68个薪级,并与各职级形成对应关系,每个职级对应若干薪级,每一薪级确定一个工资标准。改革后的薪级工资制度避免了综合管理类公务员只有通过职务晋升工资待遇才能明显提高的困境,解决了改革前靠提高机构规格、增设机构和领导职数解决公务员职务晋升以提高待遇的问题①。

截至2017年12月,深圳市公务员(含参照公务员法管理单位工作人员)共4.65万人。从类别上看,综合管理类公务员占46.36%,行政执法类公务员(含警员)占50.06%,专业技术类公务员占0.03%,法官占1.95%,检察官占1.60%。此次改革过程中也存在一些问题。例如,归类划分标准过于宽泛,分类管理制度不够精细,选任用留等方面的专业化与精细化程度远远不够,等等。除此之外,深圳不鼓励跨类别转换这一点也有悖于中国干部跨类交流的人事制度特点,因此受到质疑。

2. 上海

我国公务员队伍建设的发展态势及上海地方政府共同促进了此次上海市公务员分类管理改革的启动。从公务员整体管理情况来说:一方面,对所有类型公务员的管理都实行一套办法的做法,已不适应行政执法类及专业技术类公务员的发展。并且,行政执法队伍与专业技术队伍自身执法水平与职业素质都存在缺陷,亟待提升。另一方面,基层公务员存在压职压

---

① 易丽丽. 公务员职位分类管理改革探究:基于深圳试点 [J]. 行政管理改革,2015 (6):66-70.

级的现象，晋升激励较弱。从上海市的公务员管理形势来看，其地方发展特色也符合改革要求。首先，上海市自 2004 年起在公安、国安等部门实行了专业技术职位任职制度，在工商系统试行了企业注册官制度；其次，上海市在市场监管和城市管理等领域也推进了综合执法体制改革，积累了一些宝贵的职位分类管理的经验，同时也在推进职务职级并行试点，因此，在各项改革动作叠加的特殊阶段，十分期待未来继续跟进改革步伐，以赢得更喜人的改革成效；最后，2016 年中央关于专业技术类和行政执法类公务员的两个试行文件的出台增强了地方改革信心，之后上海市政府依次颁布《上海市公务员管理工作要点》《关于扩大本市行政执法类公务员分类管理改革试点的指导意见》《关于开展本市行政执法类公务员分类管理改革试点评估工作的通知》和上海市公务员管理工作要点等，持续给予此次地方性公务员分类管理改革以强劲的政策支持。

如图 3-4 所示，上海市此次改革共经历四个阶段：在前期准备阶段，上海市市场监管和城管执法领域完成了综合执法体制改革，为此次改革提供了组织条件，也为分类管理改革奠定了经验基础。第一阶段改革主要在徐汇区、嘉定区与浦东新区的城市管理与市场监管两大综合执法部门启动分类管理改革。第二阶段扩大了第一阶段的改革成果，在其余区县的市场监管与城管执法领域继续深化，部分市级机关同时展开。第三阶段继续将改革扩展到市、区各专业执法队伍，并于 2017 年底基本完成改革任务。

上海市公务员分类管理改革的重点是建立起一套不同于综合管理类公务员的内在管理机制，从分类招录、分类考核、分类培训、分类晋升、分类激励约束等多个方面搭建出一套框架。行政执法类公务员以基层执法队

第三章 治贤的现实基础：创建中国高级专业技术类公务员制度的必要性和可行性

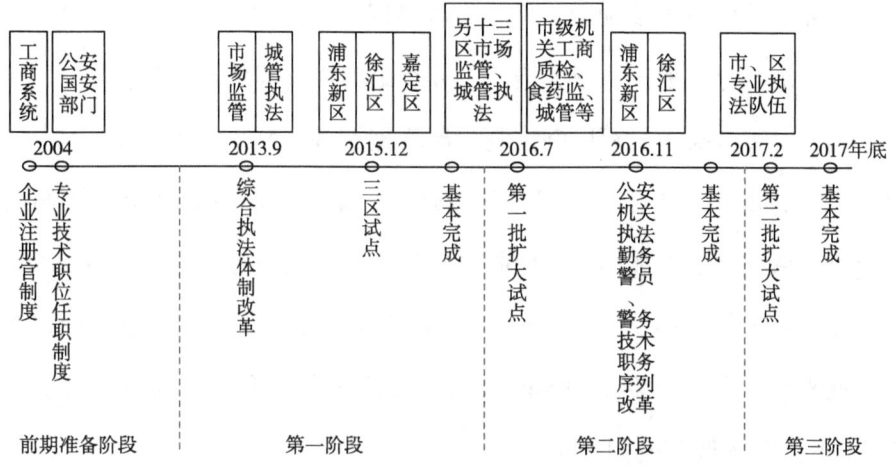

图 3-4 上海市分类管理的改革演进

伍为主要改革人群，以现场执法为主要职责的部门为主要改革单位，以渐进式的改革思路，按照"三个先后"的步骤分批推进，逐步扩大改革范围，体现改革成效。其一，先综合执法再专业执法。由于综合执法的执法性强于专业执法，且综合执法更贴近一线基层，掌控执法全过程，执法特性更明显；而专业执法更偏向于机关科室，其专业性太窄，执法特性不明显，因此在试点顺序中先综合执法后专业执法，在第三阶段，上海市才在专业执法队伍中展开试点工作。其二，先基层队所后机关处室。通过第一批试点三区县的不同做法后发现，机关处室不放入行政执法类更好。正如我们在上海调研期间所了解到的，"行政执法类最鲜明的特点应该是现场执法，机关科室现场执法的机会少，执法特性不明显，因此先将基层队站所纳入行政执法类公务员中，再考虑机关科室"。其三，先职务套改后工资兑现，先将机制建立起来再配套福利待遇。上述"三个先后"的具体措施如下：

第一，研究制定了《关于扩大本市行政执法类公务员分类管理改革试点的指导意见》及多项配套文件，初步形成了覆盖"进、管、出"全过程的分类招录、分类考核、分类培训、分类纪律约束等管理机制。

第二，实施执法员额比例控制，严格把握基层队伍定编标准，以"三定方案"为基础，结合人员职务职级现状，编制和职数向基层一线倾斜，城管执法系统执法人数不低于编制总数的95%，市场监管系统执法人数不低于编制总数的80%，基层专业执法队伍中的执法人数原则上为100%。第一批改革试点阶段共有12 840人列入分类改革范围，第二批扩大试点共有3 276人列入改革范围。

第三，我们在上海调研期间得到这样的反馈，"一个公务员职业成长的过程是有规律的，不能简单打破这个规律，搞得前面升得非常快，很快到了一个瓶颈，到了天花板，这个不利于队伍的管理、干部的成长"。因此，在职位管理上，上海市采取条件管理与职数控制相结合的方式，拓宽执法类公务员职业发展通道；实行差额择优选升，差额比例不超过33%。在晋升方式上，行政执法类公务员采取平套之后再晋升的方式。这样既能拉开差距，又给基层用人单位一定的自主权，让用人单位去评判。正如上海同志所说，"哪些人可升哪些人不可升，是资历的问题考虑多一点呢，还是业绩问题考虑多一点"。在薪酬管理上，优化工资收入结构，完善绩效考核奖金，增设执勤岗位补贴，收入与加班等户外执勤直接挂钩。同时，在职业素养上，各试点单位实行入职宣传仪式，增强执法类公务员的职业荣誉感。

第四，因其不同于综合管理类公务员的工作性质，促使对行政执法类公务员实行分类专项招录，除笔试、面试外增加体能和心理测评环节，确保新招录人员满足工作所需的身心素质要求。对此上海同志说："体能测试一方面体现身体素质，另一方面随着几年做下来后觉得还有一个优势：

考察意志品质。执法跟坐办公室不一样，执法很多时候是主动与老百姓面对面接触，所以心理素质方面要适合做这项工作，情绪的把控能要到位，毕竟是一种执法。而且面对好多现场那种激烈程度，既不能很懦弱又能控制自己的情绪，不能失控。""现场执法"这一工作属性要求行政执法类公务员在具备专业素养的同时，也要有较好的身体素质及较高把控现场的心理素质。行政执法类公务员培训分为通用知识、专业知识和作风纪律三大模块。根据一线新录用公务员、一线执法人员、基层领导干部、专业技能人才等四类培训对象的岗位特点，建立集中授课、实际操作与上机测试为一体的因类施训模式。以新录用的市场监管局行政执法类公务员为例，除参与通用的公务员培训课程以外，还须持行政执法上岗证且要掌握食药、工商、质检等方面的基础知识内容，成为基层的"全科医生"。除此之外，经过半军事化管理的"军训"，能够提升整支队伍的精气神。可见，对于新录用行政执法类公务员的分类培训，培训内容皆与执法相关，体现执法特点。对于在岗的执法类公务员，上海市公务员局制定了三年行动计划，提出"基层是全科，中间层是专科，再上层是专家会诊的执法框架"。综上所述，全市市场监管和城管系统组织全员培训，共12 599名人员，参训率达到98%。市场监管局还参照人民警察入警培训方式，组织实施了执法类公务员封闭式初任培训，共293人参加。

第五，全力推行平时考核制度，重点考核"出工、出力、出效"的情况，建立健全以执法办案为核心的奖勤罚懒机制。同时，认真贯彻执行《上海市行政执法类公务员从业行为"六条禁令"（试行）》，以"负面清单"的形式划出行政执法行为的"红线"，建立健全违反从业行为禁令的公务员退出机制。

第六，上海市公务员局会同相关职能部门组成试点工作综合评估小组，从试点准备、职位设置、入额套改、职务晋升、奖金分配、配套制度、稳定工作、时间节点8个方面对试点组织实施情况进行综合考评。

从2013年至今，上海市各区县城管执法局、市场监管局基层队所，市级机关工商、质监、食药监、城管4支执法总队，规土、水务、交通、环境监察等多个专业执法部门已试行公务员分类管理，将执法人员划为行政执法类。

通过改革，促进了上海市公务员队伍的专业化、制度化建设。一是推动了编制人员下沉，执法力量得到有效充实。第一批改革试点中共设置行政执法类员额13 506名，第二批专业执法队伍的基层队站所等一线执法单位均设置为行政执法类职位，共设置行政执法类员额3 984名。二是拓展了职务发展通道，公务员的晋升压力得到切实缓解。改革前基层干部分五级、科员、副主任科员、副科室、主任科员、正科室，只有很少的公务员有机会做到副调研员，但改革后晋升通道被大大拓宽，共有11级职级，增强了激励效果。在职务职数设置上，根据试点单位行政执法职位总数的一定比例核定职务职数。改革试点中，有超过30%的执法类公务员职务得到了晋升，进一步激发了队伍的积极性。三是建立了因类施训模式，执法素质得到普遍增强。市场监管、城管执法一线人员中具备全领域执法能力的全科型执法员比例达到80%，基层领导岗位全科型比例达100%。培训方式上，对新录用公务员采取单独组织，实行封闭式集中初任培训；对基层领导干部采取举办专题培训示范班进行轮训；对一线执法人员，采取线上线下相结合开展全员培训。四是实现了激励约束并重，执法类公务员精神面貌得到显著提升。在制定和执行政策时始终坚持实行"两倾斜、两挂钩",即向现场执法倾斜,向主办人员倾斜;与办案质量挂钩,与管理成效挂钩,从而体现了执法类公务员的工作实效和贡献,调动了行政执法类公务员的积极性。同时,在考核上建立"一票否决制"。以徐汇区市场监管局为例,其激励机制分为七个板块,分别是绩效考核占50%,执法办案占8%,专项奖励占6%,加班占20%,职务奖励占5%,履职占6%,机动占5%。充分体现了向执法倾斜,向绩效倾斜,向办案质量倾斜,打破晋升年功制、论资排辈等旧习,真正激励踏实工作的执法人员。

改革试点的过程中也发现,公务员分类管理是一个需要不断深化的长期工程,在试点中仍存在一些不足和问题。例如,改革后上海市行政执法类公务员还在沿用综合管理类公务员的工资标准兑现工资薪酬,使得改革效果大打折扣。此外,仍存在职数压力。例如,行政执法类公务员四级主办的职数按规定必须控制在180人以内,而徐汇区城管执法局在首次"达标"中已"达标"144人,因职数空间有限,截至本课题调研之时还未开始第二批晋升。

(四) 公务员职位分类管理改革的配套机制

公务员分类管理并非独立于中国人事制度,其顺利实施离不开中国公务员管理中其他配套制度的不断优化改革。例如,中国职务职级并行制度改革以及高端职位聘任制的探索等。2018年初,深圳市提出探索高端职位聘任,以进一步发挥聘任制灵活用人的优势,更好地满足单位对专业性人才的需求,并提升干部人事管理效能。聘任制公务员着眼于发挥聘任制灵活用人的优势,解决党政机关对短缺、急需的高层次专业人才需求问题,为社会优秀专业人才进入机关开辟新通道。

作为公务员提高待遇、拓宽晋升通道的重要途径,党的重要文件中多次提出要建立完善职务与职级并行制度。2002年，党的十六大报告提出"完善干部职务和职级相结合的制度，建立干部激励和保障机制"，这是在党的重要文件中首次提出职级制度。2008年，党的十七届四中全会提出"建立健全干部职务与职级并行制度，实行干部职级与待遇挂钩"。2009年，中共中央《2010—2020年深化干部人事制度改革规划纲要》提出"完善干部职级晋升制度，探索依据德才表现和工作实绩晋升职级的相关政策。实行干部职级与待遇挂钩，强化职级在确定干部工资、福利等方面的作用"。2013年，党的十八届三中全会将"深化公务员分类改革，推行公务员职务与职级并行、职级与待遇挂钩制度"作为全面深化改革的重要任务之一。

2014年，经中央批准，在全国4个省选择了4个县进行县以下机关公务员职务与职级并行制度试点。在总结试点经验的基础上，2015年1月，中办、国办印发了《关于县以下机关建立公务员职务与职级并行制度的意见》的通知，其核心内容是在公务员法的框架内，在保持原有领导职务晋升通道不变的情况下，增加职级晋升的通道，以解决基层公务员"晋升难、待遇低"的问题。2017年6月起，部分地区和部分在京中央机关开展公务员职务与职级并行制度试点工作，暂时调整适用公务员法关于非领导职务管理的有关规定。此后，新修订的公务员法实施，使职务、职级制度再一次引起了公众的广泛关注。

第三节　人才素能

从人事管理的核心功能和关键要素来看，中国各类机关中已经具备了较强的技术条件及专业性岗位基础。比如，公安部门的法医与技术刑侦职位能为公共管理提供直接的技术支持和保障，具有纯技术性、低替代性和技术权威性等特点。目前，约有近十万名从事技术工作的公务员广泛分布在全国公安机关的各类专业岗位上，约占公安行政机关公务员总数的4%；海关专业技术类公务员则约占海关公务员总数的6%①。并且，中国已经涌现出与高级专业技术类公务员制度建立和完善相适应的情况和做法。

一、公务员队伍整体素质的提升

公务员队伍整体素质最直观的体现是学历。2018年深圳市人力资源与社会保障局公开数据显示，公务员学历结构中，本科以上的占83.57%，研究生以上的占19.03%。通过对近年来国家公务员考试招考简章进行学历结构调查发现，2017年招考简章中学历要求至少为本科的占比85%，至少为硕士的占10%，仅限博士报考的为1%；2018年招考简章中本科占比已提高至89%。可见，中国公务员学历结构的要求正在逐步提升。

另外，中国自1994年以来逐步建立了职业资格证书制度，为辨析人员的专业素质水平提供了认证标准。按照党的十四届三中全会关于实行学历文凭和职业资格两种证书制度的要求，建立并实施了包括医师、会计师、设计师、律师等在内的50多项专业技术人员职业资格。此外，为了规范专业技术人员管理，我国还颁布了各项行业法律法规，对专业技术人员的资质条件、职业资格、职业道德规范等作出明确规定，提高了专业服务质量。

为了更全面地提高中国公务员的专业技能，各类培训活动也广泛开

---

① 李佳琪.专业技术类公务员管理现状及对策研究［J］.中国行政管理，2013（8）：74-77.

展。2016年12月13日国务院办公厅出台了《"十三五"行政机关公务员培训纲要》，为全面加强行政机关公务员队伍培训奠定了基础；该纲要规定了行政机关公务员每人每年参加培训累计不少于12天或者90学时，为接下来公务员队伍的专业能力、履职能力的提升进行了铺垫。

二、高级专业技术类公务员群体的客观存在

有学者认为，中国行政管理领域"需要凸显中国问题意识。因为面对中国语境中的行政问题，从国外的理论和实践中难以找到真正的答案……重点是发现中国问题，从中国具体的行政实践中认识现象，从中找寻具体的解决方法"①。故而借鉴他人经验之时，更要基于中国自身政治体制的特点，创建中国高级专业技术类公务员制度。

在比较公共行政领域，功能研究方法已被普遍认可并广泛应用。阿尔蒙德认为"所有的政治系统可以在结构上与另一个政治系统进行比较"，这种比较是以"政治系统中实施的相同功能"为基础②。故从其发挥的功能来看，中国客观上存在着高级专业技术类公务员群体，他们是具备较高专业技术水平的司局级以上干部。在中国，司局级以上干部被称为高级干部，他们身处领导职务序列，地位特殊而且重要。随着公共行政环境的复杂多变，客观上要求这些领导干部拥有敏锐的专业判断力和科学决策力。因而，近年来"专家型干部"脱颖而出，受大众关注。

这批"专家型干部"有的来自企业，具有丰富的相关专业领域工作经

---

① 中国行政管理学会课题组.加强中国特色行政管理学建设研究报告[J].中国行政管理，2010（1）：11-14.

② 费勒尔·海迪.比较公共行政[M].刘俊生，译.北京：中国人民大学出版社，2006：11.

验。例如，住房和城乡建设部原副部长的易军曾在中国建筑工程总公司担任董事长，还是全国施工企业一级项目经理。有的是从机关成长起来的"专家型领导"，如现任山东省委书记、省人大常委会主任刘家义是经济学博士，高级审计师。有的来自教育系统，如现任中宣部副部长、文旅部部长胡和平，曾任清华大学水利工程系教师，曾获国家科技进步二等奖两项、省部级科技进步一等奖两项等多项奖励。

三、党政机关高端人才涌现——正部级领导干部的专业化考察：基于履历分析[①]

美国公共行政学者莫舍指出：政府的大部分决策与行动受到行政官员的影响，官员的决策与行动受到他们能力、方向、价值观的支配，官员的决策特征与他们的背景、教育训练以及人际关系有关。我们通过搜集大量文献及数据发现，中国正部级及以上领导干部的专业化特征日渐明显。在政府信息公开的背景下，领导干部选拔任用各项环节亦受到民众的监督，官员个人信息公开透明化。下文对正部级官员履历进行了梳理，研究了该群体的群体特征和成长发展规律。

(一) 数据库的设计与建立

1. 相关概念界定

省部级正职干部的界定。因目前尚没有关于省部级干部的详细界定，故根据《中华人民共和国公务员法》对行政级别的有关规定，将省部级正职官员分为地方及中央两个层面，其中地方层面包含各省、自治区、

---

① 参见：潘娜，丁智聘. "人力资本与干部晋升"：一项来自中国场景的调查 [J]. 上海交通大学学报（哲学社科版），2021（4）：69-80.

直辖市党委、人大、政府、政协的正职领导人（含特殊规定的副职）；中央层面包含中共中央纪委副书记，中共中央、全国人大常委会、国务院、全国政协下属部委行署室和事业单位（党组）正职领导人（含特殊规定的副职）、各人民团体（党组）正职，国家正部级企业正职领导，最高人民法院常务副职，最高人民检察院常务副职，民主党派全国委员会正职，等等。

2. 数据库的设计

（1）研究对象的确定

本研究的主要对象为党的十九大之后的正部级官员，其中地方正部级官员包含各省、直辖市、自治区"四套班子"中的正职领导；中央正部级官员包含国务院各部、委员会、直属机构、办事机构、国家局、社会团体中的正部级领导干部；部队和企业的领导干部未列入此次研究范围。材料收集重要时间节点为2018年3月，即十九大召开后由各地方及中央公布干部人事任免通知而确定的正部级干部名单。

（2）资料来源的确定

为了保证文献资料的可靠性，研究中通过各种渠道对比有关中国省部级干部资料。有关履历的主要来源有三个，分别为人民网、中国经济网及百度百科。其中，人民网及中国经济网的地方领导资料较为齐全，而且二者均是较权威的官方网站；百度百科虽不如人民网权威性强，但资料相对丰富且较有实效性，可用来补充有关干部的履历。在研究干部学术成果时，主要参考来源为中国知网。

3. 数据库的建立及指标设定

此次研究中，共包括地方正部级干部102人，中央正部级干部137人，总共 239 人。由于部分数据公开信息不全，在具体统计过程中存在部分缺项，在此不特定说明；在统计过程中，按照全部数据进行统计，以探究总体水平。

其中，对于履历的描述有 63 项，主要划分为基本信息、学历信息、任职信息以及岗位变动情况四类。对其中个别编码指标的说明见表 3-7。

表 3-7　省部级正职履历个别编码指标说明

编码类型	具体描述
民族	1=汉族；2=其他民族
籍贯类型	1=直辖市；2=省会城市；3=一般地市；4=县乡；5=海外
专业技术职务	0=无；1=中级及以下；2=中级；3=副高；4=正高（根据《关于实行专业技术职务聘任制度的规定》中的划分）
最高学历	1=中专及以下；2=大专；3=本科；4=硕士研究生；5=博士研究生；6=博士后
第一学历	1=一般高校（含党校函授等）；2=211 高校；3=985 高校
本科专业	（按序排列）工学、理学、农学、管理学、经济学、医学、教育学、军事学、哲学、历史学、文学、法学
专业匹配岗位数	以本科学历为判断标准，但是到较高层级后为管理岗，此时专业默认匹配
同序列（地方-地方）变动次数	省际的变动次数如无则为 0
同序列（地方-中央）变动次数	由地方进中央系统的经历次数
同序列（中央-地方）变动次数	由中央到地方到经历次数
异序列岗位数	类似党政机关到公司或者教师岗到政府机关工作等，如去往非党政机关的便算作异序列，知青也算异序列
领导班子岗位数	所在单位的正职、副职及党政系统领导，包含党委委员
与现岗位同一职能部门的任期	以教育部部长为例，计算其曾经在教育部门工作的时间；以地方政协主席为例，则计算其曾任职政协的时间
是否仍在学术上有成果	统计周期截至最近五年，可通过中国知网作者信息进行判断

（二）正部级官员履历现状描述

对于正部级官员履历描述主要从基本信息、学历信息以及岗位变动情况进行展开，以求较为全面地研究正部级领导的履历，进而挖掘其明显特征。

1. 基于描述统计的基本情况研究

对正部级官员的基本情况分析，包含性别、年龄、民族、籍贯类型、党龄、工龄、专业技术职务等。其中若存在缺失数据，在具体分析时将会指出。具体数据如表3-8所示。

表3-8 省部级正职的基本情况描述统计

类别	分类	人数	百分比	类别	分类	人数	百分比
性别	男	217	90.8	党龄	20~29年	10	4.6
	女	22	9.2		30~39年	109	51.2
年龄	50岁以下	1	0.5		40~49年	93	43.7
	51~55岁	16	6.7		50~59年	1	0.5
	56~60岁	65	27.3	工龄	20~29年	4	1.8
	61~65岁	140	58.8		30~39年	67	29.7
	66~70岁	14	5.9		40~49年	147	65.0
	70岁以上	2	0.8		50~59年	8	3.5
民族	汉族	219	91.6	专业技术职务	无	112	46.8
	其他民族	20	8.4		中级及以下	3	1.3
籍贯类型	直辖市	22	9.3		中级	9	3.8
	省会城市	31	13.1		副高	20	8.4
	一般城市	45	19.0		正高	95	39.7
	县乡	139	58.6				

通过履历分析可见，性别项为男性占90.8%，女性占9.2%，可见男

性数量占绝对优势；年龄项以五年为界限划分，其中数据缺失1人。根据统计可发现，70后占0.4%，60后占34%，50后占64.7%，40后占0.8%，可见1950年代出生的占绝大多数；民族项为汉族占91.6%，可见正部级官员以汉族为主；籍贯类型项缺失数据有2个，已有数据中籍贯类型为县乡的占绝大多数，比例为58.6%，一般城市为19.0%，直辖市和省会城市占22.4%；入党时间项数据缺失26个，绝大多数原因为网上数据未公开，党龄项以入党时间在30~49年的居多，占总体的94.9%；工龄项数据缺失13人，工龄30年以上的占98.2%，其中40~49年的占65%；专业技术职务项中，有53.1%的人有专业技术职务，其中中级及以下占1.3%，中级占3.8%，副高级占8.4%，正高级占39.7%，可见正部级官员中大部分人拥有专业技术职务，其必要性已比较明显。

2. 基于描述统计的学历情况研究

关于学历的统计主要分为三部分，一为最高学历、第一学历；二为本硕博年龄与学位；三为海外留学经历（表3-9）。

表3-9 对省部级正职干部最高学历、第一学历的描述统计

类别	分类	人数	百分比	类别	分类	人数	百分比
最高学历	中专及以下	1	0.4	第一学历	一般高校（含党校函授等）	88	39.6
	大专	1	0.4				
	本科	37	15.7		211高校	29	13.1
	硕士研究生	113	47.9		985高校	105	47.3
	博士研究生	77	32.6				
	博士后	7	3.0				

最高学历大专以下占0.8%，本科学历有37人，占15.7%，硕士研究

生占 47.9%，博士研究生占 32.6%，博士后占 3%；最高学历集中分布在硕士及博士研究生，可见正部级领导的整体教育水平较高；第一学历为一般高校占 39.6%，211 高校占 13.1%，985 高校占 47.3%，第一学历出身为 985、211 高校的省部级干部占一半以上。

对于各阶段毕业年龄分析，如表 3-10 所示，现就具体内容进行分析。本科毕业年龄集中分布在 20~30 岁之间，其中 20~24 岁占 50%，25~29 岁占 34.2%，二者共计 84.2%，30 岁以后毕业参加工作的占 13.7%；硕士毕业年龄集中分布在 40 岁以上，占 41.3%，30~39 岁硕士毕业占 32.5%，30 岁以下毕业的占 26.2%；博士毕业年龄亦是 40 岁以上占绝大多数，为 59.5%，30~40 岁毕业的占 32.4%，30 岁以下毕业的占 8.1%。对于学位类型分析发现，本科阶段理农工类专业占比较高，共计 39.1%，文史哲类占 25%，经济、管理类占 18.2%，法学占 13%；硕士阶段经济、管理类明显增高，占 43.4%，理农工类占 22%，文史哲占 11%，法学占 19.6%；博士阶段经济、管理类占比最高，共计 48.8%，理农工类占 26.8%，文史哲 7%，法学占 13.9%。总体来看，医学、教育学、军事学占比最低。

通过对海外留学经历的研究可看出，仅有 13% 的人有海外留学经历，其中海外留学获得硕、博学位或有博后经历的仅占 5.5%，而拥有一年以内留学经历的有 9 人，占 32.1%，1~2 年及 3 年以上各占 28.6%，2~3 年占 10.7%（表 3-11）。

第三章 治贤的现实基础：创建中国高级专业技术类公务员制度的必要性和可行性

表3-10 省部级正职干部本硕博毕业年龄及学位

类别	分类	人数	百分比	类别	分类	人数	百分比	类别	分类	人数	百分比
本科毕业年龄	20岁以下	4	2.1	硕士毕业年龄	25岁以下	9	5.6	博士毕业年龄	30岁以下	6	8.1
	20~24岁	95	50.0		25~29岁	33	20.6		30~34岁	16	21.6
	25~29岁	65	34.2		30~34岁	16	10.0		35~39岁	8	10.8
	30~34岁	12	6.3		35~39岁	36	22.5		40~44岁	19	25.7
	35岁以上	14	7.4		40岁以上	66	41.3		45岁以上	25	33.8
学士学位	工学	61	31.8	硕士学位	工学	32	18.5	博士学位	工学	17	19.8
	理学	9	4.7		理学	4	2.3		理学	4	4.7
	农学	5	2.6		农学	2	1.2		农学	2	2.3
	管理学	11	5.7		管理学	32	18.5		管理学	15	17.4
	经济学	24	12.5		经济学	43	24.9		经济学	27	31.4
	医学	3	1.6		医学	2	1.2		医学	2	2.3
	教育学	3	1.6		教育学	0	0		教育学	0	0
	军事学	1	0.5		军事学	0	0		军事学	0	0
	哲学	12	6.3		哲学	12	6.9		哲学	3	3.5
	历史学	6	3.1		历史学	6	3.5		历史学	2	2.3
	文学	30	15.6		文学	1	0.6		文学	1	1.2
	法学	25	13.0		法学	34	19.6		法学	12	13.9
	其他	2	1.0		其他	5	2.8		其他	1	1.2

表 3-11 对省部级正职干部海外留学经历的描述统计

类别	分类	人数	百分比
海外留学经历	无	208	87.0
	有海外留学经历	31	13.0
海外获得学位	无留学经历	208	87.0
	未获得学位	18	7.5
	硕士研究生	3	1.3
	博士研究生	9	3.8
	博士后	1	0.4
海外留学时长	一年以内	9	32.1
	1~2 年	8	28.6
	2~3 年	3	10.7
	3 年以上	8	28.6

3. 基于描述统计的岗位变动研究

本部分用不同变量刻画履历变动情况，分为四个层次，分别为基本岗位变动情况、专业匹配情况、同异序列及职能情况、领导班子情况统计。

表 3-12 中记录的是岗位变动的最小值、最大值及平均值研究，图 3-5、图 3-6 中记录了相关岗位数的具体频次，从而刻画出岗位变动的相关状况，其中部分内容如异序列岗位、领导班子岗位及同一职能部门等计算了任期的平均值。下面就具体内容进行分析。

表 3-12 对省部级正职干部岗位变动状况的描述统计

	个案数	最小值	最大值	平均值
岗位异动次数（整体）	226	6	42	18.88
单位异动数（整体）	226	0	27	7.17
专业匹配岗位数（整体）	218	3	42	17.68

续表

	个案数	最小值	最大值	平均值
专业非匹配岗位数（整体）	218	0	28	1.10
同序列（地方-地方）变动次数	226	0	8	0.85
同序列（地方-中央）变动次数	226	0	3	0.69
同序列（中央-地方）变动次数	226	0	3	0.38
异序列岗位数（整体）	226	0	16	2.13
异序列岗位任期（整体）	226	0.00	40.92	4.954 5
领导班子岗位数（整体）	226	3	32	14.98
领导班子岗位任期（整体）	226	3.75	62.00	25.987 2
与现岗位同一职能部门的任期	226	0.00	60.00	9.594 9
任正部级时年龄	226	44	66	56.77

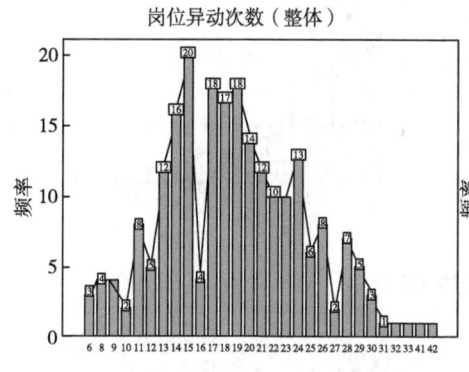
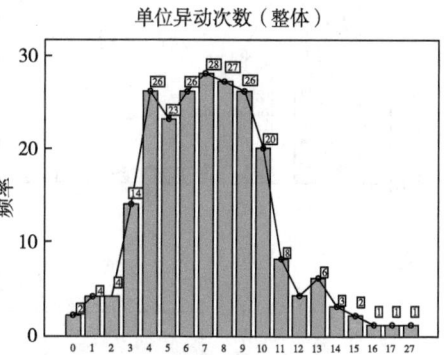
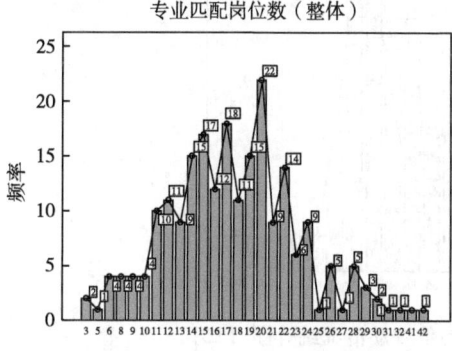
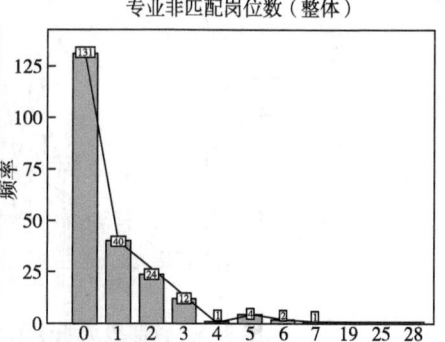

图 3-5 省部级正职干部岗位变动情况统计图（一）

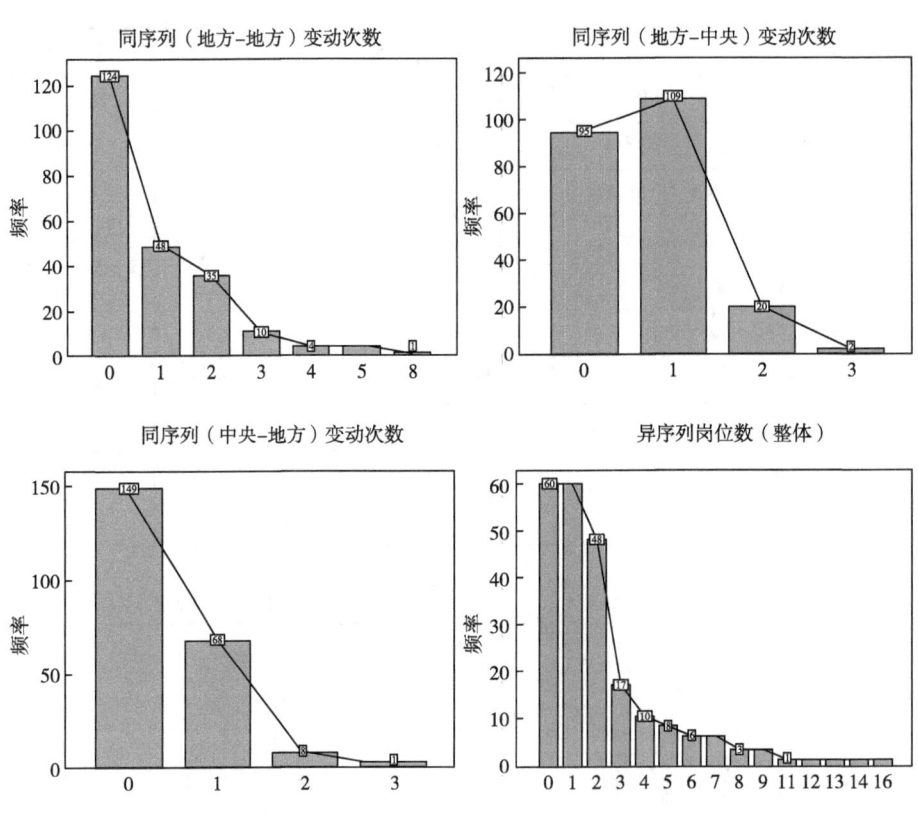

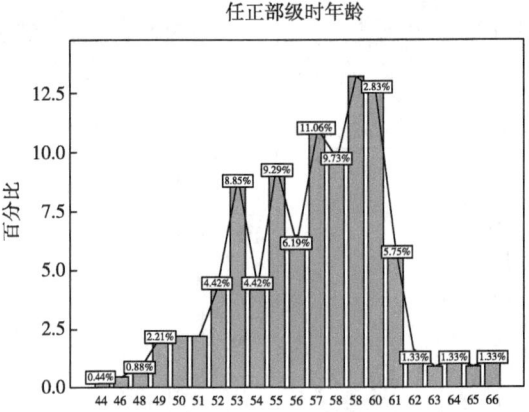

图 3-6 省部级正职干部岗位变动情况统计图（二）

基本岗位变动情况。通过表 3-12 可见，岗位异动次数的平均值为 18.88 次，通过图 3-5 可观察到岗位变动集中分布在 13 到 21 次，占比为 52.7%，整体来看，正部级领导的岗位变动频率较高；通过表 3-12 可见，单位异动次数的平均值为 7.17，通过图 3-5 可看出，4 到 10 次频率较高，占 77.8%。

专业匹配情况。主要从专业匹配岗位数进行研究，此项目判断标准为与本科的专业匹配的岗位统计。通过表 3-12 可见，其平均值为 17.68 次，专业非匹配岗位数的平均值为 1.10；通过与岗位异动次数的相关性检验，其 sig 值为 0.000，小于 0.05，较为显著，可见专业匹配岗位数的匹配性较高。

同异序列及职能情况（图 3-6）。同异序列的判别标准为是否属于国家公务员体系，其中同序列分为三种层次的岗位变动，为省际（地方-地方）变动、中央到地方、地方到中央的变动。同序列变动频次较高的为地方省际的变动，其次是地方到中央的变动。通过计算，针对每一项目分析，发现省际变动频次较高的为 1~2 次，占所有变动的 81.3%；地方到中央变动频次较高为 1 次，占所有变动的 83.2%；中央到地方变动频次较高为 1 次，占所有变动的 88.3%。对异序列岗位数研究发现（图 3-6），存在异序列变动的占 83.5%，其中岗位变动 1~3 次的占 75.3%。异序列岗位平均任期约为 4.95 年；对于同一职能部门的研究，发现在同一职能部门工作时间的平均值约为 9.59 年，可见职能匹配度较高（表 3-12）。

领导班子情况。主要通过所在单位的正职、副职及党政系统进行判断，发现正部级领导干部担任领导的平均时间约为 26 年，从事的平均岗位数约为 15 个（表 3-12）。可见成为正部级干部者担任领导的时间普遍较长。任正部级时的平均年龄约为 57 岁，其中 57~60 岁担任正部级的占 46.9%（图 3-6）。

学者型官员情况（表 3-13）。此项的判断标准为是否曾在专业性较强的领域工作，包含三类：企业里具有丰富专业领域工作经验的，从机关成长起来的，以及来自教育系统的。通过此项判别标准，共 57 人符合专业学者的要求，占 25.2%；关于目前是否有学术成果的研究，以近五年为衡量标准，共 79 人有发表过相关学术文章。至于此项人数高于前者专业学者型官员的原因，在于许多官员发表的文章为党政类别的文章，故在统计分析过程中造成此对比效果。

表 3-13 省部级正职干部中学者型官员统计

类别	分类	人数	百分比
是否为专业学者型官员	否	169	74.8
	是	57	25.2
是否在学术上有成果	否	147	65.0
	是	79	35.0

（三）专业技术型领导群体特征分析

通过前述省部级官员履历可见，其中不乏学者型、专业技术较强等类型官员，对于这一类型的官员更要讲求"高素质、严要求"。为了实现对高级官员的高素质要求，便需要综合考虑多方面因素，从三方面对高素质型人才进行综合判别，分别为专业化的技能、良好的思想修养、终身化的职业生涯愿望①。其中，专业化的技能的评定范畴较广。下文对专业技术型领导进行履历描述，并进行相关性研究，以分析领导干部应该具有的特

---

① 郑海．高素质人才的规模引进对公务员结构的影响［J］．法制与社会，2011（1）：165．

点，并将专业化与官员思想修养放在一起进行综合考量。

1. 基于交叉分析的专业技术型官员关联因素提炼

通过履历中各项因素与"是否为专业技术型官员"进行交叉分析和显著性判断，提炼出专业学者型官员的基本信息、学历信息、任职信息以及岗位变动情况的关联因素，判断其影响力的强弱。显著性判断方法为 Pearson 卡方检验，显著性低于 0.05 的为相关性较强（表 3-14），即先判断出是否为专业技术型官员的差异程度前不同指标的分异程度，从而分析各因素对因变量的关联性影响。

表 3-14 基于交叉分析的省部级正职干部专业技术型官员关联因素分析

指标	显著性	指标	显著性
专业技术职务	0.000	年龄	0.147
最高学历	0.000	同序列（中央-地方）变动次数	0.156
海外留学经历	0.000	工龄	0.157
异序列岗位数（整体）	0.000	单位异动数	0.203
是否在学术上有成果	0.000	岗位异动次数	0.312
硕士毕业年龄	0.000	领导班子岗位任期（整体）	0.378
博士毕业年龄	0.000	与现岗位同一职能部门的任期	0.396
海外获得学位	0.001	任正部级时年龄	0.429
本科学位	0.002	同序列（地方-地方）变动次数	0.489
第一学历	0.005	性别	0.506
硕士学位	0.012	海外留学时长	0.529
同序列（地方-中央）变动次数	0.022	专业匹配岗位数	0.602
籍贯类型	0.067	异序列岗位任期（整体）	0.672
本科毕业年龄	0.075	领导班子岗位数（整体）	0.704
党龄	0.076	专业非匹配岗位数	0.725
博士学位	0.115	民族	0.908

根据以上分析，发现专业技术职务、最高学历、海外留学经历、异序

列岗位数（整体）、是否在学术上有成果、硕士毕业年龄、博士毕业年龄、海外获得学位、本科学位、第一学历、硕士学位、同序列（地方-中央）变动次数，均对是否为专业技术型官员的判断有较为显著的影响。

2. 基于线性回归的专业技术型官员关联因素强弱分析

根据以上对关联因素的提取，可以看出有 12 个自变量与是否为专业技术型官员的判断有显著的相关关系：专业技术职务、最高学历、海外留学经历、异序列岗位数（整体）、是否在学术上有成果、硕士毕业年龄、博士毕业年龄、海外获得学位、本科学位、第一学历、硕士学位、同序列（地方-中央）变动次数。据此构建多元回归方程，来判断这几项影响因素的影响力强弱。根据多元回归方程构建操作，R 值为 0.996，R 方为 0.992，表示拟合优度较强。F 值为 35.850，P 值为 0.007，显著性很好。得出回归方程如下：

是否为专业技术型官员 = 0.630+0.124×是否在学术上有成果+0.105×专业技术职务+0.103×博士毕业年龄+0.089×最高学历+0.011×异序列岗位数（整体）-0.008×硕士学位-0.023×海外获得学位-0.048×同序列（地方-中央）变动次数-0.077×本科学位-0.098×硕士毕业年龄-0.143×第一学历

由此方程式可得出：学术上的成果、专业技术职务、博士毕业年龄及学历对专业技术型官员的判断影响较强。

3. 专业结构特征

基于专业技术型官员关联因素强弱分析，可发现专业教育及专业技能对专业技术型官员的影响较强。此二者可以归类为专业结构特征。现就专业结构特征进行详细分析，从而判断省部级官员的综合型、专业型能力以及专业技能水平。

(1) 专业教育

为了探究省部级官员是专业型人才还是综合型人才,需要对其所受专业教育进行考量。专业教育主要考虑的是单一专业教育及复合专业教育,通过省部级官员履历可知其所受专业教育在不同阶段的变化。现通过配对样本 T 检验,对从学士学位到硕士学位、从硕士学位到博士学位、学士学位与博士学位间的差异性进行研究。其中 $P1$ 小于 0.05 表示有相关关系,$P2$ 小于 0.05 表示无显著差异。根据表3-15中的数据,发现三个学位间两两对比均有相关关系,但是均有显著差异。同时,根据前文中的专业类型,可发现经管类专业在硕、博学位阶段相较于本科阶段有明显增加。由此可见,在正部级官员所受专业教育中,随着更高学位的获得,他们往往会选择复合专业教育。复合专业教育更趋向于综合型人才的培养。因此,能得出跨专业教育在省部级官员中具有普遍性这一结论。

表3-15 省部级正职干部各阶段学位配对分析

配对样本	配对样本相关性($P1$值)	配对样本检验($P2$值)
学士学位和硕士学位	0.000	0.777
硕士学位和博士学位	0.000	0.824
学士学位和博士学位	0.000	0.113

(2) 专业技能

中国从1986年起实行专业技术职务聘任制度,规定专业技术职务是根据实际工作需要设置的,有明确职责、任职条件和任期,需要具备专门的业务知识和技术水平才能胜任。专业技术职务认证方式中包含了职业资格证书制度,这为相关人员的专业素质水平提供了认证标准。专业技术职务能很好地体现领导干部专业化及技能化水平。因此,以下在前文的基础上,将被判定为专业技术型的官员与所有官员进行对比,以验证专业技能对于省部级官员群体的应然性与实然性。

最终对比结果如表3-16所示。从中发现,专业技术型官员中,副高及正高级职务占85.9%,相较于总体的副高及正高级所占的48.1%,占比明显较高,由此可见专业技术型官员的专业技能较强,总体专业水平较高。

表3-16 省部级正职干部中技术型官员的专业技术职务分析

	总体			专业学者型官员		
	分类	人数	百分比	分类	人数	百分比
专业技术职务	无	112	46.9	无	8	14.1
	中级及以下	3	1.3	中级及以下	0	0
	中级	9	3.8	中级	0	0
	副高	20	8.4	副高	10	17.5
	正高	95	39.7	正高	39	68.4

4. 能级结构判断

(1) 能力水平与知识水平

为了研究能力水平与知识水平之间的关联性,现对专业技术型官员最高学历与岗位变动情况进行交叉分析,来判断能级间的差异化程度。显著性判断方法为Pearson卡方检验,显著性低于0.05相关性较强。其中,专业非匹配岗位数与异序列岗位任期的sig值低于0.05,相关性较强,因此,对于能力水平与知识水平的关联性结论为:最高学历与专业非匹配岗位以及异序列岗位任期相关,这也意味着专业技术型官员的知识水平与其在党政机关内的岗位变动期间没有较强的相关性,反而与其在非党政机关的工作任期有着较强的相关性，可见能级对应性较差，为了发挥专业技术型官员的长处，能级对应亦是有待弥补的地方（表3-17）。

表3-17 学者型省部级正职干部最高学历与岗位变动情况的交叉分析

指标	显著性
岗位异动次数（整体）	0.178
单位异动数（整体）	0.726
专业匹配岗位数（整体）	0.239
专业非匹配岗位数（整体）	0.008
同序列（地方-地方）变动次数	0.741
同序列（地方-中央）变动次数	0.960
同序列（中央-地方）变动次数	0.817
异序列岗位数（整体）	0.892
异序列岗位任期（整体）	0.016
领导班子岗位数（整体）	0.609
领导班子岗位任期（整体）	0.869
与现岗位同一职能部门的任期	0.455
任正部级时年龄	0.696

（2）专业匹配与职位匹配

"因岗设位，因位录人，人岗相符"是实现岗位匹配的重要方式，基于此，方能实现人才增值和人才效益最大化。因此，要对专业匹配以及岗位专业性进行探究，防止能位不等，如高配、低配、错配等现象的发生。这里对专业技术型省部级官员履历进行分析，探究其能位匹配的情况。

专业技术型官员的专业匹配情况如表3-18所示，其专业匹配岗位数的平均值为16.71个，专业非匹配岗位数的平均值为1.04个，而此项数据与总体的平均值比较有所降低；通过与岗位异动次数的相关性检验，其sig值为0.000，小于0.05，较为显著，可见专业匹配岗位数匹配性较高，但是与整体水平相比,又略显不足。对于同一职能部门的研究发现,在同一职能部门工作时间的平均值为 8.47 年,与总体比较也略有下降。故通过数据可看出,专业学者型官员能位匹配相关性虽然较强,但是与整体水平比却略有不足;为了防止能位错配等现象,应对专业匹配岗位进一步加以调整。

表 3-18 学者型省部级正职干部的专业匹配岗位数分析

	总体			专业技术型官员		
	平均数	最小值	最大值	平均数	最小值	最大值
专业匹配岗位数(个)	17.68	3	42	16.71	5	31
专业非匹配岗位数(个)	1.10	0	28	1.04	0	28
同一职能部门任期(年)	9.59	0	60	8.47	0	36.42

在显著性检验中,单位异动数(整体)、岗位异动次数(整体)、与现岗位同一职能部门的任期、异序列岗位数(整体)四个指标较为显著,经过层次回归,将岗位异动次数在自变量中的影响剔除,最终得出结果:单位异动数、同一职能部门任期与干部晋升呈正相关性,而领导干部经历对于干部晋升无显著影响,异序列岗位数则被剔除。

5. 思想修养和纪律性要求

此项为个案研究。在对省部级官员履历梳理的过程中(数据截至 2018 年),发现在 2018 年 3 月至 12 月,有 4 名官员涉嫌违纪被查或牵扯重大案件(表 3-19)。上述事件的发生或因个人涉嫌贪腐,或因意外事件爆发,或因未遵循上级指示,故在总体上要加强的是思想修养和纪律性。自利动机和个人选择影响着个人行为,贪腐之念是个人思想道德理应摒除的,风险防范意识是个人执政能力中应该加强的。总之,整体的思想道德和纪律建设是官员"高素质"要求的重要体现。

表 3-19 涉及重大事件的领导干部情况

姓名	涉及事件	是否为专业技术型官员
许勤	因广东深圳光明新区渣土受纳场"12·20"特别重大滑坡事故,被通报批评	否
孟宏伟	违纪被查	否
努尔·白克力	违纪被查	否
毕井泉	因长春长生问题疫苗案爆发引咎辞职	否

对党龄的研究发现,其与因变量的独立性检验较显著,在多元线性回归中呈现负相关性,即与干部晋升速度呈正相关。这也意味着党龄越长,晋升越易。这也凸显了我国的政治特性。通过描述统计,发现党员在领导干部中的覆盖率较高,而且普遍为资深党员,亦可证明党龄作为显性的、可供衡量的指标,能够彰显中国政治文化的独特性,也说明政治素养和忠诚度对于干部晋升起着决定性的作用。

第四章

治贤的价值驱动：现代公务员治理的专业主义及专业化

第四章　治贤的价值驱动：现代公务员治理的专业主义及专业化

各国公务员制度的创建，不仅受国家政治行政体制和政府结构的影响，还必须遵循社会经济和政治价值理念。例如美国，其不同时期的人事制度演进都依赖于政府提前预测人力资源的支配性价值和变革压力①，世界其他各国和地区的文官制度的发展也都经历了对公共价值体系的深刻思考和位序排列，以保证文官制度与最新社会形势相适应。为了顺应复杂公共事务以及人民需求的激增，现代公务员治理除了遵循一般公共行政的传统价值理念，还需要遵循具有时代色彩的"专业主义"和"专业化"价值，深度挖掘其基本内涵与要求，并遵循实现其内涵要素的规范性路径。

第一节　基于政府回应性的现代公务员制度价值探讨

一、基于政府回应性的公共价值：政治-效率-专业

"回应性"一词译自英文"responsiveness"，意指"回答""响应""反应"等。其词根"respons"衍生出来的重要单词还包括"Responsibility"，即"责任""可信赖性"等含义。"责任"这一释义恰能说明"回应性"不是对某些语言、行为、想法等的一种简单描述，它还包括了一种沉重但又"不得不做"的责任。事实上，在公共行政的各个时期，都存在对"政治"与"行政"关系的思考与选择。但不管最终如何选择，其核心依据都

---

① N. JOSEPH CAYER. Public Personnel and Labor Relations: Handbook of Public Administration [M]. 3rd ed. CRC Press, 2007: 345 - 379. ROBERT H. ELLIOT. Public Personnel Administration: A Value Perspective [M]. Reston Publishing Company Inc, 1985: 15-16.

是如何负责任地、更好地提供公共产品与公共服务,以满足公众的需求,提高政府对整个社会需求的回应性,即提高政府回应性。

在公共行政学界,各国专家学者对"政府回应性"有着不同的理解。国内,朱立言教授认为"回应性是指政府对社会的各种需要作出及时的、敏捷的和负责任的反应。政府只有具备及时回应的能力,才能满足社会中不断涌现的以各种形式表达出来的需求,才能有力地推动经济社会向前发展"①。祁光华教授总结道:"现代政府回应性就是政府对社会和公民现有的和潜在的需求通过抽象行政行为和具体行政行为等方式进行回复和反应的过程。"②他由此提出了"客体-方式"论,特别强调政府需关注与回应客体的潜在需求。这在某种意义上与李伟权教授的观点相似。李伟权教授指出"为及时和负责任地作出反应",公共管理人员和管理机构"在必要时应当定期地、主动地向公民征询意见、解释政策和回答问题"③。

国外,有澳大利亚学者认为,公共部门的回应性应该包含"直接对公众的回应性与决策时自觉保持正义"这两大主题④。美国学者认为公共管理责任的基本理念之一就是回应。回应意味着民众对于政策变革的接纳和政府对民众要求作出的反应,并采取积极措施解决问题⑤。世界各国的政体不一样,政府直接回应的客体可能也会不一致,比如,公民、总统、政治官员、内阁等。个体的要求千差万别,不能一一满足,因此一般主张对

---

① 朱立言,龙宁丽. 美国高级文官制度与政府回应性[J]. 中国人民大学学报, 2010 (1).
② 祁光华. 胜任能力:公共部门人力资源管理新聚焦[M]. 北京:新华出版社, 2010: 71-88.
③ 李伟权. 互动决策:政府公共决策回应机制建设[J]. 探索, 2002 (3).
④ SHERMAN TOM. The Tensions Between Accountability and Responsiveness in a Shrinking Public Sector [J]. Canberra Bulletin of Public Administration, 1997, 89 (8): 37-41.
⑤ 格罗弗·斯塔林. 公共部门管理[M]. 陈宪,等译. 上海:上海译文出版社, 2003: 63.

第四章　治贤的价值驱动：现代公务员治理的专业主义及专业化

"过半"的选民或"大多数人"的偏好进行回应，取得并保持"集体性的偏好"（collective preference）才能保证实现真正的回应①。那么，政府回应性如何表现呢？传统意义上，即已经为大多数学者所接受的，是政府通过"政策产出"和"政策行为"进行回应。还有学者认为，"政府回应"可以表现在"辞令"和"具体效果"上。"辞令回应性"（rhetoric responsiveness）是指政府在一些公开的、承诺性的政策言论中表达对公共问题的偏向与重视，如总统发表的公开演说；"效果回应性"（effective responsiveness）是指政府在公共偏好与公共支出的预算优先方面保持一致②。

事实上，"政府回应也就是政府的社会责任、政治责任、行政责任和法律责任的综合"③。"政府回应性"的核心价值就是政府积极、主动地承担公共责任。它不强调公共部门与私营部门之间的相似性，而希望凸显公共部门的公共性。实践表明，现今政府回应性的实现路径丰富而多样，主要包括依靠专业技术人员或专家的专业技能，倾听民众的呼声，依赖管理者的管理能力提高效率，借助新闻工作者提供有效的舆论监督等④。根据政府回应性的不同实现途径，学者们归纳出了满足公众需求的"政治回应性"、强调应用管理手段的"效率回应性"、尊重专家意见的"专业回应性"以及通过媒体监督而实现的"媒体回应

---

① JAMES N. DRUCKMAN, LAWRENCE R. JACOBS. Presidential Responsiveness to Public Opinion：Chart 8 [M]. The Oxford Handbook of the American Presidency (Online), 2009：167.

② SARA BINZER HOBOLT, ROBERT KLEMMENSEN. Government Responsiveness and Political Competition, in Comparative Perspective [J]. Comparative Political Studies, 2008, 41 (3)：309-337.

③ 李伟权. 政府决策可行性分析过程中的回应问题研究 [J]. 广东技术师范学院学报, 2003 (3)：1-6.

④ J. MANZA, F. L COOK. A Democratic Polity？Three Views of Policy Responsiveness to Public Opinion in the United States [J]. American Politics Research, 2000 (30)：630-67.

性"等。

本书就公务员制度展开讨论,公务员制度作为政府行政制度体系的重要组成部分,也肩负着增强政府回应性的责任。因此,本书主要探讨政治回应性、效率回应性与专业回应性这三大回应性要求下的政治价值、效率价值和专业主义价值。

(一) 公务员制度的政治价值

政治回应性（political responsiveness）在美国的公共人事行政领域被看作是一种理念或价值,指的是通过一系列的人事制度,帮助政府积极地应对并回答通过民选官员表达出来的公民意志①。与政治回应性相关联的价值有很多,比如"公平""公正""平等""民主"等,其中"民主"是核心内容。规范的民主理论要求政府在应对公众、作出政策倾向时保持回应与坚持公平②。美国高级专业技术类文官的官僚代表性及其公共服务动机与"政治回应性"高度相关。它假定如果官员能够代表政治社群的相关利益,那么公共权力就能够得到很好的控制并能符合公共利益;如果行政官员具有很强的服务于公共组织的冲动,那么也能自然地将他们的实际感知、行为与公共利益相连③。

罗伯特·达尔（Robert A. Dahl）认为,民主的关键特征是政府对公众

---

① 唐纳德·克林格勒,约翰·纳尔班迪. 公共部门人力资源管理: 系统与战略 [M]. 4 版. 北京: 中国人民大学出版社, 孙柏瑛, 等译. 2001: 7.

② PAUL D. SCHUMAKER, RUSSELL W. GETTER. Responsiveness Bias in 51 American Communities [J]. American Journal of Political Science, 1977 (5): 247-281.

③ 潘娜. 美国高级专业技术类文官与政府回应性 [D]. 北京: 中国人民大学, 2011.

第四章 治贤的价值驱动：现代公务员治理的专业主义及专业化

偏好（public preference）的一种持续回应[1]。在民主社会，美国高级专业技术类文官的政治回应性就是通过对政治过程所表达的民主进行回应和对大多数民众的偏好进行回应。一方面，要求他们在政策方向上保持与民选官员一致，因为这存在一个基本假设，即民选官员能忠诚代表并反映选民的意愿，他们的这种忠诚通过政治任命得到了很好的保证。确切地说，这是一种选民授权给民选政治官员并由这些官员在选民的监督下完成法定承诺目标[2]的"委托-代理性质"的回应机制；另一方面，他们应该采用多种途径直接倾听民众的"声音"，保持对民众的关怀，坚持公共伦理及公共价值，做出公正的决策以增强社会的公平性、平等性，强化公共行政的精神。这种"公共行政的精神"即弗雷德里克森主张的"公平地及乐善好施地服务于公民"[3]。我们说"成功的公共行政是温暖的和有活力的，它讲求人性……它要为社会这个整体做建设"[4]，政治回应性所要求的正是为社会中绝大多数人而谋福利。

简言之，政府回应性是指"政府承担的公共责任"。现今美国学者对"政府回应性"的研究已经超越了"一般性描述分析"，不少定量的研究方法已经开始应用到"回应性"的测量和评估中。常用的"政府回应性"测评指标涉及效率、政府财政与预算的统一、责任、平等、中立能力、专

---

[1] ROBERT A. DAHL. Poly-archy, Participation and Opposition [M]. New Haven: Yale University Press, 1971: 1.

[2] ROBERT H. ELLIOT. Public Personnel Administration: A Value Perspective [M]. Reston Publishing Company Inc, 1985: 5-6.

[3] 乔治·弗雷德里克森. 公共行政的精神 [M]. 张成福，等译. 北京：中国人民大学出版社，2003：21.

[4] JOHN M. GAUS, LEONARD D. White, MARSHALL E. DIMOCK. Criteria and Objectives of Public Administration: the Frontiers of Public Administration [M]. Chicago: University of Chicago Press, 1936: 120-133.

家参与和专业主义①及民众对政府行为的感知或满意度，等等。随着专业人员在政府部门中地位的提高及权威的增强，有学者担心专业人员或专业主义价值的局限性会威胁到民主等公共价值，进而对政府的回应能力造成不良影响。

库珀曾提出"专业主义实践的消极影响主要来自行政人员对它所带来的'外部产出'如金钱、声望、地位、职位和权力的过分追求，这也是专业主义最应该被谴责的负面影响"②。另外，有学者担心"专业主义"价值的推崇很容易引起专业人员的"傲慢自大"与"短视"。学者科内斯·R.格林内（KennethR. Greene）认为，专业分析人员的理性化取向与真正回应人民需求的官员偏好可能在对待某一公共问题时存在分歧，这时专业主义和客观主义至上的观点为文官忽视外部意见提供了方便的、合理化的理由③。若克提出，专业技术人员由于自身专业的狭隘性，只能理解他们所掌握知识的细枝末节而没有全局概念，容易造成不能广纳公众意见或忽视公众利益等后果，即"专业近视"（professional myopia）现象④，对民主价值不利。

（二）公务员制度的效率价值

"效率回应性"（efficiency responsiveness）是指政府通过一系列行之有

---

① GRACE Hall SALTZSTEIN. Bureaucratic Responsiveness: Conceptual Issues and Current Research [J]. Journal of Public Administration Research and Theory, 1992, 2 (1): 63-88.

② COOPER, T. L. Hierarchy, Virtue, and the Practice of Public Administration [J]. Public Administration Review, 1987 (48): 322.

③ KENNETH R. GREENE. Municipal Administrators "Receptivity to Citizens and Elected Officials" Contacts [J]. Public Administration Review, 1982 (42): 4346-4353.

④ F. ROURKE. Responsiveness and Neutral Competence in American Bureaucracy [J]. Public Administration Review, 1992, 52 (6): 539-546.

第四章 治贤的价值驱动：现代公务员治理的专业主义及专业化

效的管理手段、方法或工具，从而有效利用资源，更好、更快、更优地提供专业化的公共服务，这要求政府对公共行政的效率、效益、经济等技术性目标负责。一般而言，"效率回应性"针对的是政府的"行政"职能或"管理"职能，是对"政治-行政"两分观点下"行政问题就是管理的问题"的强调。事实上，"效率回应性"和"技术回应性"属同一概念，都是强调通过"管理途径"，如优化组织结构、升级工作工具、公私合作、外包等方式，帮助政府提高效能。

效率回应性凸显的核心价值显然是"效率"（效能），它代表的是一种对投入产出的最优化。效率是公共行政的最基本价值，卢瑟·古利克（Luther Gulick）认为，虽然"效率的目标受其他价值的限制"，但是"效率还是行政管理价值尺度方面的最高原则，效率是行政管理科学建立于其上的基本机制"[1]。因此任何国家、任何公共组织或任何公共人员都不能将"效率回应性"置之不理。在公共人事行政领域，对公共人力资源进行高效的选、育、用、留、励等管理职能，其实就是对"效率"或"效率回应性"的一种追求。通过市场逻辑的核心机制即市场开放性竞争与合作来降低成本，随着价值理性被注入专业化的效率逻辑，不仅提高了效率，同时制约了专业化权力膨胀问题[2]。

（三）公务员制度的专业主义价值

"专业回应性"（professionalism responsiveness）强调利用专业人员无偏见的知识及中立能力，将科学原则及先进技术引入公共行政的过程中。它

---

[1] 彭和平，竹立家. 国外公共行政理论精选 [M]. 北京：中共中央党校出版社，1997：151-152.

[2] 吴少微，魏姝. 发达国家公务员专业化的演变及其启示 [J]. 南京大学学报（哲学·人文科学·社会科学），2018，55（06）：126-134.

的标准主要来自公共组织外部的行为、准则、规范等形成的"专业权威"。比如,美国联邦政府选用高级专业技术类文官本身就是"专业回应性"的一种表现。此外,专业回应性还要求美国联邦政府内的专业技术类文官根据自身具备的系统知识或专业经验,将客观分析和科学理性贯彻到政策制定和政策执行中。专业回应性本质上是一种客观回应性(objective responsiveness),因为它主张专业技术人员必须坚持科学的标准回应公共事务[①]。从另一方面来讲,"专业回应性"也体现了时代的要求,是为了更好适应复杂的社会需求。

从某种意义上说,要实现"专业回应性"需要坚持"专业主义"价值的指导,强调政策过程必须依赖专业人员的专业知识和专业技能,坚持通过创造适当的机制来保证专业人员"专业权威"的自主性发挥,这是产出科学公共行政决策的重要保障。具体来说,"专业主义"价值告诉我们,应对现今公共组织任务的技术化和无序化,政府需要更多的"智慧"而非"肌肉",应该更为广泛地吸引并选任专业技术人员,并保证他们在公共组织中拥有大展拳脚的机会。客观地讲,美国联邦政府中绝大多数的职位为专业技术人员所占有,但在"功绩制"原则下,他们中的大部分人被限定在政策执行的职能范围之内。因而"专业回应性"的实现,还需要在政策制定过程中引入更多专业技术人员的"专业智慧"。

二、现代公务员制度的价值冲突

正如前文所分析的,政府回应性的内涵涉及专业回应性、政治回应性

---

① GRACE Hall SALTZSTEIN. Bureaucratic Responsiveness: Conceptual Issues and Current Research [J]. Journal of Public Administration Research and Theory, 1992, 2 (1): 63-88.

和效率回应性。在公共人事行政领域,三者都是政府利用公共人力资本实现政治责任目标不可或缺的部分,但它们回应的方式、内容及隐含的价值体系却各有侧重。

专业回应性旨在依靠政府部门中的"专业智慧",科学、客观地解决与应对日益复杂多变的公共事务,它背后的价值支撑是"专业主义"。在专业主义的指引下,美国联邦政府产生了一类新型的高级专业技术类文官;政治回应性旨在运用公共人事行政的管理职能提升文官的政治性价值理念,如民主、平等、公正等;而效率回应性是以效率、效能、经济为价值来指导公共人事行政管理。

就政府作为民选的代理机构回应公众诉求的责任所在看,这三方面价值的内容融合至关重要。但是严格来说,由于三者背后的价值取向不同,在很多情况下三者的价值冲突相伴而生,呈现出复杂化的状态。因而,在进行人事制度设计时,很难同时满足它们各自的要求,也无法完全消除它们之间的价值冲突。

(一)专业主义与政治价值

"专业主义"在某种程度上与"政治价值"既具有相容性又具有相斥性,两者关系复杂交错。

一方面,"专业主义"隐晦地接近与专业道德相关的正直、诚信或专业机构所遵循的社会公平、正义等"政治性目标",因而与公共行政范式里提倡的政治价值具有某些兼容性。同时,"专业主义"理念并不限制专业人员将自身所形成的个人专业道德及内部责任感自发内化成行政伦理道德。比如,美国高级专业技术类文官具备较高的公共服务动机,他们自觉培养了对公共价值、公共利益的偏好。库珀认为专业主义实践的积极方面在于它的"内在产出",即"内部的责任感"能造福整个社会①。基于以上原因,我们可以发现"专业主义"与"政治价值"具有一定的价值相通性。

另一方面,"专业主义"所隐含的"政治价值"毕竟与正统的"公正、公平、民主"等公共价值存在差异,不可相互替代。而且"专业主义"实质上带有"去政治化"的要求,两者之间存在或多或少的排斥关系。过度的专业主义可能对"公共价值"产生消极影响,而过度的政治干预又会对专业主义产生消极影响。由于"历史根源"和"当代根源","在专业与政治之间存在一种固有的对立情绪"。"政治"在某种程度上破坏或危害真正的"专业主义"所珍视的特征和幻想,这些特征和幻想是由于摆脱了"政治"控制所实现的个人和专业上的自主和自由,以及保持业务上的自治权等②。另外,专业人员的经验习得源于过去的专业教育和专业机构经历中所戴上的"专业有色眼镜",他们可能先天缺乏对更广阔"公共事业"的感知度和公共视野。因而专业主义与政治性价值间存在冲突。

首先,专业道德或"专业机构"推崇的"政治性目标"从本质上来说远远不如政府所信奉的"公正、公平、民主"这些正统公共价值那般专注与高瞻远瞩。正如怀特和亚当斯所言,专业主义"很难组织起来就更广阔的社会和道德问题进行探讨"③。换句话说,"专业主义"下的专业技术

---

① COOPER, T. L. Hierarchy, Virtue, and the Practice of Public Administration [J]. Public Administration Review, 1987 (48): 322.

② R. J. 斯蒂尔曼. 公共行政学:案例和观点(上册)[M]. 李方,译. 北京:中国社会科学出版社,1988:339—340.

③ 杰伊·怀特,普·B·亚当斯. 公共行政研究:对理论与实践的反思 [M]. 刘亚平,高洁,等译. 北京:清华大学出版社,2005:6.

第四章 治贤的价值驱动：现代公务员治理的专业主义及专业化

人员由于自身专业的狭隘性，只能理解他们所掌握知识的细枝末节而没有全局概念。在政策制定时容易形成"专业近视"（professional myopia）现象，不能广纳公众的意见或对公众利益的考虑较少①，造成"专业主义"与"公共价值"相悖的可能后果。

其次，"专业主义"强调技术理性和客观分析，崇尚对技术进步及科学原理的信奉。事实证明，"专业主义"很容易走入"技术理性"的极端，而遗弃应有的价值理性。"专业主义"最严重的后果被怀特和亚当斯描述为"专业主义开始突出地意味着更多地依赖技术理性和科学分析思路以及专业的主见专门化和专家化，遗留下来的是技术专家、枯竭的专业道德"。"技术理性"让人们相信，"冲突和激情适合于以机械办法来解决"，这缩窄了我们对专业化的理解，严重降低了专业人士进行社会倡议和变革的能力②。从认识论的角度来看，理性被认为是一个与道德和规范关怀以及对纯粹的工具性目的进行思考的过程③。然而，因为它贬低实践探讨与创新，"以致几乎没人记得政治的、规范的、道德或美学的决策逻辑"④。从这个意义上来讲，"专业主义"由于极端技术理性而带来的负面影响，将导致"专业主义"有违于"政治价值"。

最后，"专业主义"本身带有"去政治化"的要求。因为"专业主

---

① F. ROURKE. Responsiveness and Neutral Competence in American Bureaucracy [J]. Public Administration Review, 1992, 52 (6): 539-546.

② 杰伊·怀特, 普·B·亚当斯. 公共行政研究：对理论与实践的反思 [M]. 刘亚平, 高洁, 等译. 北京：清华大学出版社, 2005: 2-6.

③ 参见杰伊·怀特, 普·B·亚当斯. 公共行政研究：对理论与实践的反思 [M]. 刘亚平, 高洁, 等译. 北京：清华大学出版社, 2005.

④ 杰伊·怀特, 普·B·亚当斯. 公共行政研究：对理论与实践的反思 [M]. 刘亚平, 高洁, 等译. 北京：清华大学出版社, 2005: 26.

义"的重要特征即重视专门知识,"那么必须赋予人员相应的自由裁量权,上级领导者不能有所干涉,这样一来必须削弱上级的指挥权威"。作为内行的专门人员和作为外行的上级之间的基本矛盾其实在韦伯的官僚制理论里并未论及①。为了保证专业人员的"专业权威",有必要去除官僚制的"金字塔式权力"模型所派生出的总统、政务官或政治任命官员的过度政治干扰和控制,而他们又被认为是至高无上的民意的直接代表。这样一来,要求限制政治性个体的过高政治权力本身就带有一种对民主价值的危险注释,意味着"我们比你们更在行,因此照我们的话去做"。

从现代社会的事实来看,专业主义极容易使技术型专家阶层转化为"技术官僚"。斯蒂尔曼在总结莫舍有关"专业人员国家理论"的基础上,认为莫舍给公共行政学界的学者提出了一些严肃的问题,其中包括"在政府专业人员和公民选举的官员中间,最适当的是一种什么样的关系?""通过什么措施才能保证专业人员支持广大公众的观点,而不是变得仅仅为了个人前途和追求狭隘的特殊利益呢?"②。

(二)专业主义与行政价值

一般来说,"行政价值"就是对"效率""效能""经济"等的回应。它是在精确计算下,对"投入-产出"比最优化的追求。这种"投入-产出"比涉及两方面内容的考察:对项目的产出或结果进行评估,以及对专业人员的行事效率进行评估。

首先值得一提的是,马霍查·内尔(Malhotra, Neil)在他的研究中,

---

① 金太军. 当代中国政府与政治论稿 [M]. 广州:广东人民出版社,2009:113.
② R.J. 斯蒂尔曼. 公共行政学:案例和观点(上册)[M]. 李方,译. 北京:中国社会科学出版社,1988:332.

第四章 治贤的价值驱动：现代公务员治理的专业主义及专业化

论证了绝大多数社会经济方面的宏观指标都与政府的专业化趋势无关①。因而，前期很多认为"专业主义"应该与"高绩效""高产出"存在积极相关性的研究将遭遇挑战。

从本质上来说，专业主义的基本假定，即运用专业技术人员的专业知识和技能，依靠计算、精确衡量以及系统的概念所得到的权威性的"专业主张"来思考和解决问题②。然而，由于专业权威培育的环境不同于行政效率环境③，专业权威和效率之间不存在绝对的因果关系。可是，毕竟它们之间还存在积极的相容性关系，因而现今公共行政日益依赖于技术专家的势头有增无减。

此外，"专业主义"并未对专业技术类人员的活动进行"效率""经济"方面的指导，因而专业技术类人员需要通过组织进行适当的监管来提高管理效率，降低管理成本。其实，"在企业里经常存在许多沟通问题以及脱离实际的问题（后者并不经常被提起，但是同样重要），对专业主义的错误理解即便不是这些问题最重要的原因，也是重要原因之一。专家只关心他们自己的领域，组织的现状与他们无关。因此，他们对自己的无知很自豪，能够不顾现实、泰然自若地工作"④。在公共组织中，这种情况也时有发生，我们提倡无论任何类型的组织都应该选任那些能融入整体组织

---

① MALHOTRA, NEIL. Government Growth and Professionalism in United States State Legislatures, Paper presented at the annual meeting of the Midwest Political Science Association [M]. Palmer Chicago: House Hilton, 2005.

② 向实，朱晓鹏，等. 马克思主义哲学的当代视域 [M]. 北京：中央编译出版社，2009：324.

③ 简·埃里克·莱恩. 公共部门：概念、模型与途径 [M]. 3版. 谭功荣，等译，北京：经济科学出版社，2004：165.

④ 弗雷德蒙德·马利克. 管理成就生活 [M]. 北京：机械工业出版社，2009：54-55. 乔治·弗雷德里克森. 公共行政的精神 [M]. 张成福，等译. 北京：中国人民大学出版社，2003：103.

战略的专家，而且组织必须主动"制造"这种高效能的专家。"如果他们仅仅是专家，那是没有用的，实际上那样的人更危险。相反，能为整体作贡献的专家才是现代社会最重要的资源"。

实际操作中，为提高政府的专业回应性和效率回应性，建设高效能的高级专业技术类公务员队伍，可以引进一些市场化的运作方式。一般来说，授权、弹性管理及工作简化等能同时应用于坚持"专业主义"与"效率"的双重价值。但是"专业主义"与"效率"的聚焦点毕竟不一致，因此，这两种价值的融合需要付出更多的努力。

(三) 政治价值与行政价值

政治与行政二者的关系变化，一直影响着公共行政的发展历程。我们必须承认，在有限的行政资源里，对政治回应的过多强调可能影响政府的效率价值，例如政党分赃制这一极端的政治回应现象；而对效率的过分强调又可能导致民主的流失，比如基于效率的公共管理可能会忽略政治代表性和宪政正当法律程序的价值，而文官所恪守的中立价值又将导致官僚自由决策与民主的冲突等。

更详细地说，政治所涉及的"公平价值"考虑的重心在于结果和分配效果，而行政所涉及的"效率"问题则被认为是过程问题。公平的考量涉及政策的再分配或以公平（也就是正义）的方式提供基本的服务和结果；公平-效率之争事实上就是比较结果和过程的价值[①]。在公共人事行政领域，政治与行政的根本分歧导致政府自然而然地划分为两大集团。韦伯很早就辨认出这其中互相分离的不同价值领域，指出当代政府中存在着两个

---

① JOHN NALBANDIAN. Tenets of Contemporary Professionalism in Local Government [J]. Public Administration Review, 1990, 50 (11/12): 654-662.

第四章　治贤的价值驱动：现代公务员治理的专业主义及专业化

相对独立的集团，它们分别位于政府连续谱线的两级，也就是所谓的政治家（政务官）集团和官僚集团。政务官和行政官僚职能各异，同时因职位等级权力的不对称，二者总是处于对立冲突的状态。

近年来，理论界和实践界更倾向于接受"政治-行政"不分的观点，比如纳尔班迪抨击了当代地方政府对正统的政治-行政两分法的应用，认为政府的管理及政治活动与民主原则具有一致性①。然而，"政治-行政"天生的特性差异并不可能在那么短时间内消减。现实是大多数政府采用更多的方法，付出更多的努力追求更容易得到的"效率"，而减少对提升"政治"方面价值的投入。然而，尽管两者存在分歧，但未来实现两者的融合还是大势所趋，是一项重要任务。有学者坚信"除非政府在人力资源管理中重视效率与公正等价值，否则人事改革不可能取得进展"②。因此要平衡二者，只能尝试在进行人力资源管理的每项职能时，同时考虑并设计两种路径，即管理的途径和政治的途径，才有可能在某种程度上缓和二者的矛盾与冲突。

三、现代公务员制度的政治-专业-行政"价值三角模型"

本书认为，在公共行政的语境里，行政责任应该包括广泛的内涵，如平等、公平、民主、效率、专业主义等。"专业主义"是以知识和技能为基础，看重的是对"专业权威"的坚持；"效率"是在精确计算下，对"投入-产出"比最小化的追求；"政治回应性"的重点是履行公共承诺，

---

① JOHN NALBANDIAN. Tenets of Contemporary Professionalism in Local Government [J]. Public Administration Review, 1990, 50 (11/12)：654-662.

② 唐纳德·克林格勒，约翰·纳尔班迪．公共部门人力资源管理：系统与战略 [M].4版．北京：中国人民大学出版社, 孙柏瑛, 等译．2001：137.

对公民和公共利益负责，它们各有侧重。专业能力是行政责任履行的关键因素，社会公正、公平、民主是民主政府根本的指导思想，而效率是民主社会对政府要求的结果或产出的基本要求。如前所述，它们也分别构成美国高级专业技术类文官专业回应性、政治回应性、效率回应性的支撑性价值。根据前文的分析，三者之间除了相容性之外，还彼此相互冲突，这三种既能共存又互相矛盾的价值构成了一个复杂的价值体系（图4-1）。

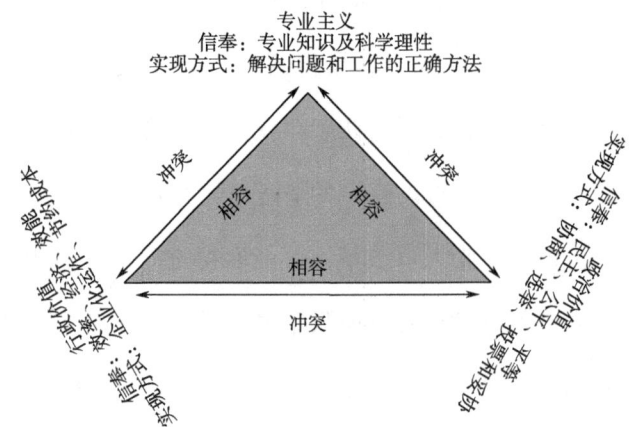

图4-1　现代公务员制度的政治、专业、行政"价值三角模型"

这三种价值交织在一起出现在同一公共问题中的例子并不少见，特别是在一些具有专业特质的、能对公众产生影响的领域。但是，从某种程度上说，在公共政策的制定过程中，价值冲突有时也能起到一些积极的作用，比如促进不同价值的支持者形成政策网络。在相关利益主体的信息意见交换及资源互补、共享机制下，促进各方利益的博弈①，进而形成更具

---

① WEIBLE, C. M, SABATIER P. A. Comparing Policy Network：Marine Protected Areas in California [J]. The Studies Journal, 2005. 33（2）：181-202.

第四章　治贤的价值驱动：现代公务员治理的专业主义及专业化

理性及更容易被接受的政府决策。另外，在"价值三角模型"里，专业与"政治"及"行政"的关系更趋于相容，而不是冲突。因而，结合美国学者塞尔夫对"政治、缓冲地带（buffer zone）、行政"三分法的论断①，"专业"能成为"行政"与"政治"间的缓冲价值，专业人员能帮助调节"政治家"与"行政官僚"的关系。因此，本书特别强调在现实情况及时代需要下，需着重秉承曾被有所忽视但确有必要的"专业主义"价值，并加强其对公务员制度改革创新的支撑作用。

第二节　现代公务员制度的专业主义价值内涵及其体现

一、专业主义价值的内涵和外延

有学者认为，现代专业主义起源于启蒙运动的乐观主义。这种乐观主义高度肯定了知识分子对社会发展的能动作用，强调"精英主义和对自我的追求"②。在公共行政领域，对"专业主义"的理解最早可追溯到学者莫舍1968年撰写的著作《民主与公共服务》（第一版）。莫舍认为，对知识、科学和理性的推崇即是坚持了"专业主义"③。罗伯特·艾略特（Robert Elliot）提出在一定职位序列内的"专业主义"暗示着当组织规则

---

① P. SELF. Administration Theories and Politics [M]. 2nd ed. Boston: George Allen & Uniwin, 1982: 151-152.
② 王书峰. 美国退役军人教育资助政策形成变迁研究 [M]. 广州：广东高等教育出版社, 2009: 171.
③ FREDWRICK C. MOSHER. Democracy and the Public Service [M]. New York: Oxford University Press, 1982: 118.

看似不确定或出现道德问题时,应该以组织内个体成员已获成就为基础,形成大家普遍认可的某一原则①,坚持专业主义即坚持统一的专业原则;卡尼和塞纳哈(Kearny & Sinaha)认为,专业主义是对一系列规范性行为期望的遵从,这些行为期望通常表现为由一个专业化的组织创造的道德章程,组织成员因他们的专门知识而享受一定程度的决策自主权,但他们也被自身肩负的职责所约束②。总之,公共行政的"专业主义"要求政府的专业人员必须经受合乎标准的正式训练,领取合格证书,坚持共同的专业标准;强调公共部门必须赋予专业人员强有力的合法身份,以保证专业人员能利用自身的特殊知识来增强决策"自主权",并通过自主要求和选择工作环境以免受政治等因素的干扰。简言之,公共部门的"专业主义"是这样一种价值,它推崇"客观分析"与"科学理性",强调包括政策制定和政策执行在内的政策过程必须坚持专业人员的"专业权威"。

对于公共部门来说,一系列社会活动催生了公共部门的"专业主义",如:大学的发展,日益增长的职业分类,能力主义及精英主义,大量增长的、流动的、无组织的中产阶级的兴起以及对进步的信仰③。以美国为例,在其社会中涌现出的大量专业人员,成为扩充美国政府文官实力的重要力量。在现代公共人事行政领域,公共事务的复杂化和多元化趋势,要求政

---

① ROBERT H. ELLIOT. Public Personnel Administration: A Value Perspective [M]. Reston Publishing Company Inc, 1985: 118.

② KEARNY, R.C, SINHA, C. Professionalism and Bureaucratic Responsiveness: Conflict or Compatibility [J]. Public Administration Review, 1988 (48): 571-579.

③ BURTON J. BLEDSTEIN. The Culture of Professionalism: The Middle Class and Development of Higher Education in America [M]. New York: Norton, 1976.

第四章　治贤的价值驱动：现代公务员治理的专业主义及专业化

府选任更多的专业技术人员并且充分发挥他们的"专业智慧"。"专业主义"的作用日益凸显，逐渐成为指导公共部门人力资源选拔、任用等活动的重要价值。

同时，我们也应意识到，随着时间、环境和机会的变化，"专业主义"的侧重点、内涵、复杂程度都将不同，这反映出它是一个"极其不固定的概念"（amorphous concept）。譬如，特里·L.库珀就认为，公共行政的新专业主义必须基于公民权利，这特别强调了"专业主义"内涵的"公共价值"取向①；并且，由于专业标准会随着行业水平和专业人员整体能力水平的提高而不断提升，对"专业主义"的认识将永无止境。

二、专业主义价值的效用辨析

有些学者对"专业人员"或"专业主义"的价值存有异议，然而综观收集到的文献，对其持积极、正面的评价还是占多数。

（一）"专业主义"与公共价值不冲突、不矛盾，能共生共存

早在1956年，考夫曼就曾评价道，"回应性与专业主义总是被当作民主官僚制设计与执行中高等级的价值"，但他强调"应坚持专业人员的政治中立能力，才能保证民选官员在进行'政治说服'（political persuasion）时，能有效地利用他们的知识与技术参与国家政策过程"。英格拉哈姆和班（Ingraham, Patricia W. & Ban, Carolyn）认为，民选官员的政治控制与专业技能/客观化不存在孰轻孰重的问题，它们都是行政过程的简单组成部分。克里斯托弗和布鲁斯（Christopher Daniel & Bruce

---

① 参见杰伊·怀特，普·B·亚当斯.公共行政研究：对理论与实践的反思[M].刘亚平，高洁，等译，北京：清华大学出版社，2005.

J. Rose）将认识教育的重要性、持续性学习、参与专业组织等作为测评专业人员专业化水平的维度，将代表性等作为测评专业人员政治敏锐度的维度。通过实证的方法，证明了专业主义与民主价值并不相悖。学者纳尔班迪利用案例的方法，讲述了作为专业人员的城市职业管理者如何与政治官员斡旋、如何帮助普通人民的故事，凸显了专业人员应该具备一定的代表性、讲求高效及为维护社会公平和公民权利的决心和勇气。

（二）专业主义价值还能提升公共价值

科尼和塞纳描述了一般专业主义对组织民主的贡献，认为专业人员激发了官僚的政治回应性。专业主义的价值主要具有四项优势：一是通过专业标准提升官员的责任感和责任心；二是作为一般官僚顽疾的解药；三是帮助科学和政治领域的合作和相互理解；四是为专业技术人员提供了内部激励的重要源泉。同时，针对有些人"认为公共行政领域专业人员凌驾于机构价值"以及"专业人员的目标与公共利益相冲突"的担忧，他们总结了这些认识上的错误。具体表现在：第一，专业人员和组织的价值未必相互冲突；第二，专业内的成员不会坚持相同的价值；第三，专业官员能代表更广泛的社会；第四，专业知识或专长不存在垄断；第五，对官员的活动有很多政治方面的审查，不存在"官僚势力的膨胀"。另外，格雷戈里（Gregory Streib）虽承认"专业主义会给民主政府带来一些威胁"，但他运用定量的方法证明，一定部门内专业人员技术的增长、教育及城市经理人的出现，能提升专业人员对公民参与的关注度及对政治领导的尊重。

第四章　治贤的价值驱动：现代公务员治理的专业主义及专业化

三、公务员制度"专业主义"价值实现的要求与路径

（一）加强职位分类体系

随复杂、多样化的分类管理制度而来的管理上的负担，将影响公共人事行政的效率原则。唐纳德·克林格勒及约翰·纳尔班迪曾表示过这样的担忧：当工作分类专家对工作类型与责任水平做出越来越精细的划分时，过于繁琐、僵化的分类制度可能限制管理者根据工作需要调动雇员的能力①。

根据标准职业分类体系（standard occupation classification，SOC），美国联邦政府将工作分为 23 个主要的组，96 个次要的组，449 个宽泛的职业和 821 个具体职业。高级专业技术类文官的工作分类也要遵循该分类法。根据专业门类，美国高级专业技术类文官的职位分属平行的 23 种职位序列（即职组），如工程学及建筑学序列、物理学序列、社会科学序列等；每种序列又分为不同的职系名称，并冠以不同的职系编号，并且文官职位候选人必须达到指定职系的基本标准与要求。

精细的分类方法能带来更加科学、有效的职位说明书，提高招录效度及任职者的工作绩效。然而对于求职者来说，他们更容易接受简单、明了的职责表述，希望能在最短的时间内寻找到与自身兴趣、条件相匹配的岗位。

（二）保证规划前瞻性

一般来说，"规划"居于人力资源管理职能的"优先"位置。在真正的招募程序开始之前，应当科学预测与空缺岗位相关的重要问题。为保证

---

① 唐纳德·克林格勒，约翰·纳尔班迪. 公共部门人力资源管理：系统与战略 [M]. 4 版. 北京：中国人民大学出版社，孙柏瑛，等译. 2001：143.

美国联邦政府高级专业技术类文官持续、稳定的回应能力，结合联邦政府的内、外要求及近期、远期目标，联邦人事管理局及联邦各机构都出台了中长期的战略性人力资源规划，如《美国人事管理局2010年战略》、《美国国防部面向21世纪人才战略》、《美国政府责任署人力资本计划：转变选任努力》及《美国情报人员五年战略计划》等。

特别是，为了保证战略性人力资源规划的长远性、可持续性，还需要秉承政治性价值，对人员老龄化、更广泛的多样性等问题的关注与所作的努力仍然不够。学者埃文·伯曼等认为，"多样化的劳动力队伍无论从道德还是从管理上来说都是必需的"[1]。在多样化的表现方面，学界对公共部门优于私营部门基本达成了一致。埃文·伯曼等还认为，"如果妇女和少数群体很明显在有资格的劳动力队伍中没有其代表，那么在同等条件下，应该给予他们优先权"[2]。本书认为，未来"专业主义"价值的秉承，必须增强规划的前瞻性，为稳定的政府回应性提供人员保障。

（三）强化授权留责

基于对高级专业技术类文官独特性的考虑，美国政府给予了他们相当大的自主权：首先从法律上保护其"去政治化"的身份；其次利用职责描述及自主确定绩效指标的方法，明晰他们活动的范围及所需的支持或条件，保证他们"专业权威"的发挥。这样做有利于其创新性及创造力的发挥，并提高政府决策的科学性和客观性，然而，危险也可能由此"潜伏"

---

[1] 埃文·伯曼，詹姆斯·鲍曼，乔纳森·韦斯特. 公共部门人力资源管理：悖论、流程和问题[M]. 祁光华，译. 北京：北京大学出版社，2008：89.

[2] 埃文·伯曼，詹姆斯·鲍曼，乔纳森·韦斯特. 公共部门人力资源管理：悖论、流程和问题[M]. 祁光华，译. 北京：北京大学出版社，2008：90.

第四章 治贤的价值驱动：现代公务员治理的专业主义及专业化

在他们的专业权威下。

有学者形容高层技术性官员最容易"滋生高傲自大情绪"，而且一般情况下"项目周期长"及"不可预测因素"等成为他们拖延怠工的借口。另外，他们的成果或产出一般来说也难以量化，必须运用适当的方法对他们的绩效结果进行管控，如有效的目标管理方法、定期的进度汇报或进度沟通、签订比较详细的工作进度承诺书及工作例外情况、紧急状况的上报方式等，从而强化他们对"效率""经济""效能"价值的理解。

从"赋权"和"管控"的关系来论述，莫舍教授的"专业人员国家"理论给公共行政学界提出了另外一个严肃的问题，即一方面要允许专业人员在各自的工作领域中自由运用各自专长，另一方面又要对他们的活动给予一般性的公共控制与监督。在此情况下，怎样才能取得适当的平衡①？其实，这也就是如何使他们的管理实现"刚性"与"柔性"兼而有之的问题。

如何解决这个问题呢？公共服务动机（public service motivation，PSM）理论是20世纪90年代兴起的一套较有创新的学说，认为总有一部分人愿意牺牲自我，服务公共事务。公共服务动机的正效应是较低的流动性，较高的工作认可度、工作满意度、士气，以及对公共利益和公民责任的持续承诺，这些能保证官员公共价值取向下的良好工作绩效。因此，公共服务动机是公务员进行"自治"的重要因素，而且在它的驱动下，还可能自发地带来高产出并保持较高的对公共利益、公共精神的追求。有学者认为，公共服务动机突破了传统行政理论对于外部激励如金钱、福利保障等的看

---

① R.J.斯蒂尔曼.公共行政学：案例和观点（上册）[M].李方，译.北京：中国社会科学出版社，1988：332.

重,凸显了内部激励方式的重要。即,对组织成员进行激励的最佳境界是让他们感到"工作的最大奖励其实就是工作本身"①。

然而,公共服务动机的水平与明晰的组织目标、授权及减少行政机构的繁文缛节正相关②,也就是说组织、机构或管理体系都会影响公共服务动机水平。因而,在设计公务员管控制度时,本着保持并增强他们公共服务动机为目的,能有效实现管理的"刚柔相济"与授权留责。

(四) 改进招聘质量

在公共部门人力资源管理领域,招募是最引人瞩目的职能,也是公认的最为薄弱的一项职能③。虽然各国政府都作出了很大努力,如简化招聘流程等,但对文官的招聘效果仍然不佳,这里存在两个主要问题:一是因为公共部门相比大型私营机构来说,缺少招聘资源与资金的支持;二是因为招聘过程过分强调知识、技术能力。技术能力是专业主义价值诉求下的基本素质要求,然而技术合格的候选人易找,但技术过硬同时积极性、忠诚度又较高的候选人难找。因而,本书认为未来有必要运用一些特别的心理测量问卷、情景模拟等手段,对公务员进行能力素质及认知、道德等方面的综合考核与评估,改进现今招聘只重技术、不重道德的方式。

基于公共服务动机对专业技术类人员的重要性,本书认为,政府在招聘

---

① KIRAN VERNA, BARRY M. MITNICK, AFLRED A. MARCUS. Can we have it both Ways? [J]. American Political Science Review, 1982, 76 (1): 75-82. 埃文·伯曼,詹姆斯·鲍曼,乔纳森·韦斯特. 公共部门人力资源管理: 悖论、流程和问题 [M]. 祁光华,译. 北京: 北京大学出版社, 2008: 395-436.

② ROMZEK, BARBARA, J. STEPHEN HENDRICKS. Organizational commitment and representative bureaucracy: Can we have it both Ways? [J]. American Political Science Review, 1982, 76 (1): 75-82.

③ 埃文·伯曼,詹姆斯·鲍曼,乔纳森·韦斯特. 公共部门人力资源管理: 悖论、流程和问题 [M]. 祁光华,译. 北京: 北京大学出版社, 2008: 73.

第四章 治贤的价值驱动：现代公务员治理的专业主义及专业化

专业技术类文官时，可以尝试对《公共服务动机量表》进行一定的技术处理后，将其运用到现实招聘。通过测量候选人的自我实现感、对决策参与度的要求、公共责任、忠诚、同情心等维度，选录那些愿意积极投身公共服务事业的人员。《公共服务动机量表》经由美国印第安纳大学詹姆士·佩里团队两易其稿，不断完善，成为现今公共行政领域广泛应用的标准量表。

（五）增强公开力度

在西方政治制度下，政府作为公民权利的代理机构，被要求公开相关政务信息。大到宏观层面如财政收入、财政预算、财政支出、联邦法令等，小到某个公共机构的运行状况、某个职位的平均工资等，都被要求公开，并接受公众的监督。诸如美国、加拿大、澳大利亚等国家，人们可通过政府在线网站、线上线下图书馆、政府档案库等收集大量的资料，包括公务员的法律规定、管理制度、公务员工资、绩效报告、人力资源规划等。

随着国际范围内公共治理的透明度等理念的深入人心，以及相应管理体系的不断完善，向外界公布公务员相关制度及制度运行结果应该是一种必然趋势。特别是对于政府自身而言，一来能加大公众对高级专业技术类公务员行为绩效、道德表现的监督；二来能激励高级专业技术类公务员对公共价值的关注，帮助化解价值冲突；三来也能向外界宣传及展示政府高端任职人员的工作状态与风貌，起到提升政府形象的作用。

第三节 中国现代公务员制度的"专业化"价值探讨

建设一支适应社会需要、紧跟时代步伐的高素质专业化干部队伍，是推动新时代中国特色社会主义事业发展与国家治理体系、治理能力现代化的重要目标和任务。随着中国各机关、各层级的干部队伍专业化创新实践日趋增多,围绕干部队伍专业知识、专业能力、专业作风、专业精神的提升,也形成了较丰富的对策建议。但是,目前的讨论仍然存在不够系统与深入等问题,导致对干部专业化的内涵认识模糊、相关实践浮于表面、流于形式、碎片化现象严重。本书认为,尽管基于专业回应性的现代公务员制度的"专业主义"价值,同中国语境下的"专业化"在内涵和实现要求等方面具有较强的相似性,但因为政治体制、法律法规、发展道路等的差异,本书重点就中国情境下的"专业化"进行研究,探讨其时代需求、内涵框架与实施路径等。

公务员专业化建设不是一个口号,一个提法,一个信手拈来的短期目标,而应该是立足长远、放眼未来的战略任务,需要将人视为第一资源和战略性要素,遵循组织战略性人力资源管理的基本原理及思路,经过深度系统的学理思辨和本土化实践洞察,形成一套蕴含认识论和行为论的内涵体系。因此,下面结合中国当下的时代背景和研究基础,重点探讨中国干部队伍专业化建设的背景形势,以及如何理解干部队伍专业化,如何构建干部队伍专业化的规范框架等问题。

一、中国公务员队伍专业化的时代呼唤

公务员队伍适应新时代、实现新目标、落实新部署的专业化水平,是新时代中国特色社会主义事业发展和推动国家治理体系和治理能力现代化的新要求①。随着国外"专业人员国家"(professional state)发展成为基本

---

① 参见傅兴国. 新时代公务员管理工作的新任务新要求 [J]. 求是, 2018 (4).

第四章 治贤的价值驱动：现代公务员治理的专业主义及专业化

趋势，中国学者也提出"专业化管理的成功与否，是国家管理科学化、国家继续发展和进步以及社会管理效率不断提高的可持续发展动力和基础"，也在积极"呼唤一个公务员专业化时代的到来"[①]。

（一）外部的信息技术推动

在信息化、智能化及科技化的时代进步浪潮中，技术变革促进了各种社会变革，促进了社会分工精细化和复杂化，也对管理特别是对政府管理产生着重大影响。在政府公共服务领域，当今经济发展、科技革新、文化提高等变化极大地影响了公共组织提供公共服务的内外条件、技术水平及管理环境[②]，因此，政府"必须小心谨慎和承担责任，这样做需要许多智慧、知识和经验"[③]，也意味着"随着政府对科学技术和专业化知识的要求越来越高，对国家管理制度及运行这一管理制度的官员提出了更高的要求，也自然会对公务员队伍的专业化能力有着更高的要求"[④]。

（二）内部的政府自我革命

为提升政府回应力，满足"人民群众日益增长的美好生活需要"，中国政府近年来发起了全面提升治理能力的改革创新。转型期间的政府，在职能任务叠加、组织机构调整、市场需求升级、主体偏好多元、行政执法重心下沉等新形势下，推进了多项旨在提升干部专业化的人事制度改革，

---

① 蓝志勇，胡威. 从莫石理论看中国公务员队伍的专业化发展与管理的趋势 [J]. 第一资源，2012（4）.

② 欧文·休斯. 公共管理导论 [M]. 北京：中国人民大学出版社，2001：20.

③ JAMES S. BOWMAN, JONATHAN P. WEST, MARCIA A. BECK. Achieving Competencies in Public Service: the Professional Edge [M]. 2nd ed. Armonk. N.Y: M.E. Sharpe, 2004: 7. 彭和平，竹立家. 国外公共行政理论精选 [M]. 北京：中共中央党校出版社，1997.

④ 蓝志勇，胡威. 谈人力资源管理工作中公务员的专业化问题 [J]. 中国行政管理，2008（6）.

以应对目前干部队伍结构不佳、能力不足、本领不硬等问题。这些人事制度改革不但颠覆了传统的事务性人事工作至上的路径依赖，将干部的科学管理赋予了现代意义，而且为全面开展干部队伍专业化建设提供了可行思路及有效经验。

例如，通过公务员职位分类管理试点，推行职务与职级并行，精细化公务员职位体系，构筑干部专业化管理的基石；在系列文件精神指引下，扎实推动形式丰富的系统化干部专业培训，在一定程度上帮助了现有干部队伍更新理念、知识和技术。以国家外汇管理局为例，其通过鼓励专业深造和求真务实的钻研精神，重视竞争性的激励机制和提供系统化的专业培训等，形成了一支年轻化、专业化、国际化的优秀干部队伍，并自2009年起开始了较大规模的面向海外招聘高端人才的战略举措[①]。

新时代下，经济社会发展的新形势、新要求倒逼政府要进一步延揽干一行、学一行、爱一行、懂一行的公共事务专门人才。然而，中国目前的干部队伍仍与新时代党和国家事业的现实发展与未来预期有不小的差距。因此，建设一支高素质、专业化的干部队伍仍然任重而道远。

（三）干部队伍专业化的政策红利

自1982年党的十二大将"四化"确立为干部队伍建设的重要方针之后，高素质的专业化干部队伍建设一直被置于重要高度。特别是党的十八大和十九大以来，更是旗帜鲜明地强调进行体制机制改革，进一步"增强干部队伍适应新时代中国特色社会主义发展要求的能力"，再一次明确了干部队伍专业化建设的重要地位及重大原则（表4-1）。

---

① 潘娜. 美国文官制度改革的专业价值剖析及启示 [J]. 国家行政学院学报, 2013 (5): 117-121.

第四章 治贤的价值驱动：现代公务员治理的专业主义及专业化

表 4-1 我国公务员队伍专业化建设的重要政策梳理（1982—2019）

政策模块	时间	来源	内容/目标
国家整体方针政策	1982	中共十二大	将实现干部队伍的革命化、年轻化、知识化、专业化正式写入党章，此后"四化"方针就成为干部队伍建设的重要方针
	1997	中共十五大报告	建设一支高素质的专业化国家行政管理干部队伍
	2002	中共十六大报告	完善干部职务和职级相结合的制度，建立干部激励和保障机制。探索和完善干部人事分类管理制度。打破选人用人中论资排辈的观念和做法，促进人才合理流动，积极营造各方面优秀人才脱颖而出的良好环境
	2007	中共十七大报告	不断深化干部人事制度改革，着力造就高素质干部队伍和人才队伍
	2012	中共十八大报告	拓宽社会优秀人才进入党政干部队伍渠道；强化"关键岗位干部培养选拔"，使各方面优秀干部充分涌现、各尽其能、才尽其用
	2017	中共十九大报告	注重培养专业能力、专业精神，增强干部队伍适应新时代中国特色社会主义发展要求的能力
综合改革方案/制度	1998	国务院机构改革方案	将完善公务员制度，建设高素质的专业化行政管理干部队伍作为改革的目标之一
	2006年1月1日起实施	《中华人民共和国公务员法》	为了规范公务员的管理，保障公务员的合法权益，加强对公务员的监督，建设高素质的公务员队伍，促进勤政廉政，提高工作效能
	2019年6月1日起实施	经修订后的《中华人民共和国公务员法》	规范公务员的管理，保障公务员的合法权益，加强对公务员的监督，促进公务员正确履职尽责，建设信念坚定、为民服务、勤政务实、敢于担当、清正廉洁的高素质专业化公务员队伍

续表

政策模块	时间	来源	内容/目标
公务员管理单项规定	2013	《2013—2017年全国干部教育培训规划》	着眼于提高干部履行岗位职责的素质和能力
	2018	《2018—2020年全国干部教育培训规划》	优化分类分级培训体系；围绕建设高素质专业化公务员队伍，以加强思想政治建设、职业道德建设和业务能力建设为重点，准确把握综合管理类、专业技术类、行政执法类等公务员类别特点和不同需求，加强机关公务员培训
	2016	《专业技术类公务员管理规定（试行）》与《行政执法类公务员管理规定（试行）》	完善公务员职位分类，建立符合专业技术类/行政执法类公务员特点的管理制度，提高管理效能和科学化水平，建设高素质专业化公务员队伍
	2016年12月起实施	试点公务员职务与职级并行制度	推行公务员职务与职级并行、职级与待遇挂钩制度，拓展公务员职级晋升通道，进一步调动广大公务员的积极性
	2017	《聘任制公务员管理规定（试行）》	健全用人机制，满足机关吸引和使用优秀人才的需求，提高公务员队伍专业化水平，规范公务员聘任工作，保障机关和聘任制公务员合法权益
专业性职能领域的规划/规定	2017	《国务院关于印发"十三五"市场监管规划的通知》	充实执法力量，加强业务培训，优化基层干部的年龄结构和知识结构，建设高素质、专业化的执法队伍
	2018	《地方党政领导干部安全生产责任制规定》	推动构建安全生产责任体系，组织开展安全生产巡查、考核等工作，推动加强高素质专业化安全监管执法队伍建设

在一些综合性改革的战略规划中，干部专业化屡屡被列为重要的改革目标，如1998年国务院机构改革。此外，公务员管理的上位法《中华人民共和国公务员法》，以及公务员管理中关于选任、培训、职务职级等各类单项规定和办法，都在传递着加强干部队伍专业化建设的强烈信号。值

得关注的，还有众多专业性较强的职能领域，如安监、市场监管等，也在其相关规定和未来战略中谋划专业干部如何履职尽责，依靠专业化实现"有为有位"。

特别是2016年底发布的《专业技术类公务员管理规定（试行）》和《行政执法类公务员管理规定（试行）》，为300万专业技术类和行政执法类公务员开辟了单独的职务序列，标志着中国公务员职位分类管理的科学化和精细化正式走上快车道，中国高素质专业化公务员队伍建设有了切实可行的制度保障。加之最新修订并颁布的《中华人民共和国公务员法》（已于2019年6月1日起正式施订），全面阐释了"加强对公务员的监督，促进公务员正确履职尽责，建设信念坚定、为民服务、勤政务实、敢于担当、清正廉洁的高素质专业化公务员队伍"的党政机关干部管理重点和基本要求。对于政府部门而言，如果专业人才"仅仅是专家，那是没有用的，实际上那样的人更危险"，"能为整体作贡献的专家才是现代社会最重要的资源"①，因此，要倡导公务员队伍专业化建设过程中的"厚爱严管"，不单要通过灵活开放的人事管理举措提升公务员的专业素能和效用，还需要强调政治回应性，保证公务员在专业领域内的自律和纯洁。

二、公务员队伍专业化的内涵阐释及理性框架

如前文所述，建设一支适应社会需要、紧跟时代步伐的高素质专业化干部队伍，是党的十九大提出的重要目标和任务。什么是公务员队伍的专业化？简单来说，公务员队伍的专业化主要是指增强干部队伍适应新时代

---

① 乔治·弗雷德里克森. 公共行政的精神[M]. 张成福，等译. 北京：中国人民大学出版社，2003：103.

中国特色社会主义发展要求的能力，解决能力不足、本领不够的问题①。2017 至 2018 年，针对公务员队伍专业化的学术论文激增，这些最新讨论提升了社会对党政机关干部专业化的关注，丰富了人们对其的认识深度以及对公务员队伍专业化建设内容和情境等的认识，为我们适时深入领会公务员队伍专业化的内涵奠定了基础。然而，已有的这些讨论，其完整性、系统性程度仍然不够，还不能很好地指导公务员队伍专业化建设的实践。公务员队伍专业化"是什么"和"怎么建"的问题，还需进一步深入拓展。

(一) 专业化与技能化、职业化的比较

1. 专业化与技能化

公务员队伍专业化强调选拔，配备既具有丰富领导经验又有专业知识的领导干部，使干部用其所学、发挥所长；强调加强专业精神的培养，通过岗位历练、业务培训提升干部专业知识水平、专业管理能力，特别是培养干部"干一行爱一行"的专业精神②；强调运用专业技术人员的专业知识和技能，依靠计算、精确衡量以及系统的概念所得到的权威性"专业主张"来思考和解决问题③。

"技能化"满足了某些专业性较强的领域或职能对干部专业知识、能力水平的操作性要求，然而，"技能化"了的干部就一定能干出专业的行政业务吗？显然，答案是不一定。专业化不只是技能化，专业化的技能要求应高于简单的技术操作能力，主要是指：党政机关干部驾驭风险的专业

---

① 王懂棋.建设适应时代发展要求的高素质专业化干部队伍 [J].中国党政干部论坛，2018 (8).
② 晋秋红.专业化不等于技能化 [N].中国组织人事报，2018-06-27.
③ 向实，朱晓鹏，等.马克思主义哲学的当代视域 [M].北京：中央编译出版社，2009：324.

第四章 治贤的价值驱动：现代公务员治理的专业主义及专业化

能力，决策的专业性；专业精神对专业能力的支撑，表现在"通过专注、敬业的态度和对工作的热爱、忘我和一钻到底的韧性；在难题面前敢于开拓，在矛盾面前敢抓敢管，在风险面前勇敢担当；不断激发自己的最大潜能"①。因此，专业化是指专业能力、专业知识、专业精神和专业作风的统一，而不仅仅是专业对口那么简单②，我们还需要加强专业性职位的梳理、人员职位的匹配、干部人才的开发等，在管理过程中让干部能持续不断地、自发自愿地增强其专业本领，以适应风险防控、行政决策等党政机关高端业务的需要。

2. 专业化与职业化

公务员队伍专业化要强调职业化建设，通过设计专门序列的阶梯式培养方式来适应职业化的需求，满足专业职能高度专业性的要求；通过塑造独立的职业精神和职业人格，保证公务员独立享有权利和承担义务；通过排除其他机关、组织及个人的影响与干扰，确保干部坚决按照法定事项照章办事的超强自立性③。

公务员职业化满足了专业领域内干部可持续晋升及专业决策自主权等问题。然而，党政机关职业序列的打造需要赢得职业主体及社会供给输出方的全面支持，毕竟机关干部的职业化边界还远远不如产业或企业内那般清晰明了。同时，干部专业化不单强调职业相关知识的专业化，还特指"领导、管理"的专业化，而"讲政治"就是"领导、管理"专业化的前

---

① 王懂棋. 建设高素质专业化干部队伍 [J]. 中国领导科学, 2018 (4).
② 刘峰. 努力成为高素质专业化的好干部 [J]. 行政管理改革, 2018 (5).
③ 谢冬敏. 职业化工商队伍建设的特点和途径 [J]. 中国工商管理研究, 2005 (2).

提要求①，这比"职业化"有更高的政治追求。此外，公务员专业化不仅包括职业所需的专业技术知识等的专业能力建设，还包含职业伦理道德及对专业的专注和敬业的专业精神建设②。因此，基于职业阶梯进步的职业能力和职业精神培养开发意义上的"职业化"，其口径偏小，远远滞后于基于回应人民需求和社会需要的专业自省和专业追求。

（二）公务员队伍专业化的内涵凝练

"公务员队伍专业化"的概念不是一个时髦语词，而是具有深刻的时代意蕴和公共特质并富有日渐丰富且清晰的内涵体系和认知基础。本书认为，公务员队伍专业化的本质是在职位分类下，依据内容完备、结构合理、功能健全、科学管用的人事管理制度体系，对党政机关技能性人力资源的优化配置。公务员队伍专业化主要指："让专业的人干专业的事"，实现专业型公务员所学与岗位需求相结合；加强公务员专业知识水平、专业管理能力和专业精神的培养，使其永葆专业进步的动力；强调运用其专业知识和技能的自主性，保证让其通过专业权威来行使专业性职能。从严格的意义上讲，公务员专业化并不只是简单地指做这件事情的人要有专业技能，更是指要把事情做"专业"。具体来讲，对公务员专业化内涵的认识和把握，须基于个体-组织视角，细分出主体、客体及主客体关系三个层次的认知和考量。

公务员队伍专业化的主体对象主要包括党政机关内的领导干部，特别是那些具有一定专业性的领导干部，即"专业的人"。辨识和关怀"专业

---

① 罗政. 建设高素质专业化干部队伍的研究[J]. 科技经济导刊, 2018(26): 27.
② 刘昕. 建设适应时代发展要求的专业化干部队伍[J]. 中国党政干部论坛, 2018(5).

第四章　治贤的价值驱动：现代公务员治理的专业主义及专业化

的人"尤为重要，需要科学地透视他们的特质及群体性特征，并有针对性地进行差异化管理，从而有别于"非专业性的人"。通常来讲，公共部门内部的专业人员拥有以下特征（图 4-2）。

第一，具有一定的专业技能。例如，政府部门的专业人员被认为是具有某一专业特长，并利用这些专业特长提供高质量公共服务的人，而拥有知识、技能和能力的专业人员是政府职位最有任职资格的候选人①。

第二，具有较强的公共服务动机。公共服务动机理论是指个人回应本能的、愿意服务于公共组织的某种冲动或倾向②。公共部门的专业技术人员循着内心的特殊动机和召唤，或是他们对某个公共项目的自我识别，激励他们认可并参与该项目③。

第三，具有较高的伦理自主性。"高度专业化并且恪尽职守的专业人员往往是全身心地奉献于其所专注的事业"④，因此，自发地履行公共职责，能内化成公共部门专业人员对公共事业的奉献精神。

第四，具有较强烈的自主权期望。参与是激励员工最有效的方法之一，是指组织成员对关乎工作、生活以及某些层级节制方面组织决策的介入⑤。所谓自主权，主要指组织内的专家及专业人员做自己事情的自由以

---

① 马克斯·韦伯. 学术与政治 [M]. 冯克利, 译. 北京：生活·读书·新知三联书店, 2005：70-72. 唐纳德·克林格勒, 约翰·纳尔班迪. 公共部门人力资源管理：系统与战略 [M]. 4 版. 北京：中国人民大学出版社, 孙柏瑛, 等译. 2001：12.

② JAMES L. PERRY, LOIS RECASCINO WISE. The motivational bases of Public Service [J]. Public Administration Review, 1990 (5/6)：367.

③ ANTHONY DOWNS. Inside Bureaucracy [M]. Boston：Little Brown, 1967.

④ 乔治·弗雷德里克森. 公共行政的精神 [M]. 张成福, 等译. 北京：中国人民大学出版社, 2003：71.

⑤ WARREN BENNIS. Organization of the Future [G]// JAY M. SHAFRITZ, ALBET C. HYDE, SANDRA J. PARKERS. Classics of Public Administration. 5th ed. Wadsworth, 2004：238-249.

及在每天的工作中发挥自己职业技能的迫切需要①。未来组织中的专业技术人员可能要求更高的组织活动参与及自主权。

图 4-2　政府专业人员的群体特征

公务员队伍专业化的客体对象主要指主体所附着的专业职位体系,即"专业的事"。职位通常是客观的,是主体行为活动并发挥效能的载体,而职位分类管理是党政机关管理"专业的人"的基础和关键。对职位体系进行科学系统地研析、梳理,是人事管理活动的前置环节,能为公务员队伍专业化建设提供坚实的基石。在目前管理资源有限的情况下,或许首先应将党政机关内具有一定专业性的职能领域作为公务员队伍专业化建设的首选领域,比如政法、经济、城市规划与建设、生态环保等。并且,针对其专业职能实施过程的特殊性及"三定"方案等的基本方针,梳理该职能组织内的职类、职种、职组等横向职位体系,以及职务、职级等纵向职位体系,同时,强化居于横纵职位坐标系中任何一个专业职位从业前、从业中及从业后所应该拥有的知识与技能准备、积累和精进的边界以及努力的方

---

① 尼古拉斯·亨利. 公共行政学 [M]. 项龙, 译. 北京:华夏出版社, 2002:116.

向等,以使职位具有更强的不可替代性和可扩展性。

公务员队伍专业化简单说来就是实现"让专业的人干专业的事",因此,公务员专业化除了认识主体——人、客体——职位之外,还包括认识主体、客体之间的各种关系,具体包括人与职位以及进行职位管理的组织之间的关系(因为组织是职位体系的主要建设者)等。和谐良好的个人-组织匹配关系是组织更好地吸引、选拔和留住高素质人才并实现专业化的重要保障。因此,公务员队伍专业化建设还需要特别注重把握个体与组织的互动协作关系。一方面,组织应该围绕职位设计科学合理的管控机制,包括职位发展、职位激励、职位薪资、职位考核等,为履职个体提升专业绩效提供强效的外在驱动力;另一方面,履职个体也应积极发挥自主性,在配合组织管理机制的同时与之实现良好的磨合,增强对公共事业的认同感、使命感和承诺度,激发知识增长和技术进步的内在驱力。

著名美国学者弗雷德里克·莫舍曾提到,"公务员群体的最显著的特征是专业化",包括:第一,有合理清晰的工作界限;第二,一般需要至少学士学位以上的高等教育水平;第三,为其成员提供终身的职业规划,即"将专业的工作能力变成一种职业,或是一种职业必须以专业知识为基础"[1],这恰巧也为我们上述对党政机关干部队伍专业化内涵的解析提供了清晰的说明。

三、公务员队伍专业化的规范框架

公务员队伍专业化内涵的凝练为我们提供了理解公务员专业化的分析思路及关键语词。本部分拟结合公共人事职能体系的建构要素,从身份的

---

[1] FREDWRICK C. MOSHER. Democracy and the Public Service [M]. New York: Oxford University Press, 1982.

职业化、职位的专门化、知识与能力的专精化及行政决策权限的专享化四个层面，为公务员队伍专业化内涵的系统化进一步拓展规范性的理论框架。

（一）身份的职业化

身份的职业化主要是指公务员在其所在的职场中应被赋予专属且特殊职业身份，即围绕其公务员及领域内专业人员的双重职业身份，单独为之设置职位职级晋升阶梯。这样既满足公务员职业精神和职业素养的进步要求，又符合其党政机关干部的身份归属，使他们能安心在这个职业晋升阶梯中发展成长。

（二）职位的专门化

主要指围绕党政机关中的专业职位发展需要，建构必要的专门化知识体系和从业标准等技术理性，这些职位的技术理性将深深植根于专门的内行知识、法治保障的社会身份、自主性及行业内对实践的专业性控制等。通过对专业标准的认同与坚持，能合理提高职位的"门槛"，增加跨职业流动的机会成本，凸显其知识能力边界及独特气质，使之与众不同。

（三）知识与能力的专精化

知识与能力的专精化主要指专业技能型公务员必须紧跟专业领域内的发展态势和前沿技术，专业能力和素养不断精进，彰显自己的专业精神和实力，"坚持对技术持续进步的信念，保持足够的技术理性"①，通过积极的专业探索贡献更多的创新绩效。

（四）行政决策权限的专享化

行政决策权限的专享化主要指"给其位，谋其职，赋其权"，对从事专业工作的干部在其专属职位上赋予支持和信任，给予其处理专业事务的

---

① W. BARRETT. The Illusion of Technique [M]. Garden City, New York: Anchor Doubleday, 1979: 229.

第四章　治贤的价值驱动：现代公务员治理的专业主义及专业化

自由裁量权，权责相符，使他们拥有相对独立的思维、技能和手段来充分展现专业水平。

总体来讲，公务员队伍专业化的基础是职位体系的建立，确立专业公务人员的专属职业身份，创建专门的职位网络，形成专精的任职资格条件；公务员队伍专业化的进阶难点在于政策制定和政策执行过程中对专业权威的强调，在于推崇政策过程的客观分析与科学理性。

四、公务员队伍专业化的实现路径

（一）身份的职业化和职业的专门化

首先，需要通过细致的职位分析，对党政机关内的各专业性职能进行梳理，厘清职位的职类、职组、职种以及职级、薪级；精心盘点职位类别和层级，构建横纵相交的职位坐标体系、岗位任职资格体系、职业晋升阶梯；全面设计组织中"专业人"向"职业人"转变的载体平台，等等。同时，编织多通道的弹性发展路径，建立底部打通、中高端级别有条件跨越及顶部专通才最优配比等动态职位交流机制，提倡职位间的交流转任，实现开放无碍而又严谨规范的职位发展进阶格局。

其次，要重视人员的招录筛选，提高专业人员进入党政机关从事专业职能的门槛，特别是对加入专业组织或通过专业资格认证须确保的"专业身份"或"专业权威"的强调[1]，对候选人专业能力和专业精神严格有效把关，做到人职匹配。因此，在选录时，应创新理念及方式，引入现代科学人才测评手

---

[1] 马克斯·韦伯. 学术与政治 [M]. 冯克利, 译. 北京：生活·读书·新知三联书店，2005：23.
JAMES S. BOWMAN, JONATHAN P. WEST, MARCIA A. BECK. Achieving Competencies in Public Service: the Professional Edge [M]. 2nd ed. Armonk. N.Y：M. E. Sharpe, 2004：36-68.

段,注重德、才两方面的考查。对于"德"的测评,引入公共伦理、公共服务动机、价值观等方面的测评技术,将测评结果作为专业干部选拔晋升的重要依据,提高人员选拔任用的精准度。对于"才"的测评,在公务员考录制度的基础之上,应针对不同职类的专业能力特点,创建差异化专业能力评估的资质审查、面试及口试等环节。例如美国联邦政府会通过专门的资格评审委员对高级专业技术类文官候选人的资历、资格证书、岗位相关经验及适用性的自我陈述等进行审查,有时还会组织专门的面试、口试等环节①。此外,教育的重要性、持续性学习、参与专业组织等可作为测评专业人员专业化水平的维度,代表性等可作为测评专业人员政治敏锐度的维度②。

(二)知识能力的专精化

当下,党和国家需要一支"队伍更庞大、来源更广泛、知识和经验积累更丰富、专业能力更强的新型干部队伍"。应对知识能力的专精化,需要提高党政机关对专业干部的培训及考核效度。

首先,通过精心的培训设计提高其可持续性的本领。"相比其他任何大量的文官改革,扩大对某些领域专业技术人员的教育是未来的重要任务,这是增强政府回应性的关键"③。"加强入职前培训"也是应对目前公共服务专业化降低的重要环节④。此外,在职学习以及全方位岗位轮换和

---

① 潘娜. 美国高级专业技术类文官与政府回应性 [D]. 北京:中国人民大学,2011.

② CHRISTOPHER DANIEL, BRUCE J. ROSE. Blending Professionalism and Political Acuity: Empirical Support for an Emerging Ideal [J]. Public Administration Review, 1991, 51 (5): 438-440.

③ FREDWRICK C. MOSHER. Democracy and the Public Service [M]. New York: Oxford University Press, 1982: 142.

④ FRANK P. SHERWOOD. Responding to the Decline in Public Service Professionalism [J]. Public Administration Review, 1997, 57 (3): 212.

第四章 治贤的价值驱动：现代公务员治理的专业主义及专业化

任职经验积累等，都是强化干部专业能力的有效手段①。

其次，通过考核激发其成长进步的动力。学者巴拉特（W. Barrett）认为，作为专业领域中的一员，公共专业人员也是"某一职业领域内或专业化进程中的主要创造者"②，有必要设计分类绩效考核机制，精细安排有弹性且符合职位专业特征的考核指标，以激发专业公务员成长的潜力。以《2007年美国内政部高级专业技术类文官绩效协议和评估》为例，一方面，该制度为美国内政部高级专业技术类文官设置了民主性政治诉求等强制性指标；另一方面，还允许他们根据自身资质情况进行相关关键行为的自我描述，确立考核目标并承诺绩效结果，保证他们对绩效指标决定的自主性③，从而让"专业公务员在加强自身能力建设平衡的同时，提高对文官体系原则的认同及对公共利益及理念的赞同"④，提高他们具有回应性的知识能力成果。

最后，鼓励"在具备一定条件的情况下，不同职系间的干部交叉任用"⑤。结合动态职位交流机制，允许"职随人走"的任职方式，鼓励专业干部合理地跨级类交流转任，通过领域内不同职位的"摸爬滚打"，磨练专通本领，快速累积人力资本价值。例如，美国1978年创立的高级文官制用"职随人走"的任职方式取代了功绩制下的"人随职走"，为高级专业技术类文官的流动提供了便利，也降低了人员流动的消极影响，并

---

① 刘昕. 建设适应时代发展要求的专业化干部队伍 [J]. 中国党政干部论坛, 2018 (5).
② W. BARRETT. The Illusion of Technique [M]. Garden City, New York: Anchor Doubleday, 1979: 229.
③ 潘娜, 朱立言. 美国文官制度改革的专业主义价值: 演进与评析 [J]. 经济与管理研究, 2013 (10): 43-48.
④ 彭和平, 竹立家. 国外公共行政理论精选 [M]. 北京: 中共中央党校出版社, 1997.
⑤ 王骏. 职位分类对干部任用制度的功能作用浅议 [J]. 理论与改革, 1988 (6): 22-25.

且，不同领域的专家能由此实现灵活组合，可以快速、高效地应对复杂的战略性任务①。

（三）行政决策权限的专享化

这需要突破传统的干部管理机制束缚，强化各级领导干部尊重专业常识和专业规律的执政观念②，打造开放、灵活的干部任用和晋升途径，并在实施过程中强化对专业权威的推崇。把优秀人才选进来之后，更要"把专业过硬的优秀干部用起来"③，特别是要能大胆赋能、授权、放权，相信专业干部基于专业组织和资格认证所要求的基本职业准则或操守④而拥有的"更大的技术路线决策权"最能带来回应社会公众需求的最优结果。美国学者罗伯特·哈弗（Robert Half）提出，"留住优秀公共财会人员的策略就是选择那些真正计划将长期以此为业的人，并充分尊重他们的需求"⑤。美国学者萨里·安德森（Sally Anderson）也通过研究发现，因为公共部门一般技术人员参与公共项目的周期较长，因而关键是要听取并满足其需要，这是公共部门留任公共医疗信息技术专业人员的重要方法⑥。

---

① 潘娜. 美国高级专业技术类文官制度探究 [J]. 中国行政管理，2013（3）：89-94.
② 刘昕. 建设适应时代发展要求的专业化干部队伍 [J]. 中国党政干部论坛，2018（5）.
③ 王懂棋. 建设适应时代发展要求的高素质专业化干部队伍 [J]. 中国党政干部论坛，2018（8）.
④ 马克斯·韦伯. 学术与政治 [M]. 冯克利，译. 北京：生活·读书·新知三联书店，2005：23.
⑤ ROBERT HALF. Keeping the Best Employee Retention in Public Accounting [J]. The CPA Journal，1982（8）：34-38.
⑥ SALLY ANDERSON. Is Everyone Out There？[J]. Behavioral Health Tomorrow（Special Report）. 1999（2）：47-48.

第五章

治贤的制度创想：中国高级专业技术类公务员管理制度建设思路及选择

第五章 治贤的制度创想：中国高级专业技术类公务员管理制度建设思路及选择

由上一章可知，中国已基本具备创建高级专业技术类公务员制度的政策基础、现实机制条件以及人力资源内在格局。加上党的十八届三中全会以来随着国家治理能力提升和治理现代化的要求而提出的"人才治理"的概念，除了理念的更新，中国已拥有了更多的外在人才支撑，选贤任能的机制也更加开放灵活，这进一步拓宽社会优秀人才进入党政机关干部队伍的渠道，使创建中国高级专业技术类公务员制度体系拥有了可靠的依据和切实的可行性。当然，现代化的高级专业技术类公务员管理成效和价值理念最终还得通过公务员制度体系来落地并实现。如何建设中国高级专业技术类公务员制度？结合世界各国和地区的经验以及对中国现实的检视，本书拟提出基于问题需求、基于胜任力和基于战略性人力资源管理这三项创建高级专业技术类公务员制度的可选思路，既解析这些思路的实现构想以及现实实践场景，又尝试将其嵌入中国公务员管理生态土壤中进行探索性应用。同时，通过深度比较分析并立足于中国现实，基于系统性、远景性和兼容性考虑，提出基于核心竞争力的战略性人力资源管理模式，将其视为中国新时代高级专业技术类公务员制度建设的理性选择。

第一节 基于问题需求导向设计高级专业技术类公务员制度

一、思路构想

"问题导向"即"有什么问题就解决什么问题"，"需求导向"即"有什么需求就回应什么需求"。在制度层面，围绕过往制度实施过程中产生的问题和催生的新需求等,通过有效的调试、改进、重构等实现制度的温和式渐变或激进式骤变。在制度层面,围绕问题进行治理,更有靶向性,更显效力。由于公务员制度的系统性及其与行政管理体系的关联性,基于问题需求导向的公务员制度一般都是采用在已有基础制度上"修补"及小幅改变的渐进模式。因此,针对目前我国高级专业技术类公务员的制度设计也主要以问题问诊为基础,深入研判问题产生的成因并进行积极回应。

二、应用于中国的思考

为了确切地认识目前中国公务员制度设计上存在的问题,本书的研究以访谈法为主要研究方法。通过对北京市政协某主任与国家市场监督管理总局所属某局局长进行访谈并梳理访谈内容,同时结合中国现行的公务员制度,挖掘其隐藏的问题并提出改革建议。

第一,新修订的公务员法还存在着一些不足,仍有许多未涵盖的问题。首先,从访谈得知,虽然目前中国公务员的职责义务、职级职别与相关管理办法等都在公务员法中有具体规定,但干部任命、提拔、人才引进等具体工作的流程规范仍缺乏法律支持,而这些恰恰是高级专业技术类公务员所关注的重点。因此,尽管具体的管理内容已经有了法律规范,但流程合法化的缺失仍可能会使高层次人才产生对进入党政机关工作的顾虑。其次,分类管理在公务员法中仍然停留在浅层表面。例如,尽管有分类管理的内容,但内容并不具体,在划分标准、职务序列、跨职位交流制度等方面也不明晰,因而实际上高级专业技术类公务员管理仍欠缺法律地位与制度保障。最后,新修订的公务员法对公务员的绩效考核与激励保障两个方面仍缺乏实质性的指导作用。正如受访者所说,"在公务员绩效考核与激励保障的实际操作中,公务员法尚未能起到有效的指导性作用,制度指标模糊是亟待解决的难题"。

第二,公务员绩效管理方式较为粗糙。目前中国公务员实施等级制的绩效考核制度,分为优秀、称职与不称职三等。虽然看似体系较为完善,但在实施过程中还存在一些问题。首先,等级划分缺乏科学量化手段。优秀、称职与不称职三个等级的划分并不是通过科学量化的指标计算而来,其划分规则具有较强的主观性,不能准确、细致地检验公务员是否高效地完成了工作任务,最终导致考核环节失去其发现问题、提高效率的作用。其次,考核指标不明晰。中国公务员绩效考核制度规定"针对公务员的考核,以公务员的职位职责和所承担的工作任务为基本依据,全面考核德、能、勤、绩、廉"这五个方面。这五个方面的确是公务员所应具备的必要条件,但如受访者所说,在实际考核中,"这些指标过于书面化与主观化,不能呈现绝大部分公务员的实际工作情况,也就不能真实地反映公务员的绩效水平。再次,公务员是人民的公仆,而在绩效考核中,群众的评议地位并不凸显。尤其是基层公务员队伍,往往直接面对广大群众,其绩效的考核也应广泛倾听群众声音,真正做到"从群众中来,到群众中去"。由访谈得知,目前群众在绩效考核中的作用分量不大,占比较低,这种缺乏"顾客导向"的绩效考核并不利于公务员队伍的长久发展。最后,考核反馈机制不到位。根据访谈而知,目前公务员的绩效考核制度往往停留在简单地数字计算,真正晋升时不全看绩效考核。这样的做法既不能真正体现出"干多干少不一样",也失去了绩效考核原本的意义。

第三,公务员的激励机制存在缺陷,有待完善。主要集中在以下方面。首先,在物质激励方面,由于公务员的物质奖励与职位职级挂钩,结构较为稳定,因而缺乏以绩效为主导的物质激励手段。其次,公务员获取的精神激励也并不充足。目前常用的调动公务员积极性的方式往往是通过上级指示精神传达、职业道德培养等大课堂、大讲堂方式,这些做法不能够有针对性地对不同的公务员个体进行真正意义上的精神激励,不能达到激发公务员积极性与责任心的目的。对于领导干部的晋升激励缺少有效的机制,"干多干好一个样"是其中一个非常突出的问题。针对这一问题,竞争上岗(竞争性选拔)是一个解决良方。我国古代的科举制度以公平、公正、高效闻名于世,而竞争上岗便是这一传统公平机制的再造。一般而言,公务员竞争上岗制度包括笔试与面试两个环节,只有笔试通过才有面试机会。正如受访者所言,"这样让晋升变得透明,减少了'买官卖官'等不和谐选任情况的发生,压缩了寻租空间,真正做到让精英脱颖而出"。

总而言之,中国现行公务员制度存在的问题呈碎片化特点。尽管这些问题较为琐碎,分散于公务员管理的各个缝隙之中,却突出、集中地呈现出了我国公务员制度在科学理性、精细效用等方面存在的制度短板。可见,基于问题需求导向改良中国公务员制度,是一种较为有实效且有针对性的思路。

第二节 基于能力设计高级专业技术类公务员制度体系

一、思路构想

不少世界发达国家都非常强调围绕高级专业技术类公务员胜任素质模

型或领导力模型来安排管理举措并设计管理制度体系,可见基于能力设计高级专业技术类公务员制度体系是一种非常重要的创建思路。这种思路体现了管理的人本思想与"向标杆看齐"的进取精神,主要指以高级公务员绩优者的能力类型和能力结构为核心指标,制定高级专业技术类公务员的选录测评方案、训练发展计划、能力提升计划、不同部门的职责模型、薪资体系等。实施这一思路的关键是运用科学实证的方法探索胜任力模型或领导力模型,并在此基础之上有针对性地进行管理。

例如,韩国高级专业技术类公务员的选拔是以胜任力模型为基础,针对问题认知能力、战略思维技巧、变革管理技巧、绩效导向、客户满意度,以及沟通和协商能力六个能力维度,采用包括媒体采访、员工培训、行动计划介绍在内的角色展示、文件筐、小组讨论等考评方式。这种基于胜任力的测评机制不同于单一的职业技能测试(指仅针对文书写作、语言技巧、常识等可度量的个人综合知识测试),它更关注的是被测试人不可度量的、潜在的对综合问题的系统的解决能力,更加适应现代社会下的复杂公共事务,以及高级专业技术类公务员的职业特点。

二、中国中高级专业技术类公务员胜任力模型的构建①

基于能力导向的高级专业技术类公务员制度设计的思路,也可对中国的高级专业技术类公务员设计体系有积极启发。因此,本研究在进行系统的文献梳理以及对中国相关研究加以反思的基础上,结合规范的胜任力理论框架,采用问卷调查等方法工具,定量分析了中国中高级专业技术类公

---

① 参见潘娜,易丽丽.我国公务员胜任力研究的误区、困境与对策[J].首都经济贸易大学学报,2014(2).

务员的胜任力模型，试图以此为依据，提出有别于一般公务员的高级专业技术类公务员管理举措。

（一）公务员胜任力结构模型的文献综述

针对上述研究目的，本书回顾了近5年来对中国公务员能力的各类研究，以整合现有研究观点。总体来说，以往的研究主要涉及三个方面。

第一，总结相关理论文献，旨在介绍最新的研究情况和学术水平。例如，马璐和杜大有简要揭示了中国政治和行政干部的内涵和定义，并分析了研究的意义；接着，强调推荐共同的研究方法，更加注重框架构建，全面介绍典型和有影响力的论文，包括研究目标，能力维度和项目等。①

第二，强调要全面介绍和总结研究方法。例如在谈到海外公务员能力的探索和利用时，马灿指出，大多数海外国家都明确地设计了高级专业技术类公务员的胜任力模型，认为只通过行为事件访谈（BEI）挖掘他们胜任力的模型是不恰当和不准确的。② 然而，薛勤仍建议将BEI作为构建选拔干部胜任力模型的合适工具。为此，她具体解释了其程序设计，并使用案例研究揭示了在BEI之后如何编码信息和编辑能力要素。更重要的是，她的案例研究有助于说明选择干部取决于不同候选人胜任力模型之间的拟合程度③。

第三，对于公务员胜任力模型的大规模实证研究，已采用了多种方法，针对不同的目标构建了不同的胜任力模型。王从漫等构建了河

---

① 马璐，杜大有．党政领导干部胜任力模型研究综述 [J]．领导科学，2013（2）：43-45．
② 马灿．公务员胜任力模型：特点及构建方法 [J]．山东行政学院学报，2011（2）：46-48．
③ 薛琴．行为事件访谈法在干部选拔中的运用：基于胜任力模型的视角 [J]．领导科学，2012（9）．

第五章 治贤的制度创想：中国高级专业技术类公务员管理制度建设思路及选择

北省政府公务员胜任力模型，包括决策创新、法律管理、自我发展等五个因素。① 孙建敏等以广东省为例，在BEI、半结构化访谈和专家小组方法的帮助下，主要采用360度问卷调查，提出了县级领导能力模型，然后又以其他方法为补充，最终构建了一个多维胜任力模型：该模型分为三个维度，即责任价值、决策能力、学习和创新能力。其他实证研究，如涉及构建云南省贫困少数民族地区农村干部、乡镇领导干部的胜任力模型，也产生了有影响力的研究成果。这些都标志着公共部门真正的人力资源管理研究的展开。②

我们在对过往研究进行总结时，发现其中存在一些混淆和误解，严重影响了研究和成果转化的基础。第一是能力和资格之间的混淆。由于对能力定义的理解不全面，有些文章直接应用职业资格问卷来调查公务员的能力。事实上，麦克利兰（McClelland）提出的能力变量不是传统的认知智能或涉及阅读、写作和计算技能等的能力，而是指能更好地预测工作的知识和沟通等技巧，以及包括耐心和适度目标设定等在内的结果。如前所述，能力与知识、技能和个人人格指标所指向的资格有很大不同。③ 第二是在研究过程中忽视了选择绩优者。纵览公务员胜任力的研究历史，很明显地，是从2003年开始尝试用定量的方法来检验这种能力。④ BEI和问卷分析通常在考虑可

---

① 王丛漫，宁文华，孟双见. 河北省直机关公务员胜任力模型的构建 [J]. 河北科技大学学报（社会科学版），2007 (3)：30-33.

② 杨林，张晓燕，冯江平. 少数民族贫困乡镇领导干部胜任力模型的构建与验证：以云南为对象的考察 [J]. 云南师范大学学报（哲学社会科学版），2010 (2)：51-57.

③ DAVID MCCLELLAND. Testing for Competence Rather than for Intelligence [J]. American Psychologist, 1973 (1)：1-14.

④ 赵耀. 对中央国家机关人事干部胜任力的实证分析 [J]. 人口与经济，2005 (6)：46-51.

行性和有效性的情况下使用。然而，许多研究忽视选择绩优者参与 BEI 并回答问卷，因为很难确定公务员的绩效指标。① 第三是缺乏对胜任力模型的验证和调整。在为不同领域、不同层次、不同类别的公务员建立不同的胜任力模型后，很少有研究人员在尝试进行经验分享之前通过验证使用能力要素来预测绩效并执行人力资源管理是否合理。但是，如果没有这样的科学验证或证明，使用胜任力模型是不合适和不合理的。此外，在规范的胜任力研究过程中，初始胜任力模型推广前，需要仔细检查和证明，不能盲目投入使用。

（二）中国公务员胜任力研究的误区与困境

1. 误区

（1）胜任力与任职资格混淆使用

因为缺乏对胜任力概念的全面理解，以往有部分研究简单套用任职资格问卷调查来完成对公务员胜任力模型的构建，将两者混为一谈，忽视了它们在指导性理念及素质构成等方面的不同。

学术界一般认为，胜任力的系统理论源自麦克利兰于 1973 年发表的《测量胜任能力而非智力》一文，该文提出用评价胜任能力来取代传统智力测量②。作者主张发掘那些能真正影响工作业绩的个人条件和行为特征，并将那些能够直接影响工作业绩的个人条件和行为特征称为胜任力（competency）。胜任力要素包括以下几个层面：知识、技能、社会角色、自我认知、特质

---

① 郑烨，王明杰，李金龙. 少数民族地区公务员胜任力模型构建研究：基于新疆维吾尔自治区的实证调研 [J]. 西南民族大学学报（人文社会科学版），2011（32）：33-37. GERALD V. BARRETT, ROBERT L. DEPINET. A Reconsideration of Testing for Competence Rather than for Intelligence [J]. American Psychologist, 1991 (10): 1012-1024.

② DAVID MCCLELLAND. Testing for Competence Rather than for Intelligence [J]. American Psychologist, 1973 (1).

和动机①。依据莱尔·斯宾塞（Lyle Spence）的"素质冰山模型"理论，"冰山"水面以上的行为、知识、技能等属于显性特征，而其他的则属于隐性特征。通常而言，胜任力应该具备以下关键特点：绩效承诺，权变，以及帮助辨识绩优者与一般者。因此，并不是所有的知识、技能、个人特征等都被认为是胜任力，只有同时满足这三个关键特点的，才能被认为是胜任力。

任职资格是以职位分析为前提而形成的对职位所需资格、条件、能力及岗位规范等的认识与描述。胜任力与任职资格的差别，首先在于胜任力是"以人为中心"，强调绩优者身上拥有的某些特质，这些特质使其与一般工作者相区别；而任职资格则体现了"以职位中心"的理念，强调某一职位任职者需要具备的知识、技术、能力（KSA）。其次，胜任力认为"冰山"水面以下的价值观/态度、自我认知、个性/品质、内驱力/社会动机等隐性要素更能带来高绩效，而任职资格仅仅关注某职位从业者的知识、技术及能力等"冰山"水面以上的基本素能。可见，运用任职资格问卷得出的胜任力模型可能仅仅包含了与高绩效不太相关的那些显能，因此，不能简单模糊胜任力与任职资格二者的界限。

（2）研究过程忽略了对绩优者的选择

对于胜任力的研究方法，我们首先得认可近十年来对于定量的规范研究的重视。有数字统计说，1999—2003年的研究集中在对领导干部素质的定性研究上，而2003—2008年的研究则针对各地不同层次公务员的胜任力开始了量化分析。在众多胜任力方法库中，行为事件访谈法与问卷分析法较为常用，也被公认为是较可行和有效的方法。首先，在研究过程中，挑选出研究

---

① 大卫 D. 迪布瓦. 胜任力：组织成功的核心源动力 [M]. 北京：北京大学出版社，2005：88.

对象中的优秀者开展行为事件访谈,运用半结构化的试题让其描述工作中亲历的三件成功或失败的事件,并详细阐述其起因、情境、人物、对任务的思考、言语和行为处理的方式、结果及影响等。通过科学编码等方式,提炼出"胜任能力库"。其次,以从胜任力方法库得出的胜任力要素为依据设计调查问卷,向调查对象进行发放和回收,对问卷所得数据进行因子分析,最终建立该研究对象的胜任力模型。在此过程中,有两个极易被忽视的重要问题:一是需要确立以何种绩效标准来挑选绩优者,进而开展行为事件访谈。访谈对象可能是获得过某项荣誉的公务员,可能是绩效考核得分高的公务员,也可能是所在部门内公认的"业务明星",等等。目前,很多研究对此要点缺少考虑或较少提及,影响了胜任能力库建设的可信度。二是问卷发放与填写的对象也应该是绩优者,这样才能充分反映绩优者的过人之处,并为胜任力要素的删除或保留提供没有争议的依据。然而,人们对这一点的疏忽更为常见,比如,已有的针对中央国家机关人事干部、重庆农村地区村干部、新疆少数民族地区公务员的胜任力研究,都存有这一问题。

(3) 缺乏对构建的胜任力模型进行验证与调整

在较为科学与规范的胜任能力库及问卷统计分析的基础之上,最终建立起不同地区、不同层次、不同类别的公务员胜任力模型。接下来,就是开启经验式的分享,判断哪些胜任力将被用以预测更高的绩效,以及如何以该模型为依据开展人才选任与培训规划等。当然,这离真正的模型构建还有距离,我们还需要对构建的模型进行校验和调整,才能最终到达研究的终点,即胜任力模型的确立。

2. 困境

以上通过梳理各类公务员胜任力研究的成果,得出三大较为明显的误区。这些误区从某种程度上说明,针对公务员胜任力这一主题本身,也存在不同寻常的困境。

(1) 第一,绩优者的选定标准多、难度大

公共部门从业人员的绩效难以提取和衡量,以及绩效指标多元化、复杂化是一大国际难题。相比西方国家,传统意义上的中国公务员绩效考核因为偏重定性描述,缺少统一、定量的绩效指标以及流程设计,科学认定和选择优秀绩效者更加困难。这恐怕是对公务员进行胜任力研究时亟待突破的首要难题。

(2) 第二,胜任力问卷的设计缺少具体情境

胜任力问卷的问题大多舶来于西方惯用的量表,如果只是对其进行直接翻译,则忽略了语境和文化差异,让答题者费解,存有语言障碍;而且有的问题因为缺少具体情境,存有理解障碍,让人回答起来感到别扭或难以选择。比如下面这个问题:"请根据实际情况评估以下能力的重要程度"。这一情境应该是指在您的实际工作中,您实际发现哪些能力更为重要,哪些能力实际运用得更为有效,以此为依据,将所列的各项能力进行重要程度排序,以此剖析绩优者们集中认可的能力群,并显示出这些能力的重要程度次序。请注意,这是一种"实然"状态下的胜任能力,而不是"应然"状态下这些能力在理想状态下所应该有的重要程度。但事实上,调查对象针对这一问题作答时,因为缺少特别说明,很容易将其理解为"应然"性程度,进而造成选择结果偏差。

(3) 第三,调查对象的回答有回避性趋同

被调查的公务员因为担心回答的问卷会被同事、上司等看到,先入为主采取"自我保护"式的回答,在面对问卷上的问题时避开自己的实际情况或实际感知,选择那些"趋好"的答案。譬如,对待各项能力的重要程度,都选择"非常重要"。因此,回收问卷的偏好程度较一致,选择趋同

化，影响了统计结果的信度和效度。

(4) 公务员胜任力模型应用有限，研究动力不足

中国公务员管理的特点使得公共部门人力资源管理必须在制度严格约束之下谨慎而规范地施行，因此，基于胜任力的公务员选育用留等相关应用不能像企业那般弹性和灵活。当前仅有的一些谈公务员胜任力应用的文章，大多是针对不同胜任力层次的公务员开展培训方案的设计；并且，很多良好的设想都仅停留在建议层面，没有将胜任力研究的价值充分发挥出来，这使得胜任力研究缺少应有的驱动力。

(三) 公务员胜任力结构模型的构建

1. 研究方法

为摆脱上述困境，本书旨在找出构建适当胜任力模型的方法。

首先，对中国公务员的能力研究进行全面的文献综述，收集综合要素或指标，以帮助设计问卷。同时，与一些高级专业技术类公务员进行面谈，以调整、修订问卷中涉及的问题。接下来，将修订后的调查问卷交给约60名研究对象进行试填（所有这些研究对象都是高级专业技术类公务员，用于测试问卷的有效性），并再次修订问卷，在删除了一些非重点问题并修正了对一些问题的描述后，问卷最终定稿。

其次，分发调查问卷。选择受访者至关重要。在本书这项研究中，作者获得了国家行政学院的许可，将问卷提交给表现优异并被选中参加在职培训的高级专业技术类公务员。之后，使用英文版SPSS19.0软件对问卷数据进行因子分析并构建初始模型。

最后，邀请一位代表性的具胜任力的高级干部，根据自我体验和自我认知来探讨胜任力模型的雏形。随后，在初始模型的基础上，进行一些微

小的调整,形成最终的胜任力模型。

2. 数据描述

本研究共向国家行政学院的高级学员发放问卷 250 份,有效回收 218 份,其中未回收的 32 份是因为一些学员谢绝参与。本研究首先对个人信息进行分析。在性别分布方面(图 5-1),男性受访者约占 78%。大多数受访者都是男性,这也与中国公务员的整体性别分布相符。在年龄分布方面(图 5-2),90%左右的人年龄超过 40 岁,尤其值得注意的是,13.3%的受访者超过 55 岁,这意味着公务员要取得高级职位必须在其职业生涯中经过相对较长时间的奋斗,并且高级公务员呈现出高龄化的趋势。在职位类别方面(图 5-3),近 77%的受访者分别为行政执法类和专业技术类,专业技术类的数量超过了行政执法类。教育背景方面(图 5-4),约 88%的受访者分别获得学士、硕士和博士学位。值得注意的是,有 18.81%的受访者获得了博士学位。在部门分布方面,77.8%的受访者来自中央国家机关,近 79%是部级或局级干部,其中党龄最短为 10 年,最长为 47 年。

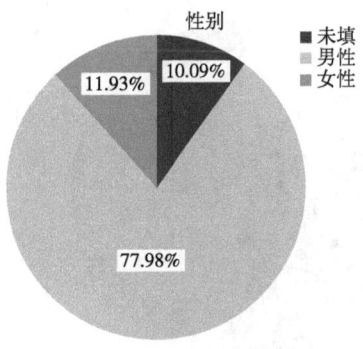

图 5-1　受访者的性别分布

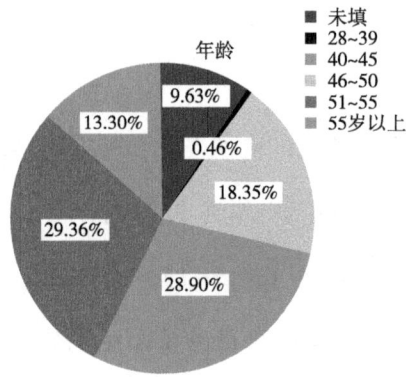

图 5-2 受访者的年龄分布

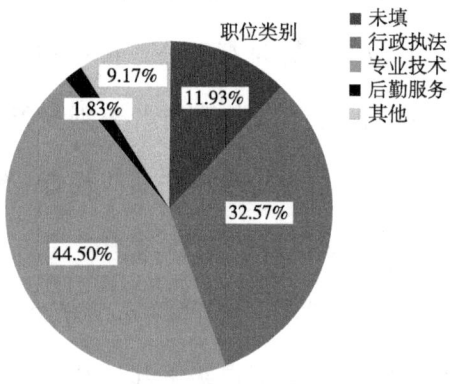

图 5-3 受访者的职位类别分布

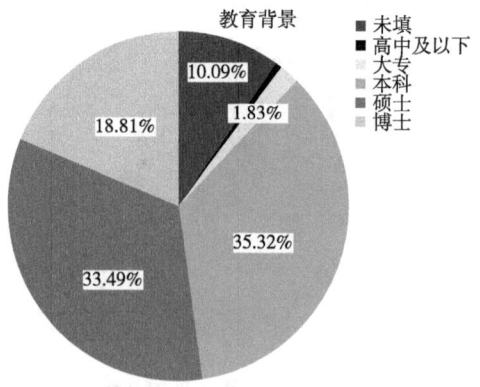

图 5-4 受访者的教育水平分布

3. 数据分析

在数据分析的基础上,本研究主要围绕价值、知识、能力、个性、工作动机5个维度,挖掘中国高级专业技术类公务员的胜任力。首先,我们从价值维度开始,对数据进行 KMO 检验与 Bartlett 球形检验。KMO 是 Kaiser-Meyer-Olkin 的缩写,意味着足够的采样数。根据 Kaiser(1974)的观点,如果 KMO 小于 0.5,则表明不能够使用因子分析;KMO 的值越接近 1,不同变量中的相似元素就越多,意味着更适合采用因子分析。表 5-1 中,KMO 检验的值为 0.795,适合进行因子分析;同时 Bartlett 球形检验的 sig 值为 0.000,说明样本数据有足够的相关性,适合进行因子分析。

表 5-1 厅局级干部胜任力因子分析的 KMO 与 Bartlett 球形检验结果

Dimensions 维度		Value 价值	Knowledge 学识	Ability 能力	Personality 个性	Job motivation 工作动机
Kaiser-Meyer-Olkin measure of sampling adequacy KMO 指数		0.795	0.834	0.831	0.794	0.766
Bartlett's test of sphericity Bartlett 球形检验	Approx. chi-square 大约卡方	524.919	468.211	504.163	466.53	660.373
	df 自由度	55	55	78	45	66
	Sig. 显著性	0.000	0.000	0.000	0.000	0.000

根据原变量的相关系数矩阵,采用主成分分析法提取因子。由表 5-2 可看出,本次因子提取的总体效果较理想。提取出的 3 个公因子特征值均超过 1,共能反映出 58.038% 的原始数据信息。

表 5-2　厅局级干部胜任力因子分析的主成分分析结果

成分	初始特征值			提取平方和载入			旋转平方和载入		
	Total	(%) of Variance	Cumulative (%)	Total	(%) of Variance	Cumulative (%)	Total	(%) of Variance	Cumulative (%)
1	3.775	34.322	34.322	3.775	34.322	34.322	2.371	21.557	21.557
2	1.59	14.453	48.775	1.59	14.453	48.775	2.159	19.624	41.181
3	1.019	9.263	58.038	1.019	9.263	58.038	1.854	16.857	58.038
4	0.93	8.458	66.496						
5	0.737	6.698	73.194						
6	0.648	5.888	79.082						
7	0.589	5.353	84.436						
8	0.53	4.819	89.255						
9	0.453	4.114	93.37						
10	0.41	3.726	97.095						
11	0.32	2.905	100						

提取方法：主成分分析

根据表 5-3 中的因子载荷矩阵，结合问卷调查项目（问卷详情请参见附录），公因子 1 在尊重事实、坚持原则、追求效率、诚实和自律这四个指标上的因子载荷系数较大，遂将这四个指标结合成的因子命名为"自我克制因素"。公因子 2 在对上级领导者的诚实、平衡各种利益和尊重公共舆论这三个指标上的因子载荷系数较大，遂将这三个指标结合成的因子命名为"社交沟通因素"。公因子 3 涉及公平、正义和社会责任，它们组成的因子可以被命名为"基本价值判断"。

表 5-3 厅局级干部胜任力因子分析的因子载荷矩阵（旋转后）

问题	主成分		
	1	2	3
1I	0.722	0.136	-0.371
1J	0.709	-0.148	-0.26
1C	0.668	-0.375	0.083
1H	0.653	0.128	-0.529
1K	0.642	0.194	-0.076
1D	0.576	0.011	0.072
1G	0.521	-0.499	0.294
1E	0.482	0.314	0.438
1F	0.535	-0.602	0.294
1B	0.436	0.589	0.305
1A	0.394	0.546	0.24

提取方法：主成分分析

a.3 提取的成分

4. 模型构建

对于其他四个胜任力维度（知识、能力、个性和工作动机）的因子分析也在相同的程序中实施。表 5-1 中的 KMO 和 Bartlett 球形检验结果显示，所有维度都适合进行因子分析。由于统计过程中出现了大量的表格，本研究得出了一份汇总陈述，用于报告分析结果。一般而言，这些项目包括特征值、因子名称、方差百分比、累计百分比、翻转后的因子负荷以及公因子方差等。如表 5-4 所示，除了价值维度之外，知识维度也由 3 个公因子组成，分别是基础知识、工作需要的知识和社会信仰知识。能力维度的公因子分为提升效率的能力、工作需要的能力和创新 3 个类别。个性维度包括基本工作素质、优秀的内在品质和善于合作 3 个公因子。最后，实际利益、工作本身、社会责任和自我偏好这4个公因子用来解释工作动机的实质性内容。

表5-4 厅局级干部胜任力因子分析结果

维度	公因子命名	特征值	因子	方差(%)	累计(%)	因子载荷矩阵与方差				独立方差
						1	2	3	4	
价值	自我克制	2.371	尊重事实	21.557	21.557	0.84				0.723
			坚持原则			0.782				0.678
			追求效率			0.662				0.592
			诚实和自律			0.525				0.456
			政治诚实			0.353				0.337
	社交沟通	2.159	对领导诚实	19.624	41.181		0.85			0.734
			平衡各种利益				0.77			0.607
			尊重公共舆论				0.673			0.594
	基本价值判断	1.854	正义	16.857	58.038			0.777		0.63
			公平					0.692		0.512
			社会责任					0.681		0.524
知识	基础知识	2.58	科学与文化知识	23.457	23.457	0.77				0.652
			历史知识			0.75				0.576
			经济知识			0.691				0.55
			管理知识			0.531				0.532
	工作需要的知识	1.937	政治知识	17.606	41.063		0.78			0.648
			形势与政策				0.644			0.492
			专业知识				0.527			0.498
			法律知识				0.506			0.561
	社会信仰知识	1.77	世界观与方法论	16.095	57.159			0.791		0.637
			马克思主义经典					0.619		0.553
			社会学					0.575		0.589

续表

维度	公因子命名	特征值	因子	方差(%)	累计(%)	因子载荷矩阵与方差				独立方差
						1	2	3	4	
能力	提高效率的能力	3.102	决策能力	23.861	23.861	0.72				0.527
			战略思维			0.706				0.523
			沟通和监管			0.689				0.563
			理解分析能力			0.607				0.375
			控制能力			0.529				0.496
			分配能力			0.49				0.427
			心理调整能力			0.48				0.434
	工作需要的能力	2.9	商业能力	22.309	46.17		0.784			0.65
			可持续学习能力				0.748			0.593
			以法律为基础的行政能力				0.701			0.599
			适应能力				0.6			0.575
			计划能力				0.514			0.531
	创新	1.126	创新力	8.622	54.832				0.909	0.835
个性	基本工作素质	2.42	主观能动性	24.197	24.197	0.782				0.706
			健康			0.723				0.696
			服务认知			0.69				0.647
			竞争性			0.652				0.56
	优秀的内在品质	2.317	诚实	23.169	47.366		0.763			0.602
			自律				0.735			0.551
			天赋				0.632			0.469
			自信				0.545			0.49
			乐观				0.411			0.464
	善于合作	1.055	善于合作	10.552	57.918			0.75		0.607

续表

维度	公因子命名	特征值	因子	方差(%)	累计(%)	因子载荷矩阵与方差				独立方差
						1	2	3	4	
工作动机	实际利益	3.055	积累社会资本	25.462	25.462	0.77				0.716
			获得上级关注			0.73				0.728
			影响力			0.701				0.552
			晋升机会			0.689				0.667
			参与决策			0.656				0.522
	工作本身	1.983	良好的工作氛围	16.523	41.985		0.784			0.705
			薪资水平高				0.648			0.706
			自我实现				0.599			0.542
	社会责任	1.571	义务	13.088	55.073			0.768		0.643
			展现出最好的可能性					0.666		0.646
			同事的责任					0.479		0.636
	自我偏好	1.286	自我偏好	10.719	65.792				0.897	0.832

事实上，表5-4较为全面地说明了中国高级专业技术类公务员的综合能力模型。但是，该框架模型不应被认为是最终模型，因为它尚未接受验证和调整。对于这一部分内容，本研究通过多项选择检查每个维度的元素，并要求受访者根据他们自我观点中的重要性排序列出3到4个要素。以第一维度为例，数据统计显示频率顺次为1H（42）、1I（37）、1J（28）、1K（78）、1D（84）。再回顾旋转分量矩阵，这五个元素被聚集在一起作为自我约束成分，有效地解释了最高的方差百分比（21.557%），显示了整个胜任力模型中最具影响力的组成部分。因此，某种意义上说，该胜任力模型还是比较合理的。此外，该胜任力最初模型也发给了其他一些高级专业技术类公务员，以询问他们的修改建议。除标签名称外，后者

对模型中的大多数内容表示认同。

总之，本书对胜任力模型的研究，为指导一系列人事管理活动提供了基本框架。例如，因为该模型可用于分析研究对象未来的发展需求，所以可被用于接下来对中国高级专业技术类公务员角色选择、战略管理的技术设计等的研究。但是，本研究还存在着一些局限性，包括参与者样本仅来自国家行政学院的学员等。今后可以寻求进一步的验证证据，以涵盖更广泛的参与者。此外，未来的研究中，还应该随着时间的推移重新评估此模型，以考虑内在因素变化和环境的影响。无论如何，这项研究构建起了中国公务员的胜任力模型，并有可能成为推进中国公务员制度建设的重要起点之一。鉴于世界上许多国家如美国、澳大利亚、荷兰等都已经建立了高级专业技术类公务员胜任力模型，本书的尝试性研究有助于提倡在国内开展相关研究，以便学习并赶上国际先进的公共部门人力资源能力模型研究。

三、应用于中国的思考

（一）树立能力本位观念

在公共部门人力资源管理中，传统的人事管理观念较为稳固，想要创新性地将胜任力模型真正运用到公务员管理的实践当中，必须要转换思维方式，树立以能力为本的公务员管理观念。通过对国外公务员胜任力模型构建的梳理，本书之研究发现，虽然各国存在差异，但其能力本位的人力资源管理观念是共通的。可见，中国要实施以胜任力模型为基础的公务员管理策略，首要的是梳理并厘清能力本位观念。在公务员管理的价值取向方面，要以能力本位主导，最大化去除"轮流坐庄""人情关系"等现象，为此，需要从人力资源规划、招聘与配置、培训与开发、绩效管理、薪酬福利、劳动关系管理等环节着手，将能力本位管理贯彻始终。本节中所构建的公务员胜任力模型，正是去除了多种非能力指标，从价值、知识、能力、个性、工作动机五个维度对公务员胜任力进行评价，目的是将能力导向贯穿于公务员管理的始终。

（二）完善公务员招考制度

公务员招聘考试主要针对党政机关的人员招聘工作，是指有任免权的机关采用公开考试和考核等方式，从应考者中选拔优秀人才录用为公务员。考任制的目的是使招考单位在短时间内迅速筛选高素质人才。但招考方式与内容的单一性，导致招考单位无法从能力方面全面考查人才，尤其是对于专业性较强岗位的专业性人才并不能完全适用，不能有针对性地筛选胜任力强的人才。因此，要提升公务员招考效率，遴选优秀人才，建立以胜任力模型为基础的招考制度是一条可行之道。即，在公务员考试笔试中，可以根据各职位不同的胜任力要求，设置不同的考核内容或题目，令考试标准与用人需求相匹配。例如，公务员考试可参考相关职业资格认证考试，统一安排多种不同专业背景与能力基础的公务员参考，提升招考质量与效率。在复试环节，各招考单位也可以根据自身招聘需求，以胜任力模型为标准，着重突出相关重点维度与素质，加强引才的针对性，同时提升人岗匹配度。

（三）完善公务员培训制度

现行的公务员培训工作一般都由人事管理部门制定培训计划，它往往缺少对公务员能力需求预测这一环节。要全面提升公务员培训效率，不能缺少对公务员胜任力的合理运用。人事管理者可以结合不同岗位的胜任力要求，进行需求预测调研，科学合理地判断目前队伍的短板，从而设计出更有针对性的培训内容。

（四）完善公务员绩效管理制度

绩效管理的导向作用不可忽视。适合组织自身的绩效管理制度能够使各项组织活动高效完成，并促进组织成员的能力发展，起到管理制度应起的指挥棒作用。在我国党政机关中，传统的绩效管理制度往往以部门工作职能为考核目标，在个人绩效方面存在着能力导向、量化考察两方面均不足的情况，时常出现"轮流坐庄""大家都好"等无意义的结果。因此，进一步完善当前的绩效管理制度是当务之急。在绩效考核的指标方面，可以依据不同职位的不同要求，将胜任力模型中的维度运用到绩效考核指标的设计上，制定明确的能岗匹配标准，使考核真正起到效率提升与问题发现的作用。与此同时，应完善绩效考核的反馈机制。绩效考核工作结束后，可以结合岗位要求，根据胜任力模型中的各个标准，将公务员的能力未达标之处进行及时反馈，这样既能够督促公务员完善自身能力，又有助于为接下来的人才培养制定适当的计划。

第三节 基于战略性人力资源管理设计高级专业技术类公务员制度体系

一、思路构想

（一）理论内涵

战略性人力资源管理（strategic human resources management，SHRM）被看作是"为了提高组织绩效水平，培育富有创新性和灵活性的组织文化,而将组织人力资源管理活动同战略目标和目的联系在一起的做法"①,它"关乎人力资源管理活动、政策和实践的执行,通过提供必要且持续的改变来支持和精进组织经营和战略目标"②。组织的经营战略能成为指导人力资源管理者设计特定人力资源管理活动(如招募和培训等)的基本框架,而这些人力资源管理活动则应当能塑造员工的能力和行为,从而反过来帮助组织实现其经营战略③。

战略性人力资源管理要求人力资源管理者参与到企业的战略规划制定过程之中,知道何种类型的员工技能、行为以及态度能够支持组织的战略计划④。公共部门同样需要将组织人力资源战略规划与制定放在整个管理过程的优先位置,将人力资源战略与组织发展战略和愿景有机地整合起来⑤,制定统一、持续、灵活和准确的行动计划⑥。

(二) 模式选择

在明晰公务员专业化的战略体系之后,还需要对人力资源战略规划模型进行选择。事实上,基于组织战略与人力资源政策及实践之间关系的战略性人力资源管理模型已不少,历经了古典观、过程观、进化观和系统观等发展源流,其中包括基于一体化或匹配理念的生命周期模型和竞争优势

---

① CATHERINE TRUSS, LYNDA GRATTON. Strategic Human Resources Management: A Conceptual Approach. Intenational [J]. Journal of Human Resources Management, 1994 (9): 663.

② JOANE. PYNES. Human Resources Management for Public and Nonprofit Organizations [M]. 2nd ed. Jossey-Bass, 2004: 23-24.

③ 加里·德斯勒. 人力资源管理 [M]. 9版. 吴雯芳,刘昕,译. 北京:中国人民大学出版社,2007:16.

④ 孙柏瑛,祁光华. 公共部门人力资源管理: [M]. 3版. 北京:中国人民大学出版社,2010:11.

⑤ 孙柏瑛,祁光华. 公共部门人力资源管理: [M]. 3版. 北京:中国人民大学出版社,2010:11.

⑥ 法约尔. 工业管理和一般管理 [G]//孙耀君. 西方管理学名著提要. 南昌:江西人民出版社,1989:72.

模型①。中国学者彭剑锋兼顾全球视野与本土思维，将人力资源战略规划划分为三种模式：基于供需平衡的经典模式、基于现状和理想状态的趋近模式，以及基于核心竞争力的模式②。

第一，基于供需平衡的经典模式（图5-5）。该经典模式的核心是人才供需平衡，依据组织人才供给和需求情况进行精准计量，分析组织的人才规划需求，进而达到组织人才供需平衡的状态。根据供需平衡，考量组织在人才盈余时应采取何种策略，在缺乏人才时应该采取何种策略。按照该模式的思想，组织的人力资源规划目标应聚焦于怎样精准计算组织的人才供给数量和需求数量，以及如何在人力资源规划的过程中实现人才供需平衡。这种模式适用于组织运营领域中的单一或小规模情况，或者当组织需要对某类特定人才资源规划进行精确指导时。

第二，基于现状和理想状态的趋近模式（图5-6）。该模式实际上是一种战略状态，一种对标理念。在该模式的概念界定下，人力资源战略规划是一个模糊区间，无法进行精确计量。这种模式的核心是组织的愿景与战略，将组织人力资源的现实状态与组织人力资源最优的理想状态相对比，找出差距，从而制订、执行相关行动策略和计划，缩小理想与现实之间的差距。该模型适用于多元化的大型企业集团或国家和地区的人力资源规划，它响应组织战略规划，通过人力资源管理规划和战略性人力资源实践来支撑组织战略目标的实现，使人力资源管理真正成为组

---

① 朱莉·比尔德韦尔，蒂姆·克莱顿. 人力资源管理：当代视角 [M].6版.李文静，等编译. 北京：电子工业出版社，2015：36-37.

② 彭剑锋. 战略人力资源管理理论、实践与前沿 [M]. 北京：中国人民大学出版社，2014.

织的一种战略资源。趋近模式的人力资源战略规划包含了图 5-6 所示的几个步骤。

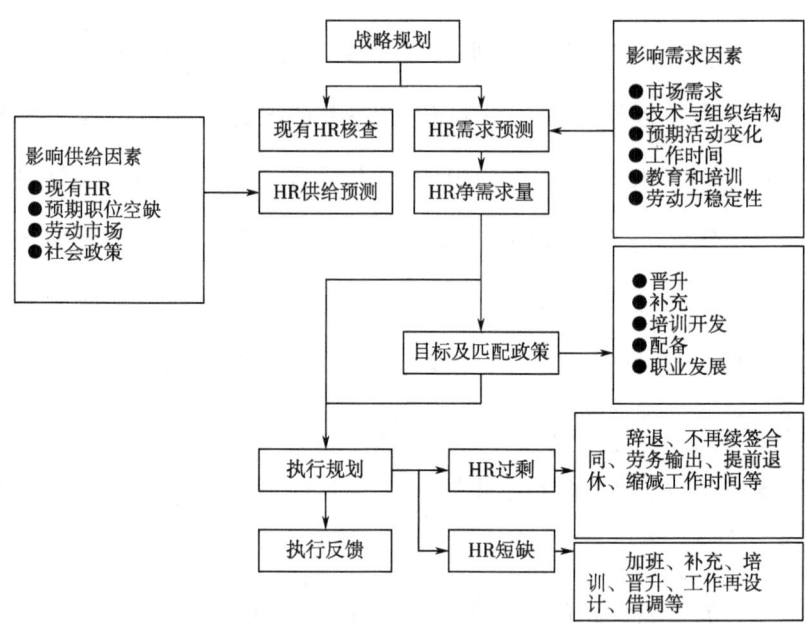

图 5-5　人力资源规划的经典模式

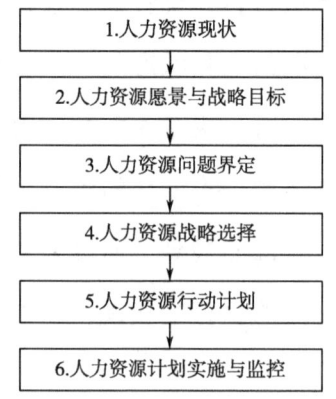

图 5-6　基于现状和理想状态趋近的人力资源规划模式

第三，基于企业核心竞争力的人力资源规划模式（图 5-7）。该模式的基本逻辑是：通过识别、保有、提升组织的核心人力资源，进而获取、保持和提升组织的核心能力，从而实现和提升组织战略。该模式的思想是，人力资源规划是一种满足组织战略需要的人才队伍建设过程，同时也是组织核心能力和人力资源核心能力一体化的能力匹配过程，因此，应通过建立核心人才队伍来支持组织的整体战略目标，即主要围绕核心能力来考虑。这种模式适用于快速发展的组织，许多创新型组织只需要关注核心人才，通过抓住几个关键人才来支持其发展，同时，以核心人才带动整体人才队伍发展，建立组织的能力，强调核心能力与核心人才的融合，实现组织的核心能力与员工核心能力和核心技能的有效配置。顺应企业打造核心竞争力的需求，努力使人才队伍建设适应企业战略，是这一人力资源战略规划模式的特点。

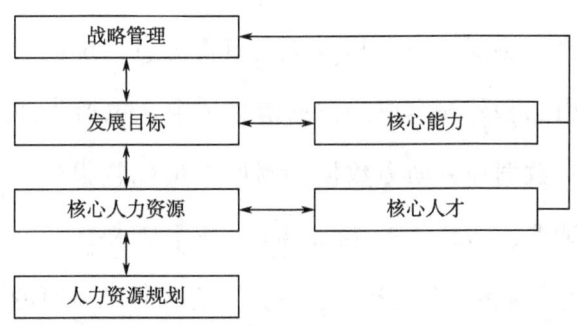

图 5-7 基于核心竞争力的人力资源规划模式

（三）代表性实践：美国 FDA 高级文官招录管理

美国食品药品监督管理局（英文全称为 U. S. Food and Drug Administration，简称 FDA）成立于 1906 年，是直属于美国健康及人类服务部（Department

of Health and Human Service，HHS）的联邦政府机构，旨在通过加快技术创新和流通监管等手段，确保美国的药品和食品更有效、更安全、更优惠，帮助人们获得食品药物更准确、更科学的信息，以促进和改善公众健康。其组织战略目标如下。

1. FDA 的战略体系分解：使命、愿景和目标

FDA 非常重视该机构的人力资源战略。在其官网的显著位置，可见其人力资源办公室这样谈及其使命：致力于成为 FDA 的重要业务合作伙伴，并努力通过提供促进合作的服务以及多样化、公平、开放式沟通、个人当责、相互信任和尊重的工作环境，来支持 FDA 这一世界级机构实现其目标和应对挑战。其愿景是为 FDA 提供有力的人力资源服务。通过对使命、愿景等的分析，其主要职责目标分解为以下方面。

第一，系统和数据管理。负责所有人力资源技术系统内部信息技术（IT）支持、服务台和文件室的运作等。与参与 IT 开发的其他 FDA 的相关办公室保持密切协调，并为 FDA 人力资源信息系统提供技术支持；协调并提供来自内部和外部客户的数据信息请求，包括各种人力资源报告的协调人口统计数据和劳动力数据，例如人员配置报告、《自由信息法案》（FOIA）请求、即席分析（Ad Hoc）数据请求等。

第二，劳动力关系。作为代表公认的工会和寻求认可的工会的机构管理层官方联络人，提供监督机构的管理、员工以及劳动关系项目和方案等。包括监督组织运动和寻求承认的工会选举的各个方面；参与 HHS 与公认的工会谈判合同；代表机构与裁决机构对不公平的劳工行为、调解、僵局和仲裁程序等进行沟通；向 FDA 管理人员和员工提供有关劳动管理关系全部活动的建议和协助。

第三,客户服务。为所有 FDA 中心和办事处提供全方位的人力资源服务,包括:招聘、竞争(委托审查)、人员配置、绩效、晋升、职位分类和管理,对接所有员工之薪酬、福利和退休方案等;负责实施和解释服务范围内的与人力资源问题和交易有关的所有事项的法律和监管要求。

第四,执行资源。领导、指导、协调和为整个机构的执行资源、科学计划或服务提供政策指导。作为机构的专家,负责解释与执行资源和科学计划有关的所有事项的法律和监管要求,包括招聘/人员配置和薪酬补偿;制定 FDA 的指导原则和其他内部指导,以确保符合整体 HHS 政策,雇佣当局并支付管理薪酬。

第五,问责制计划。负责监督、评估和报告与 FDA 人力资源管理相关的法律、规则和法规、退伍军人的偏好、绩效系统原则和违禁人员实践的有效性、效率和遵守情况等。制定并实施全范围问责制计划,其中包括所有主要人力资源计划的审计和计划审查,如人员配备、委派审查、薪酬、分类、绩效和激励计划、劳资关系、培训等;提供建议和培训,加强合规和问责计划。

第六,政策和计划制定。制定和协调实施机构活动的人力资源政策和程序,包括就业、招聘、分类、薪酬和福利、员工和劳动管理关系、培训、职业发展、工作生活质量问题和执行资源等;为人力资源专业人员、FDA 主管、经理和员工等定期更新有关人力资源政策和计划,并且提供培训和简报;通过对其他人力资源计划进行基准测试和环境扫描,开发和协调实施有助于 FDA 满足组织和计划需求的新的人力资源/人力资本计划;启动并推荐示范和/或试点项目;处理 HHS 和美国联邦政府人事管理总署

(OPM)关于人员差异、退伍军人转交请求、直接聘用权限以及政策、规则或法规例外请求等所有申请。

2. 基于战略体系的FDA高级文官招聘制度设计

结合其战略使命、愿景和具体任务目标,FDA设计出了一整套高级文官招聘战略对策。特别是结合FDA特点,重点针对目标职位岗位的职责、任职条件进行了科学分析,并匹配了精细化的岗位说明书,具体化了岗位职责、任职条件等应用于招聘制度的设计以及招聘广告的发布,帮助FDA招揽"强劲的人力资源"。本研究团队登录美国联邦政府文官招聘网站(usajob.gov)搜集到了一年内(截至2019年1月)的57个FDA高级文官的招聘广告。这里以ES00职级"东部人类和动物食品业务办公室主任"为例。该职位的工作职责、具体任职要求和综合性任职条件见表5-5。值得注意的是,对于具体任职资格条件和综合性任职条件(executive core qualifications,ECQ),FDA经过了严密的测试和论证,以确保人员招聘计划的有效性与前瞻性,并能服务于FDA人事管理部门的管理战略以及FDA组织的核心使命战略。

表5-5 2018年美国FDA代表性高级文官岗位说明书

工作职责	具体任职要求	综合性任职资格条件
1. 监督和管理计划活动	1. 美国公民	1. 管理能力方面的经验:先进的分析技巧,出色的书面和口头沟通技巧,良好的判断力以及与政府和非政府官员互动的经验证明
2. 为人类和动物食品业务(HAF)运营提供咨询	2. 道德规范/财务披露声明	2. 在联邦服务中获得GS-15级别或以上

续表

工作职责	具体任职要求	综合性任职资格条件
3. 保持对领导层的兴趣和目标的知识和意识	3. 安全背景调查	3. 取得重大成就以及成功的专业表现
4. 提供有关行业惯例、拟议立法以及与 HAF 产品相关的法规和指南的运作实施等权威咨询	4. DHS 电子验证	4. 高级行政服务要求——逐步晋升的领导经验
5. 监督现场检查和合规操作	5. 名下有个人直接存款	5. 高级知识和经验
6. 以 350 万美元为限管理整体预算权限	6. 新入选的高级行政文官（SES）职位的人员要获得美国人事署（OPM）批准的 ECQ，否则需要一年的试用期	6. 高级管理经验
7. 提供领导和指导		7. 获得与该职位相关的表现或贡献的荣誉、奖励或其他表彰
8. 推进监管计划，解决新生复杂政策问题		8. 高级学位
		执行核心资格——您的简历必须表明您拥有以下 ECQ：基本能力、领先变革、领导人、结果驱动、建立联盟

二、应用于中国的实操初探：以国家市场监督管理总局高级干部为例

基于战略设计的公务员管理制度体系的一般逻辑是，在呼应组织战略目标的基础上，设定公务员队伍建设的战略体系，包括愿景、使命及

目标，并层层纵向分解到具体的公务员选育用留等管理职能，甚至包括部门的关键能力和关键人员类型。

在我国新一轮党政机关机构改革的背景之下，为增强政府回应市场监管的能力，国家市场监督管理总局进行了重组，旨在进一步提升政府履行市场监管职能的整体性、综合性和专业性。市场监管形势本身的复杂性叠加上组织变革转型期的不确定性，对中国市场监管干部队伍的能力素质提出了更高、更新的要求。如何让市场监管队伍更快地提升专业水准，更具前瞻性地修炼"专业内功"，增强市场监管队伍适应新时代中国特色市场监管发展要求的能力，将是中国政府在市场监管领域"有为有位"的重要战略命题。因此，本书以国家市场监督管理总局为例，探讨如何构建中国市场监管干部队伍的战略化管理体系和制度体系。

（一）从国家市场监督管理总局的组织战略到人力资源管理战略

国家市场监督管理总局的总体战略目标是建立统一开放、竞争有序的现代市场体系，发展目标是推动实施质量强国战略，营造诚实守信、公平竞争的市场环境，进一步推进市场监管综合执法、加强产品质量安全监管，让人民群众买得放心、用得放心、吃得放心（表5-6）。结合市场监管的时代形势和队伍现状，市场监管干部队伍专业化管理战略体系的愿景可定位于"打造一支世界一流、专业过硬、人民满意的市场监管干部队伍"，使命聚焦于"通过加强协作，打造公平、开放、友好、尽责的工作环境等人力资源服务，全力支持国家市场监管总局的战略目标和应对现实挑战"，核心目标在于"通过优化各类人力资源管理职能活动，进一步吸引、保留并利用高素质的市场监管综合执法干部队伍，大幅度提升监管能力"。

表 5-6 市场监管干部队伍专业化的组织与人事战略对照体系

类别		内容	类别		内容
组织战略体系：国家市场监督管理总局	战略方向	建立统一开放、竞争有序的现代市场体系	人事战略体系：专业化市场监督干部队伍建设的战略体系	愿景	打造一支世界一流、专业过硬、人民满意的市场监管干部队伍
				使命	通过加强协作，打造公平、开放、友好、尽责的工作环境等人力服务，全力支持国家市场监管总局的战略目标和挑战应对
	发展目标	推动实施质量强国战略，营造诚实守信、公平竞争的市场环境，进一步推进市场监管综合执法、加强产品质量安全监管，让人民群众买得放心、用得放心、吃得放心		核心目标	通过优化各类人力资源管理职能活动，进一步吸引、保留并利用高素质市场监管综合执法干部队伍，大幅度提升综合执法、安全监督、计量、检验检测、知识产权等方面的监管能力
	核心职能/能力	市场监管综合管理、组织市场监管综合执法、维护市场秩序、产品质量安全、计量、检验检测、知识产权认证等		关键人才	市场监管综合执法人才、产品质量安全监督（特种设备、食品、药品等）专业人才、计量人才、检验检测专业人才、知识产权认证人才等

注：本表内容参照《关于国务院机构改革方案的说明》（2018年3月）和《国家市场监督管理总局三定方案》（2018年8月）而成

在明晰市场监管干部队伍建设的战略体系之后，还需要对人力资源战略规划模型进行选择。如前所述，在彭剑锋教授总结的人力资源战略规划模式之中，基于供需平衡的经典模式适用于运行单一及规模较小或

需求较为精确的组织，基于现状和理想状态的趋近模式多用于业务多元化的大企业或企业集团，以及涉及国家和地区的宏观组织，而基于核心竞争力的模式适用于变革型、创新型、专业化的组织，可以通过核心人才带动整体人才队伍发展，进而提升组织的整体能力，实现组织能力需求与员工核心能力、技能的高效配置。中国市场监管部门代表国家依法行使市场经济活动的检查和维护市场秩序的权力，必须掌握专精的法律知识和业务能力，才能避免沦为身不由己、样样要管但样样管不精的"百搭"部门。因此，中国市场监管干部队伍需要由具有深厚专业素养、精熟专业知识和丰富工作经验的人员组成。基于对市场监管部门所处的时代环境和职能的专业性等的综合考虑，通过选择基于核心竞争力这一模式，聚焦市场监管部门需要的核心专业能力，锁定核心市场监管专业人才类型，将是可行之举。

（二）市场监管干部队伍职位体系的打造

以基于核心竞争力的战略模式作为战略思路构建市场监管高级专业技术类公务员管理制度体系，需要结合战略管理的思路、模式，以科学精准的分类管理为原则，在打造市场监管干部队伍职位体系的基础上，进一步构建市场监管高级专业技术类公务员的职业发展阶梯、任职资格体系和职位交流机制，进行有边界的分级分类管理。

因此，推进市场监管高级专业技术类公务员管理制度建设的前提和基础，是基于分类管理思想打造专业化的市场监管职位体系。结合公务员法对公务员进行分类管理的基本原则，以及《专业技术类公务员管理规定（试行）》和《行政执法类公务员管理规定（试行）》等最新规定，进行市场监管领域的职位分析，特别是针对核心的关键能力锁定关键人才，厘清职位的职类、职组、职种和职级，精心盘点职位类别和层级，这是构建基础性的市场监管职位体系的关键性动作。

具体来讲，要围绕该机构组织战略定位、使命和核心目标，梳理出市场监管的核心职能和能力，包括市场监管中的综合管理、综合执法、维护市场秩序、产品质量安全、计量检验检测、知识产权认证等核心能力；同时，为了匹配这些核心能力，要"有远见地"预测面向未来的市场监管干部队伍关键人才，如综合执法人才、产品质量安全监督（特种设备、食品、药品等）人才、计量人才、检验检测专业人才、知识产权认证人才等（表5-6）。

目前，中国修订的公务员法也特别强调公务员的职位分类管理，因为该机构中这些关键人才基本隶属于专业性较强的行政执法类职位，所以可以将大部分行政执法类公务员根据其职能差异分为综合执法、特种设备质量监管、食品监管、药品监管、计量、检验检测、知识产权认证七大类和十一级职务层级，以实现市场监管干部队伍职位的进一步分类分级。在此基础上，可结合更加严谨科学的职位分析，为这套分类分级职位体系中的代表性职位设计精细化的岗位职责和任职资格条件等，进而丰富市场监管干部队伍职业分类管理的职能要素，最终构建专业化的市场监管职位体系。

(三) 构建市场监管高级专业技术类公务员管理制度体系

首先，构建横纵相交的高级专业技术类公务员职位坐标体系。根据对美国FDA发布于在美国联邦政府招聘官网 https://www.usajobs.gov（2014—2018年）的招聘职位统计，发现美国FDA高级文官的平均职级是13级，其中高级专业文官的整体平均职级最高，最低职级为GS-11（表5-7）。

在每个不同的职位分类框架下，分别设有更加专业精细的职类岗位，将专业化管理推行得更加细致入微。此外，对各个职类高级文官教育水平的要求较高，作为研究类型的科学岗位文官的教育水平要求最高——硕士或同等学力及以上。而且，美国对于文官的工作经验极其看重，并且将其纳入政府招聘文官的整体要求之中，FDA 也不例外，如高级文官的任职资格要求有一年以上低一等的相关工作经验。同时，FDA 对高级专业类文官的要求相对更加严格，并且个别特殊岗位如医生需持职业许可证，其具体任职资格条件见表5-8。

表 5-7　美国 FDA 近五年 GS/GM 的平均职级

年份	职级
2014	13
2015	13
2016	13
2017	13
2018	13

注：以上数据不包括预计的81个补偿计划、2个合作研究与开发协议、2个信息自由法案、44个艾滋病药品总统紧急法案和17个埃博拉病毒计划下的全职工程师

表 5-8　美国 FDA 三大高级文官任职资格条件汇总表

	SES（高级行政文官）	SL（高级专业文官）	ST（高级科技文官）
职级	平均 ES 00	GS-11 以上	GS-9 以上
职类	人事管理、预算/财务管理、变更管理、流程管理	生物学家、化学家、流行病学家、护士、药剂师、药理学家、医生、社会或行为科学家、统计学家、兽医、工程师	行政干事、管理分析师、信息技术专家、预算分析师、项目分析师、合同专员、技术作家/编辑、人力资源专员、培训专员等
教育水平	高级学位/知识	硕士或同等学力及以上	不同岗位，职位学历水平不同

续表

	SES（高级行政文官）	SL（高级专业文官）	ST（高级科技文官）
工作经验	逐级晋升的领导经验，以及与官员互动的经验	至少一年相当于 GS-9 的工作经验	至少一年相当于上一职级的工作经验
专业表现	重大成就以及成功的专业表现	进行过高度创造性或杰出研究，其中个别种类要求"许可证"，比如医生。	重大成就以及成功的专业表现

注：依据美国人事署（OPM）政策规则，联邦公务员级别（文官）分为三档：普通目录（GS），高级行政目录（SES）/行政级别（SL），行政目录（ES）。GS 最高级别是 GS15。GM 是高级管理层

资料来源：美国 FDA 官网

同时，根据加拿大、英国、韩国、日本等国家的高级专业技术类公务员的职位体系来看，高级文官职位一般占据职级金字塔的中顶端。作为参照，中国市场监管干部队伍的高级专业技术类公务员也应该与据比较高的位级，让具有较高专业才能的人拥有相当的能位和能级相等的公职机会，承担专业化要求更高的公共职能职责。这样明确了横向的核心职位类别和纵向的职位级别定位，市场监管高级专业技术类公务员职位坐标体系就基本搭建起来了。由此，才能针对这些关键的市场监管高级专业技术类公务员类级，设计出相关联的选育用留等有边界的管理制度，即针对不同类别的高级专业技术类公务员，在职位分类的基础上进行分类管理，如甄选录用等；根据高级专业技术类公务员的类级差异，设计出分类的选拔机制。

其次，编织多通道的高级专业技术类公务员发展通道。具体来说，可以借鉴医院的全科大夫、专科大夫和会诊专家等职类设置，建立底部打通、中高端级别有条件跨越及顶部专通才最优配比的动态弹性职位交流机制，提倡职位间的交流转任，实现开放无碍而又严谨规范的职位发展格

局。中国民营企业的代表华为公司的管理要诀中已有积极成功的实践。例如，其系统的"管理-专业"双通道五职级的职位管理体系（图5-8）：管理通道自上而下依次分为领导者、管理者和监督者，占据五至三级；专业通道自上而下分为资深专家、专家和骨干，占据五至三级；通道间的转任需要通过基于相应资格条件的选拔，而在相对底部的1至2级，兼跨管理通道和专业通道，可以自由转任。

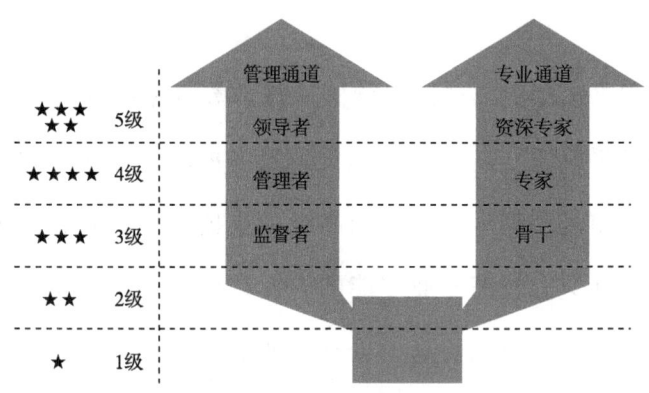

图5-8 华为"管理-专业"双通道五职级的职位管理体系

市场监管干部队伍（这里主要指行政执法类干部）的职业体系也可以根据表5-6分析归纳的关键职位类型，围绕职位分析结果和实际需要，借鉴华为等企业的做法，设计跨职类的多通道发展路径（图6-9）。图6-9中，斜向的两条实线箭头与一条虚线箭头代表基于战略性人力资源管理而分析归纳出的几类关键人才职类，并且每个职类分为五级专业职级，代表专业能力水平。具体而言，行政执法类自下而上的第11~8级的职位归总为专业职级一级（11~10级）和二级（9~8级），允许专业职级一级和二级的基础性职位底部打通，实现任意交流转任；设定将第7级至第1级的中高级职位分成专业职级三级（7~5级）、专业职级四级（4~3级）以及专业职级五级（2~1级），可以跨职类交流转任，但转任后的职级仅保留到新职类职级的第二级，并从第二级开始重新进行能级评定。

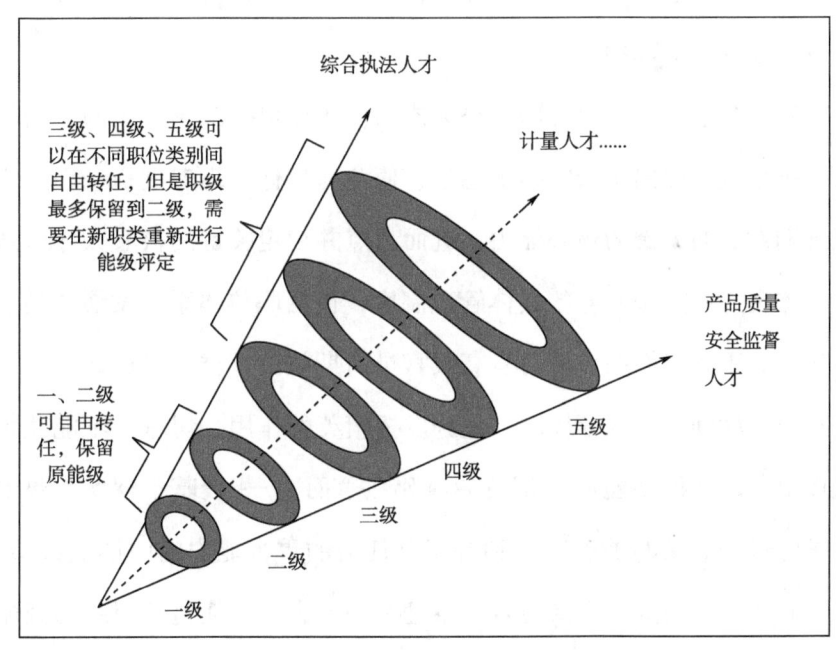

图 5-9 市场监管干部队伍的多通道职业发展体系

第四节 中国场景下的制度建设思路选择：基于核心竞争力的战略模式

总体而言，战略性人力资源管理思路为中国基于职位分类思想的管理队伍建设提供了具有想象力的愿景、使命和目标，也锁定了具有战略作用的关键人才类型，进而能结合这些关键类型人才的特点进行妥善、有效、系统的管理。因此，对专业性较强的党政职能部门而言，选择基于核心竞争力的模式，将有利于聚焦党政机关需要的核心专业能力，锁定核心专业人才类型，进而回应党政机关的愿景、使命和目标。相比其他两种创建思路，基于核心竞争力的模式更具远景性、系统性和包容性，更适合复杂形势下中国公务员治理的需要。

首先，基于核心竞争力的战略模式的创建逻辑起源于组织的战略管理及其分析。基于面向未来的组织愿景、使命和目标的纵向剖析，锁定影响组织远期发展的关键的核心能力，进而盘点并锁定关键的核心人才，从而设计出体现人才类型差异的具体管理制度，包括职位体系、发展通道、交流转任等。正如我们在访谈时有高级官员所期望的那样，要放眼长远，改革好选任、激励、开发等机制，充分发挥精英的作用，切忌"不能让精英脱颖而出，却把很多能成为精英的淹死在里面"。相较基于现实、眼前问题需求的近期效果的被动回应和基于胜任力的重视能力的中期效果追寻，基于核心竞争力的战略模式更具远景性和想象力，更能追随组织的战略发展需要，更适合与相应的高级文官类型关联的管理制度体系相匹配。

其次，基于核心竞争力的战略模式的创建思路更具系统性。核心竞争力的战略模式不但包括核心能力的析出，还包括战略思维的统筹管控，既能服务于对未来党政机关所需人才及能力的期望，也能通过自上而下的战略分解，增强将现在和未来相联系的可能性。因此，它能超越基于问题需求思路的小修小补和碎片式治理，能在增强组织和个体适配性、整合多方资源力量等方面拥有系统性和整体性的优势。

最后，基于核心竞争力的战略模式的创建思路更具兼容性。这一创建思路，因为其深深植根于组织内部设定的战略体系，且需要适应战略所具备的自上而下以及从组织到部门、从能力到人才的纵贯一致性，避免了人力资源管理战略或人事管理制度体系和组织的战略"两张皮"的状况，更能帮助紧密衔接组织和个体的关系，平衡组织和个体的需要，并能兼顾战略要素的优化配置。

第六章

治贤的行动路线:中国高级专业技术类公务员制度建设及实现路径

中国公务员制度正式建立以来，相关法律已规定了实施职位分类管理的基本原则，并在一系列国家战略规划下强调了建设高素质专业化公务员队伍的宏伟目标。本书经第二章由古及今的历史比较研究，第三章的现实基础梳理，第四章的价值驱动剖析，以及第五章的创建模式选择等，明确阐释了创建中国高级专业技术类公务员制度的重要性和可行性，表明了对创建中国高级专业技术类公务员制度体系的信心，并确立了创建中国高级专业技术类公务员制度体系的思路框架。本章将进一步分析中国创建高级专业技术类公务员制度面临的现实挑战，拟在本土语境的"专业化"价值驱动下，结合"基于核心竞争力"的战略性人力资源管理思路，在遵循既存制度政策的前提下，首先着力于对中国公务员职位体系进行分析，尝试借鉴他国及地区的经验，厘清中国高级专业技术类公务员的职类和职级，然后从战略时期和战略要素两个向度，全面构想中国高级专业技术类公务员的制度框架，最后基于现代公务员价值体系，全面构建涵盖党政机关内部高级人才规划、获取、开发以及纪律与惩戒等人事职能的中国高级专业技术类公务员制度体系，并谋划具体的战略实施"地图"及实施路径。

第一节　创建中国高级专业技术类公务员制度面临的现实挑战

从目前的情况来看，中国公务员专业化管理及职位类别划分存在标准不明等制度短板，以及用人政策设计的保守和封闭等机制局限，还有社会育人供给与国家用才需求的不匹配等问题，这不仅对我国应对新时期复杂化、多元化的公共事务的能力构成严重挑战，而且影响着国家决策的科学理性，制约着我国治理水平和治理能力的提升。

一、相关制度体系的完善"任重而道远"

总体而言，中国创建高级专业技术类公务员制度需要遵照《中华人民共和国公务员法》（以下简称《公务员法》）、《专业技术类公务员管理规定（试行）》与《行政执法类公务员管理规定（试行）》（以下简称《管理规定》）等最新法律及制度。然而《公务员法》是一个框架法、上位法，提供的一些规范性条文较为抽象；《管理规定》的相关内容也较为宏观，如何具体实施与操作，还须进一步细化，形成完整的配套制度。比如"聘任制公务员实行协议工资制，具体办法由中央公务员主管部门规定"等模糊表述导致各方对法律制度的解读莫衷一是，非常不利于现代公务员管理改革的创新尝试。就目前相关配套政策的推进而言，主要存在以下三方面问题。

（一）配套制度的推进滞后

对《公务员法》及《管理规定》等最新法律法规政策的深度解读和有效政策配套非常紧迫，是与时俱进推进新时代中国公务员管理改革的重要制度保障，但其推进却异常缓慢。主要表现为以下三个方面。

一是现行的分类管理体系中还有若干正处于立法或修订阶段的法规。中国现行《公务员法》还存在着条文细化不够等问题，并且各地试点效果反馈后的调适使得有关法律法规出台速度还将减缓，对中国各部门、层级的公务员管理而言，这堪称"望眼欲穿"。

二是有关法律规定的内容不完善。严格来讲，制度的内容要体现科学性、完备性、公平性和可操作性,但是已有制度的内容仅具有普适性,缺乏体现层类差异的区别性,因此,基于职位分类的高级专业技术类公务员管理制度的创建存在一些难以逾越的制度障碍。

三是在法律制度的执行上,部分地方先行试点摸索,更多地方则"原地踏步"。例如,我们在调研中获知,上海市"行政执法类的招募、培训已经分类推进,但职位管理、薪酬管理、待遇、公务员之间的平衡有序交流等方面还需要制度支撑","成都市在公安领域进行的分类改革,重点推进的仅是精细化的职业化训练",等等。因此,存在着地区推行不平衡且实施不到位等各种问题。公务员职位分类执行的不全面、不到位等,会导致公务员队伍的专业化、职业化受阻,影响专业能力较强的领导干部的晋升发展。

(二) 制度绩效须进一步评估

一批行之有效的公共人事行政工具或手段,比如聘用制、绩效管理、职位分类等,一直为我国所推崇,并大力应用于现今公共人事的实践,但部分制度的推行还须加以更为广泛的论证,才能进行大规模的推广应用。

以深圳市职位分类管理改革为例。深圳于2008年被国家批准为公务员分类管理改革唯一试点城市。2010年2月3日,深圳市人力资源和社会保障局举行新闻发布会,公布了公务员分类管理改革的详细方案。根据该方案,深圳市把公务员原来大一统的管理模式分成综合管理类、行政执法类、专业技术类三个类别。同时,深圳市人保局明确了三大职类公务员的异同,即在身份、政治待遇、法律地位、基本权利义务上完全一致,但在具体管理制度上有所区别。其中专业技术类公务员在具体管理制度上的做法如下:一是明确工作职责,专业技术类主要履行专业技术职责,为机关实施公共管理提供专业技术支持和技术保障；二是规定职务序列和升降机制，专业技术类不设统一职务序列，根据专业特点和行业惯例采取一事一议的方法确定，每个专业领域可自成序列，各层级职务的任职条件与专业技术资格挂钩，晋升职务时须取得相应的专业技术资格；三是规定工资制度，专业技术类公务员实行薪级工资制度，结构简单，工资根据考核情况逐年调整，稳步晋升。不过，深圳市的职位分类改革的制度及其效果并未得到广泛认可。

再比如公务员聘任制。广西、上海浦东新区、深圳等地已开展聘任制公务员试点工作，面向全国公开招聘聘任制公务员并取得了阶段性成果。截至2015年12月31日，深圳市在聘的聘任制公务员已超过6 000人，占全市公务员总数的13.10%；经过多年的探索，已建立较为完整的聘任制公务员管理制度体系。我们在成都市的调研座谈中也得到如下反馈："成都市8万公安、7万辅警，比例差不多1∶1。"诚如欧文·休斯曾经谈到的，"越来越多的国家放弃了'终身制'，签订短期或临时合同的公职人员日益增长，公务员的终身受雇观念已被打破，合同雇佣、临时雇佣成为重要的用人方式，临时工化已经成为现代公共部门人事制度的普遍特征①。虽然聘任制对加强公务员队伍的"新陈代谢"及增强党政机关活力大有裨益，但也存在不足。比如，其所带来的人员流动，既不利于党政机关形成稳定的回应能力，也容易导致公务员责任心的涣散，不利于公务员公共精神的培养。并且，各国高级专业技术类文官的管理实践启示我们，对待高级专门人才应重视"终身制"，保证他们的

---

① 欧文·休斯. 公共管理导论 [M]. 北京：中国人民大学出版社, 2001：210-212.

稳定性。对于中国来说，聘任制可作为人事制度改革的一种有效机制，但关键是如何划分体制内外公务员的比例，即如何设置聘任制公务员的规模，这是公务员制度改革的一个难题，需要花更多的时间加以科学论证与理性分析。对于正处在职位分类试点阶段的深圳来说，有关人员也表示，平衡常任制的综合管理类公务员与聘任制的专业技术类公务员和行政执法人员的关系，是未来的一大挑战。

（三）通用制度须改进

在公务员分类管理背景下，专业技术类公务员具有明显不同于综合管理类公务员的特征。如何明确界定专业技术类公务员的职位、任职要求、职责范围，如何确定选拔方式、任用方式，如何实施特色化、区别化的培养方式，如何设计有别于一般公务员的监督和考核体系，是一项非常紧迫的任务。

通用制度的改进在中国各地区都有不同的尝试，但整体的尝试多为自下而上的改革，并且主要是对基层公务员通用制度进行。比如职务职级并行的创新尝试，对于厅局级以上公务员的管理往往疏于革新，呈现出固步自封、不被重视的特点。截至目前，虽然《管理规定》颠覆了以往专业技术类公务员和行政执法类公务员晋升通道的单一性，并开创了独特的职位职级体系和晋升发展通道，但除此之外的其他管理内容却未凸显出同综合执法类公务员的差异，即管理职能方面还是欠缺针对性，各项管理内容仍然较为单一、笼统，精细化程度较低。

再比如，《国家公务员通用能力标准框架（试行）》为指导我国依据能力进行公务员进行管理提供了科学依据，但是依据其九大通用能力并不能辨识、测评出干部人才的特征差异，特别是它未考虑不同

组织、部门、职类、职级等对公务员的能力结构和能力水平要求的异同,故不能采取有力、有效的管理方式,影响了党政机关中专业人才的智识发挥和组织的公共目标的实现,造成了个人与组织的"双绩效损失"。因此,未来应该着力研究和建立一套能反映专业特点、职类边界、职级差异的公务员胜任素质体系模型,加强对党政机关内已有人才和紧缺人才的认识和测评、考查。

二、高级专业技术类公务员制度需要与人才发展战略的衔接

古语有云,"致天下之治者在人才",进入新时代,中国的公共治理在面对重大机遇的同时,也将面临更为复杂的形势,为此,需要更多的高级专业技术类公务员,以应对新形势下激增的复杂专业性公共事务。作为党政机关中的高端人才,高级专业技术类公务员的执政水平关系到党和政府实现政治目标及回应社会需求的能力,因而,创建中国高级专业技术类公务员制度具有突出意义。然而,高级专业技术类公务员单靠党政机关自身"孵化"无法充分提供。从对中国部级党政领导干部的履历分析可以发现,公务员的升迁选拔,除了从机关晋升上来之外,越来越多的高级专业技术类公务员是从企事业单位或教育系统转任过来的。因此,创建中国高级专业技术类公务员制度需要立足长远,在坚持"更加积极、更加开放、更加有效"的人才政策之下,对接中国的整体人才发展战略,以识才的慧眼、爱才的诚意、用才的胆识、容才的雅量、聚才的良方,把党内和党外、国内和国外各方面优秀人才集聚到党和人民的伟大事业中来,让各类人才愿意在各类党政事务上"创造活力竞相迸发、聪明才智充分涌流"。

第六章 治贤的行动路线：中国高级专业技术类公务员制度建设及实现路径

《中华人民共和国国民经济和社会发展第十三个五年规划纲要》提出，要贯彻落实"把人才作为支撑发展的第一资源，加快推进人才发展体制和政策创新，构建有国际竞争力的人才制度优势，提高人才质量，优化人才结构，加快建设人才强国。"一方面，创建高级专业技术类公务员制度应依托"人才强国"的总体战略，在"党管人才"的基本方针之下，利用现阶段高层次专业技术人才辈出的契机，做好宣传和吸引人才的工作，创造有利于人才脱颖而出的招聘机制，延揽一批"德才兼备"的专门人才，充实中国高级专业技术类公务员队伍。另一方面，高级专业技术类公务员是中国"人才战略""人才工程"的一部分，应落实相关优惠政策，提升他们的工作积极性及创造力，提高他们对党、对国家、对人民的忠诚度，并在综合考虑他们特点的基础上创造一套发挥其专业才能的有效机制，让党政机关内的专业人才也能"人人渴望成才、人人努力成才、人人皆可成才、人人尽展其才"。

《国家中长期人才发展规划纲要（2010—2020）》指出，中国人才发展的总体目标是"培养和造就规模宏大、结构优化、布局合理、素质优良的人才队伍"。该纲要同时针对中国六大人才队伍之一的党政干部队伍提出了如下重要目标，"按照加强党的执政能力建设和先进性建设的要求，以提高领导水平和执政能力为核心，以中高级领导干部为重点，造就一批善于治国理政的领导人才，建设一支政治坚定、勇于创新、勤政廉洁、求真务实、奋发有为、善于推动科学发展的高素质党政人才队伍"，并重点提出了"拓宽选人用人渠道，提高干部工作科学化水平，促进优秀人才脱颖而出"等主要举措。可以预见，未来中国高级专业技术类公务员将继续赢得更多瞩目，创新高级专业技术类公务

员选育用留等人事职能将拥有更多制度运行空间。换言之，中国高级专业技术类公务员的管理制度可以放心大胆地对接中国人才政策红利和中国人才发展战略蓝图，促进中国高端人才向党政机关有效流动，并增强高端人才的留任意愿和工作士气，进而提升党政机关的行政水平和治理能力。

三、党政机关专业人才的供需尚不平衡

正所谓"成天下之才者在教化，教化之所本者在学校"，教育、培训机构的发展能提高社会对专业人才的孵化能力，从而充实高级专业技术类公务员的储备库，但是对于中国而言，社会培育、孵化、供给的专业化人才并不能完全满足党政机关"求贤若渴"的需求，这集中体现在部分公务员的"本领恐慌"，新增专业性较强的公务员招录岗位无人问津，以及新录用的公务员上手慢、上手难等现象。

世界发达国家都非常重视教育在公务员培养中的重要作用。以美国为例，其重人才的教育、培养、开发的传统为美国政府各类人才的供应提供了可靠保证，促进了美国联邦政府文官队伍专业化程度的提升。又如韩国，它针对公务员开展的现代培训模式，主要通过教育培训机构的市场化、民营化来实现多样化课程的输送，甚至利用国际化外包的形式，成建制地派送在任高级文官出国培训，以提升高端人才的履职能力。

通过借鉴国际先进经验，中国的公务员教育、培训事业一方面应加大对现职人员专业技能培训，以提升他们的专业回应性，同时针对高级专业技术类公务员进行政治、法律方面的培训，以增强他们的政治回应

性;另一方面要利用好国内的教育、培训及专业资格认证等资源,保障社会对高级专业技术类人才的输出,提高从中筛选高级专业技术类公务员的可能性。正如莫舍所言,"相比其他任何大量的文官改革,扩大对某些领域专业技术人员的教育是未来的重要任务,这是增强政府回应性的关键。"①

第二节 基于职位坐标系的中国高级专业技术类公务员的身份确定

一、中国公务员现行职位体系

党的十九大报告指出,要"建立激励机制","建设高素质专业化干部队伍",这无疑对干部人事制度改革提出了新的要求。基于职位分类管理的职位体系的优化设计与建设高素质专业化干部队伍的要求相契合,为公务员职业发展开辟了新的晋升通道,有利于发挥职级的正向激励作用。因此,继续推进公务员职务与级别制度改革,丰富完善公务员队伍的职位体系,对于贯彻党的十九大精神,提升中国干部队伍的治理能力具有重要的意义。

根据人力资源管理的职位分析原理,职位体系应包含横向的职位类别和纵向的职位级别。在中国公共部门人力资源管理的规范性体系中,职位类别主要根据公务员职位的性质、特点和管理需要而进行划分。目前,中

---

① FREDWRICK C. MOSHER. Democracy and the Public Service [M]. New York: Oxford University Press, 1982: 142.

国公务员职位类别划分为综合管理类、专业技术类和行政执法类三大类别，而职位级别主要依据职位责任大小、工作难易程度、任职资格条件差别等区分出从低到高的职务层次，形成机关公务员职位的层级结构，展示公务员职业发展的阶梯。这种横纵相交的职位类别和职位级别，构建了相对稳定的职位管理框架和明确的职位管理坐标，每个职位或职务都可以在其坐标中找到自己的专属位置。

2019年6月1日起实施的新修订的公务员法将第三章"职务与级别"修订为"职务、职级与级别"，确立了职务与职级并行制度，并根据公务员职位类别和职责设置了公务员领导职务、职级序列。例如，将综合管理类的非领导职务修订为综合管理类公务员职级序列，并将原有的巡视员、副巡视员、调研员、副调研员、主任科员、副主任科员、科员、办事员调整为一级巡视员、二级巡视员、一级调研员、二级调研员、三级调研员、四级调研员、一级主任科员、二级主任科员、三级主任科员、四级主任科员、一级科员、二级科员。

表6-1为新修订公务员法的职务、职级序列，从中可以发现，综合管理类公务员的职级序列分为四等十二级，尚未与级别对应；行政执法类公务员与专业技术类公务员则已按2016年颁发的《专业技术类公务员管理规定（试行）》和《行政执法类公务员管理规定（试行）》，设有单独的职务序列且与级别相对应。

第六章 治贤的行动路线：中国高级专业技术类公务员制度建设及实现路径

表6-1 中国现行公务员职位体系

级别	领导职务层次	行政执法类职务层次	专业技术类职务层次 —— 正高级专业技术任职资格	专业技术类职务层次 —— 副高级以上专业技术任职资格	专业技术类职务层次 —— 中级以上专业技术任职资格	综合管理类职级层次：四等十二级
1	国家级正职					
2	国家级副职					
3						
4	省部级正职					
5	省部级副职					
6						
7	厅局级正职					
8						
9	厅局级副职		一级总监			
10			二级总监			
11	县处级正职	督办		一级高级主管		
12		一级高级主办		二级高级主管		一级巡视员
13	县处级副职	二级高级主办		三级高级主管		二级巡视员
14		三级高级主办		四级高级主管		一级调研员
15	乡科级正职	四级高级主办			一级主管	二级调研员
16		一级主办			二级主管	三级调研员
17	乡科级副职	二级主办			三级主管	四级调研员
18		三级主办			四级主管	一级主任科员
19		四级主办				二级主任科员
20		一级行政执法员				三级主任科员
21		二级行政执法员				四级主任科员
22					专业技术员	
23						
24						一级科员
25						
26						二级科员
27						

二、内外兼容的公务员职位序列设计的技术路线

(一) 公务员职位体系的科学化：师法于企业

任何一个国家的公务员职位体系设计都异常复杂、艰难，比如中国公务员共划分为综合管理类、行政执法类与专业技术类三种职类，但其在职类划分基础之上进一步细化的职种划分，却并未如企业那样明确。职位体系设计的最终成果应该形成涵盖职类、职种、职层和职级等多个要素。在进行职位体系的规范性设计之时，企业较为科学严谨的职位体系建设经验值得借鉴。

一般来说，企业人力资源管理实践中，在管理职位序列时需要进行职类（cluster）、职种（function）的划分。在企业中，从横向来看，职类可分为管理类职位、技术类职位、职能类职位以及营销类职位；每一职类中又分为不同职种，譬如管理类设经营管理、管理执行等（表6-2）。从纵向来看，职类由低到高分为1至16级，并被划分为基础层、骨干层、中坚层与核心层四大职层。从表6-3中能够清晰看出职层与职级相对应的关联关系，譬如管理类分为经营管理与管理执行两大职种，而经营管理主要是核心层成员，管理执行则为中坚层成员①。

表6-2 某企业职类职种划分表（部分）

职类	定义	职种	定义	典型职位
管理类	对单位的利益、发展或绩效承担直接责任	经营管理	对单位的利益和发展承担直接责任	总经理、副总经理……
		管理执行	对单位的绩效承担直接责任	人力资源经理、车间主任……

---

① 彭剑锋．战略人力资源管理理论、实践与前沿［M］．北京：中国人民大学出版社，2014．

续表

职类	定义	职种	定义	典型职位
职能类	……	战略	对战略决策的支持承担直接责任	战略研究员、助理研究员……
		财务	对资金安全有效运营承担直接责任	会计、出纳……
		人力资源	对人力资源的高效使用承担直接责任	招聘专员、薪酬专员……
		信息	对信息系统的优化和运行承担直接责任	硬件工程师、程序员……
		计划统计	对经营计划的安排与落实承担直接责任	经营计划员、经营统计分析员……
		采购	对生产材料的成本、质量和及时性供应承担直接责任	原材料采购员、辅助材料采购员……
技术类	……	研发	对产品与技术的行业领先性承担直接责任	项目研发工程师、产品设计工程师
		工艺	对生产工艺的有效运行和改进承担直接责任	加工工艺员、设备工艺员……
		质检	对产品质量的鉴定承担直接责任	原材料质检员、半成品质检员……
营销类	……	销售	对销售额与市场占有率承担直接责任	片区经理、业务员……
		市场	对市场和产品与服务品牌的认同度承担直接责任	品牌主管、营销策划主管……
		客户服务	对客户和售后产品与服务的认可度承担直接责任	客户服务专员、现场服务工程师……
作业类	……	操作	对产品的数量、质量、效率、成本等承担直接责任	装配工、电焊工……
		维修	对生产设备的正常运转承担直接责任	电工、钳工……
		辅助	对生产各环节的服务质量和效率承担直接责任	搬运工、保洁工……

表 6-3 某企业职位体系表

职类	管理类		技术类			职能类						营销类			作业类		
职种	经营管理	管理执行	研发	工艺	质检	战略	财务	人力资源	信息	计划统计	采购	销售	市场	客户服务	操作	维修	辅助
职层 职级																	
核心层 16	3																
核心层 15	2																
核心层 14	1																
中坚层 13		4	5			5						5					
中坚层 12		3															
中坚层 11		2		5			5	5	5	5	5		5				
中坚层 10		1	4		5	4							4		5	5	
骨干层 9				4			4	4	4	4	4			4			
骨干层 8			3		4	3							3		4	4	
骨干层 7				3			3	3	3	3	3			3			
骨干层 6			2		3	2							2		3	3	
基础层 5				2			2	2	2	2	2			2	2	2	
基础层 4			1		2	1							1				4
基础层 3				1			1	1	1	1	1			1	1	1	3
基础层 2					1												2
基础层 1																	1

资料来源：彭剑锋. 战略人力资源管理理论、实践与前沿［M］. 北京：中国人民大学出版社，2014

可见，企业职位管理的横向、纵向划分较为科学、精细且相互关联，形成了较为系统的职位坐标系。反观我国现行的公务员职位体系，还较为粗放且存在很多瑕疵。比如，职位类别的三大类划分较为宏观、单一，且职务与职级并行改革能为公务员提供的晋升发展空间仍然有限。特别是，工作分析中的缺陷仍很明显，缺乏对公务员职位承载的职责、任职资格条件、能力素质要求等的深度描述，导致对职位的描述不清晰，职类间"跨界"交流困难,同时也易引发由于"公务员职位"吸引力下降的人才"出走"和市场高端人才"无意加盟"的尴尬局面。

基于工作分析的职位分类是人力资源管理的起点,因此,有必要突破现有中国公务员职位体系的窠臼,增强公务员职位体系设计的科学性和规范性。具体来说,根据现行公务员法第二十条之规定,"各机关依照确定的职能、规格、编制限额、职数以及结构比例,设置本机关公务员的具体职位,并确定各职位的工作职责和任职资格条件",可见,针对一些专业技术类职位,各机关可以结合实际需要进行调整优化。在这种职位管理的授权机制下,可以采用四大识别系统,即身份识别、职务识别、职位识别和资格识别[1],对高级专业技术类公务员进行身份确定。

(二)公务员职位体系的兼容性:与社会职业体系的衔接、融合

现行公务员法明确指出,"公务员是干部队伍的重要组成部分,是社会主义事业的中坚力量,是人民的公仆"。作为社会职位体系的一部分,公务员职位还应该保持一定的职位开放度、衔接度与扩展度,方能有助于吸纳社会的优质人才。

英国国家职业资格体系(national vocational qualifications, NVQs)是英国现行最为权威的职业资格体系,是与工作相关,以能力为基础(competence-based)的资格体系,它定义了做好一份工作的必要技术和知识,同时能证明应聘者是否能胜任。其内容主要包括国家职业资格标准体系、职业资格考评体系、任职资格认证管理体系、质量监督管理体系,涵盖了英国社会的1 000多种职业认证。根据技能和知识层次,NVQs分为5个级

---

[1] 李佳琪. 专业技术类公务员管理现状及对策研究 [J]. 中国行政管理, 2013 (8): 74-77.

别，资格体系中的每个级别均反映了实际工作中该级别所需的知识和能力，及其在工作中拥有的责任和权力。NVQs不但提高了英国民众的实践能力及英国整体的生产力，英国政府也通过NVQs的引入提高了英国文官的专业化和职业化水平，并且便于人们理性看待政府公共职位所进行的内外正常流动。

根据我国现行公务员法第九条之规定："公务员的任用，坚持德才兼备、以德为先，坚持五湖四海、任人唯贤，坚持事业为上、公道正派，突出政治标准，注重工作实绩。"其传递出来的"任人唯贤"的信号，提示我们亟待对事业表现、能力、政绩进行权威认定。通过借鉴包括英国在内的国际经验，在目前提升国家治理能力的大背景下，中国公务员的职位体系设计不但要考虑内部管理优化的需要，而且还要更加开放、积极地对接国家、社会层面的职位体系和资格认证体系，以提高公务员职位的社会兼容性和社会权威性，前瞻性地通过制度激励促进外部优秀人才自主流动到党政机关中来，进而优化公务员队伍，在"人才强国"战略下构筑起"人才强党""人才强政"的发展格局。

本书认为，具体的操作方法可以在中国现有职位体系的基础上，有机对接现行《中华人民共和国职业分类大典》（以下简称"国家职业大典"）和最新职称制度，针对已有三大职类、职级做进一步细分，并借助现代化的职称资格认证，实现对不同级类公务员职位说明书的丰富和完善，助力进行人才的权威评价与认证，从而实现人才和职位的合理匹配，系统解决"人才进入"以及人员晋升、调任、薪酬定级等问题（图6-1）。弗雷德里克·莫舍曾说，"政府的任何职位都可以在社会中找到"，因此，打通我国各公务员用人机关内外的职位体系，特别有利于扩展人才的可持续性职业发展通道，实现人才的优化配置和合理流动。

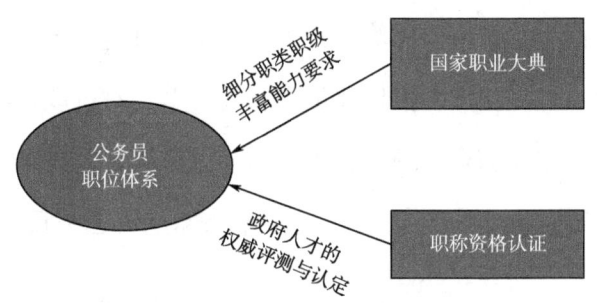

图 6-1 国家职业大典与职称资格认证对公务员职位体系的作用

以国家行政机关为例。基于政府专业技术人员的个性特征,通过设立和社会对接的专业技术类公务员评价体系,可以打通专业技术人才在不同组织之间的流动,有利于社会上最优秀的人才资源流向政府①。因为目前中国政府职系较为简单,但政府内职位繁多,如何将政府内的职位与相对权威、系统的国家职业大典和最新职称制度对接,需要进行科学、合理、精深的系统化研究。囿于篇幅,本书重点尝试寻找中国公务员现行职类与国家职业大典中职类划分相匹配之处,尝试构建二者之间的联系(图 6-2)。以国家职业大典为例,它设置了八大职业分类体系,其中第三大类"办事人员和有关人员-行政办公人员-行政业务人员-行政执法人员",是指在工商、税务、海关等特定的国家机关依法进行行政监督和行政处罚的人员,而公务员职位分类体系的行政执法类公务员主要指履行行政许可、处罚、强制、征收、检查等执法职责的非领导职务公务员。由此可见,行政执法类公务员与国家职业大典的第三类较为匹配,可以结合中国现实中的综合行政执法类公务员的分类改革,依据该大典内第三类对子类、细类的划分,进一步细分公务员行政执法类的职组、职位,同时进一步梳理不同

---

① 李佳琪. 专业技术类公务员管理现状及对策研究 [J]. 中国行政管理, 2013 (8): 74-77.

职组、职位的能力、资格条件等。在此基础上，可以尝试借助执法类相关职业资格认证，通过权威的资格评价和认证环节，对行政执法类公务员进行科学测评和认定。综合管理类公务员则与国家职业大典中"办事人员和有关人员-行政办公人员-行政业务人员-行政业务办公人员"基本对应。

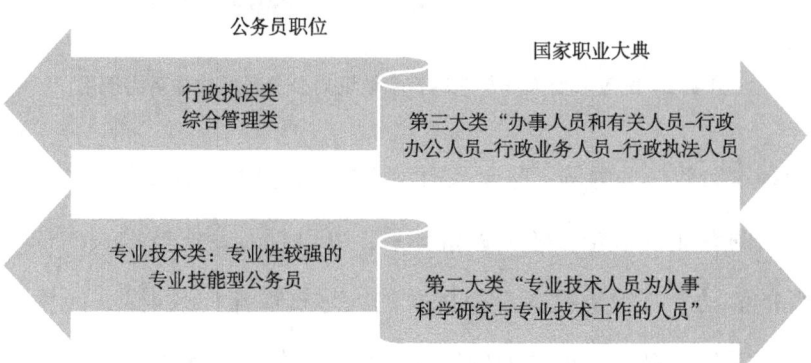

图 6-2　公务员职位分类体系与国家职业大典的简要对照

深圳市与上海市综合行政执法类公务员职位分类改革试点结果表明，无论是综合执法部门的基层队站所人员还是机关专业执法部门的执法队伍，大多都被划为行政执法类公务员。此外，本书作者赴上海市调研职位分类管理改革和公务员专业化建设时得知，上海市已经在某些专业性执法类岗位中实施了"资质"准入机制。国家职业大典第二大类中的专业技术人员为从事科学研究与专业技术工作的人员，可将其应用于专业性较强的专业技能型公务员，与从属于不同专业边界的专业技术类公务员相对应。由此可见，公务员的职位分类大多能与国家职业大典中的国家社会职位类型相匹配，并且可以借助它来构建更加精细、更具兼容性的公务员职位体系。

三、对中国高级专业技术类公务员职位类级的设想

企业职位体系设置与公务员职位体系设置既具共同点又各有特色。相

同点即二者都有横向的职类划分与纵向的级别等级设定,不同点在于企业的职种划分更加细化,而这也是目前中国公务员职位体系所缺失的。明确的职种划分有利于工作内容分类、明晰职位说明书。目前,中国公务员招录中设有各个岗位的职位说明书,但入职后的实际工作内容并未完全与之匹配,职位说明书也不能有效指导招录等各个环节,因此,岗位分类仍待完善。由于公务员队伍庞大,部门繁多,人员层级差距较大,细化公务员职位体系的任务繁重,可操作性较低。国家中长期人才发展规划重点强调中高级领导干部的整体素能关系到公务员队伍专业化水平、政府决策的科学水平以及国家的治理能力。可见对于如何进一步优化中国公务员职位分类体系这一问题而言,针对高级专业技术类公务员职务序列进行创新尝试或许是可行之道,这不但是为了满足公务员队伍专业化水平提升的需要,也是为了有利于更快地促进党政机关的决策科学化。此外,也有利于抓住"主要矛盾",进一步撬动未来公务员职位分类精细化管理。

从国际经验来看,高级公务员的数量不在多而在精,一般占比都较小。比如,美国联邦政府共有 7 914 名高级文官(截至 2013 年 9 月)①,文官总人数 200 多万,高级文官在文官总量中占比 10.3% 左右;截至 2019 年 6 月,最新数据显示,美国高级专业技术类文官的人数达到 1 330 人,占文官总量的万分之 6.26②。截至 2017 年,加拿大高级公务员总数 6 480 人,约占整个加拿大联邦公务员总数的 2.5%;截至 2017 年,英国高级文官 4 374 人,

---

① 方振邦,侯纯辉,陈曦. 美国联邦政府高级公务员绩效考核体系及借鉴 [J]. 国家行政学院学报,2016(2):128-132.

② 潘娜. 政治回应和效率回应演进中的公务员制度建设:美国高级专业技术类文官研究 [M]. 北京:经济科学出版社,2020.

占总文官人数的1%；截至2012年，澳大利亚高级公务员人数为2 786名，约占澳大利亚总公务员数的1.8%。

此外，各国高级公务员在职位体系内的职级也较高。比如，美国联邦政府的GS-16、GS-17和GS-18这三个职等的文官被划入到高级文官，以区别于GS1-15的普通行政文官，而美国专业技术类文官是指美国联邦政府中高于GS-15级（美国公务员一般俸禄级别）的普通文官，是具有特定专业资格的特殊群体①。英国高级文官主要指第1-12级所有文官中1-5级的文官，比如常务次官、副次官、主管职务和助理次官等，大概相当于中国的司局级公务员②。澳大利亚的高级公务员居于总11职级中的9-11级，分设Band1~Band3三层次的高级文官职级。

立足目前中国现有的职位体系，借鉴其他国家和地区的做法，中国高级专业技术类公务员的重点职类应该分布在行政执法类和专业技术类。根据结构功能主义的横向比较，高级专业技术类公务员职级应该设定在传统的司局行政职级及其以上③。结合中国现行的《专业技术类公务员管理规定（试行）》与《行政执法类公务员管理规定（试行）》，基于职位分类的思想，可以将具有较高专业领域技能和行政执法技能的高级公务员划分在专业技术类公务员的第（六）级至第（一）级和行政执法类公务员的第（五）级至第（一）级，涵盖专业技术类公务员的四级高级主管、三级高级主管、二级高级主管、一级高级主管、二级总监和一级总监六个行

---

① 潘娜.美国如何发挥高级专家作用：美国高级专业技术类文官制度掠影［J］.中国人才，2012（11）：56-57.
② 廖昆明.英、法、德、意四国高级公务员的招聘制度［J］.政治学研究，2003（3）.
③ 潘娜.美国高级专业技术类文官与政府回应性［D］.北京：中国人民大学，2011.

政职务以及行政执法类的四级高级主办、三级高级主办、二级高级主办、一级高级主办和督办。详见图6-3中的虚线框部分。

第十条 行政执法类公务员职务与级别的对应关系是：

（一）督办：十五级至十级；
（二）一级高级主办：十七级至十一级；
（三）二级高级主办：十八级至十二级；
（四）三级高级主办：十九级至十三级；
（五）四级高级主办：二十级至十四级；
（六）一级主办：二十一级至十五级；
（七）二级主办：二十二级至十六级；
（八）三级主办：二十三级至十七级；
（九）四级主办：二十四级至十八级；
（十）一级行政执法员：二十六级至十八级；
（十一）二级行政执法员：二十七级至十九级。

第九条 专业技术类公务员职务与级别的对应关系是：

（一）一级总监：十三级至八级；
（二）二级总监：十五级至十级；
（三）一级高级主管：十七级至十一级；
（四）二级高级主管：十八级至十二级；
（五）三级高级主管：十九级至十三级；
（六）四级高级主管：二十级至十四级；
（七）一级主管：二十一级至十五级；
（八）二级主管：二十二级至十六级；
（九）三级主管：二十三级至十七级；
（十）四级主管：二十四级至十八级；
（十一）专业技术员：二十六级至十八级。

图6-3 中国高级专业技术类公务员的职类、职级划分设想

如前所述，本书在创建中国高级专业技术类公务员制度的思路选择中，以市场监管领域的综合执法类公务员为例，探讨了基于核心竞争力的战略模式这一思路选择，并锁定了市场监管领域的关键能力及关键人才类型。根据在上海的调研可知，"工商一般三年是新手，八年能够出工；食药监三年是新手，到十年还是老新手"，上海市市场监督管理局准备实行"基层所打造全科医生，中队打造专科医生，机关科室打造会诊专家"的分层化、精细化职位分类管理模式，可见市场监督管理领域干部的专业化建设迫在眉睫，并已积累了一些先行经验。本章继续以国家市场监督管理总局部分专业性较强的公务员职位为例，尝试定义市场监管高级专业技术类公务员体系并设计其职务相关内容（表6-4），以进一步深化市场监管高级专业技术类公务员的职位体系。

表6-4 市场监管部门高级专业技术类公务员职务序列的创建设想（部分）

职类	职种	专业技术类												
		信息和通信工程技术人员				食品工程技术人员				安全工程技术人员				标准化、计量、质量和认证认可工程技术人员
级别		正高级专业技术任职资格	副高级以上专业技术任职资格	中级以上专业技术任职资格	初级以上专业技术任职资格	正高级专业技术任职资格	副高级以上专业技术任职资格	中级以上专业技术任职资格	初级以上专业技术任职资格	正高级专业技术任职资格	副高级以上专业技术任职资格	中级以上专业技术任职资格	初级以上专业技术任职资格	正高级专业技术任职资格	副高级以上专业技术任职资格	中级以上专业技术任职资格	初级以上专业技术任职资格
1														
2														
3														
4														
5														
6		一级总监												
7			一级高级主管			一级总监								
8							一级高级主管			一级总监				
9			二级高级主管								一级高级主管			一级总监
10							二级高级主管							一级高级主管
11			三级高级主管								二级高级主管			
12							三级高级主管							二级高级主管
13			四级高级主管								三级高级主管			
14							四级高级主管							三级高级主管
15				二级主管								四级高级主管		
16								二级主管							四级高级主管
17				三级主管								二级主管		
18								三级主管						二级主管
19				四级主管								三级主管		
20								四级主管						三级主管
21					专业技术员							四级主管		
22									专业技术员					四级主管
23													专业技术员	
24														专业技术员
25														
26														
27														

<<< 256 >>>

一方面,专业技术类从专业技术员至一级总监共十一层级,将其与任职资格与职业证书相对应。目前,中国有四类任职资格,分别是正高级专业技术任职资格、副高级以上专业技术任职资格、中级以上专业技术任职资格、初级以上专业技术任职资格,分别对应一级总监、二级总监、一级高级主管,二级高级主管、三级高级主管、四级高级主管,一级主管、二级主管,三级主管、四级主管、专业技术员。正高级以上专业技术任职资格作为目前中国最高专业技术资格认证,可以将其纳入中国高级专业技术类公务员职位体系的任职资格条件之一。信息和通信工程技术人员、食品工程技术人员、安全工程技术人员与标准化、计量、质量和认证认可工程技术人员皆有相关的职业认定,因此皆可引入进来。另一方面,部分专业岗位在较低层次时可能属于专业执法或综合管理类,但在取得某一较高或最高职业水平认证后,则可流转成高级专业技术类公务员。比如会计,当其取得特许公认会计师公会(ACCA)或注册会计师(CPA)证书后,可有机会流转至高级专业技术类公务员,承担更加专业化的工作,从而使其专业技能发挥更大的作用。

我们在上海调研过程中,发现市场监管领域已经开始重视资格资质问题。上海的同志表示,"基层全科公务员的重点是资格问题,2017年,要求相关食品的执法人员先考食品安全相关法律法规,与晋升笔试挂钩;分领域进行能力测试认证,鼓励多学,从新手到熟手到专手",未来还准备"搞一个分领域监管能力的测试认证"。

市场监管部门对所设高级专业技术类公务员的职务序列的细化,是在专业技术类这一职类的基础上细化出不同的职种并明确相应的职级范围,瞄准中国市场监管高级专业技术类公务员制度体系设计的核心对象,有利于围绕其特点和需求，进一步设计岗位职责、任职资格条件、招录、晋升、绩效考核等制度体系，进一步增强市场监管高级干部人才的工作热情，促进高级人才在市场监管领域的职业发展，并能帮助相关部门借助高素质专业化公务员队伍的体制以及人力资源管理增效，提高市场监管整体的治理能力。

四、中国高级专业技术类公务员的规范性职责

综上所述，未来中国高级专业技术类公务员职位体系的建立应放眼长远，运用战略的眼光，怀抱"聚天下英才而用之"的情怀，不但关注内部现有职位体系的管理框架，还应建立与外部市场有序对接，进而促进人才流动及人才成长的发展思路。通过三大公务员职位类别的进一步细分以及高级职位级别的明确锁定，汲取企业职位体系构建的优点，最终形成对接国家宏观职业分类形态并以职称资格认定做保障的，符合中国现实需求和未来需要，职类职级横纵相交，包含科学合理的岗位职责和任职资格条件等要素在内的一整套职位体系。

在职位坐标系中，中国高级专业技术类公务员主要分布在行政执法类和专业技术类中。因其责任大、工作有难度、任职资格条件高，且占据着较高的级别位次，所以应该说是中国高素质专业化公务员队伍建设中的核心领军人才。借鉴其他国家和地区高级文官的职能边界以及中国公共治理对高级专业技术类人才的期望和需求，从规范性角度看，中国高级专业技术类公务员职位应该发挥如下职责功能：提供专家咨询，参与公共决策，编制技术标准，升级管理服务技术，开发团队技术工作手册，带领指导技术团队，追踪前沿技术，协调相关利益等。这些职位任用高端人才的

最主要目的，就是充分借助其创造力和创新性，提高各级党政机关的专业回应性。

第三节　基于战略性人力资源管理思路创建中国高级专业技术类公务员管理制度体系

一、基于核心竞争力的中国高级专业技术类公务员战略管理模型

战略性人力资源管理是为了实现组织目标而制定的有计划性的人力资源使用模式以及各种人力资源管理职能。高级公务员人才的管理不应该是碎片式、片段化地对时下出现问题的被动、勉强回应，而应基于战略性人力资源管理的理念，引用专业人才柔性治理方式，打造特殊的人才战略管理体系，营造高级公务员人才发展的制度环境。从前文可知，基于核心竞争力的人力资源管理战略模式，应该适用于专业性较强的、富于改革创新精神的高级专业技术类公务员群体。基于核心竞争力的人力资源管理战略思路，通过战略目标的回应，关键能力和关键人才（职位）的锚定，重点落脚于组织战略、现实环境、市场竞争对手、内部业务及管理、技术手段、文化、战略资源、战略环节等要素变量的全景式考虑与有机整合，具有系统性和长远性。特别是，如前文所说，为了凸显现新时代对公务员专业化管理的要求以及高级专业技术类公务员的特征、特点，应该着重把握以职位分类管理为前提与原则，实现授权留用、招聘、培训、绩效考核、激励机制等人事职能领域的再造、优化与突破（图6-4）。

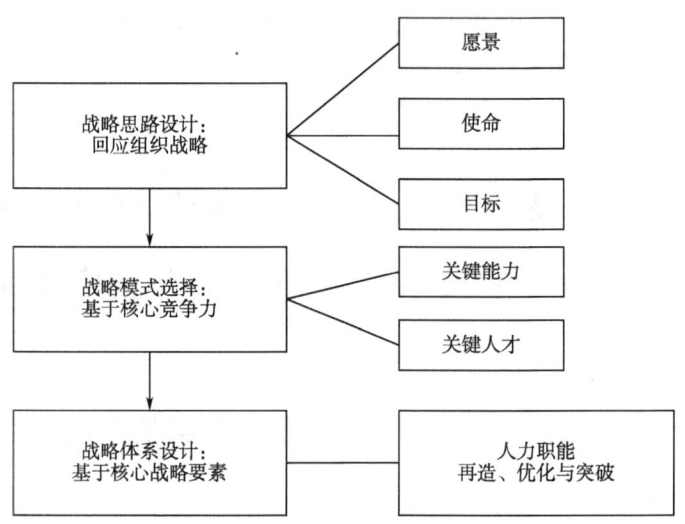

图 6-4　中国高级专业技术类公务员战略管理体系的构想

二、基于时间向度的中国高级专业技术类公务员制度创建思路

创建中国高级专业技术类公务员制度，还须树立全局意识，在统筹各类资源要素的基础上，分期实施，逐步推进，形成"短、中、长期"的战略规划层次，渐进摸索并调适中国高级专业技术类公务员战略管理体系，增强其战略体系落地实施的合理性。

（一）短期战略

职位分类管理是公务员管理的基石，高级专业技术类公务员制度的创建也离不开科学规范的职位体系。在公务员制度改革背景下，应尽快制定并推出"职位分类管理规划"。"职位分类管理规划"应该立足于公务员法及《专业技术类公务员管理规定（试行）》和《行政执法类公务员管理规定（试行）》，在此基础上，明确提出：

第一，只有通过科学的工作分析与职位分类，才能了解到不同行业、

第六章　治贤的行动路线：中国高级专业技术类公务员制度建设及实现路径

领域内专业职务的特点与技能要求。通过规范不同专业技术类岗位的职责描述，才能划分同一专业职务序列内专业技能水平等级及其与专业技术职称的对应关系，从而确定中国高级专业技术类公务员的任职要求。美国正是通过精细的职位分类才形成了规范的职位体系及详尽的任职资格说明书，为高级专业技术类文官的选用提供标准。同时，要特别注意专业性职责和综合性职责的比重，如美国高级专业技术类文官制度以及高级文官制度规定：联邦政府的高级精英们需要花更多时间、精力在咨询研究等专业职责上，这部分应占比总职责的70%，保留不超过30%的综合行政职责。我们在访谈时也获得诸如"要想做好专业，必须要懂得综合"的反馈，这意味着在中国情境下，基于职位分类思想的高级专业技术类文官既要讲究"主责"，也要熟练掌握综合性职责，在其职责描述及规划中要注意主次，平衡把握。

第二，尽快规范并提出高级专业技术类公务员的专业技术职类边界范围。为了将职位分类制度更进一步落实，要在科学的工作分析和职位分类的基础上，明确综合管理类、行政执法类以及专业技术类的细分。以行政执法类为例，需要评估政府机关内的行政执法相关职能部门的专业人才是否可以储备为具有专业技能的"高级人才"，这一点值得探讨。

第三，总结中国聘任制、分类管理改革、竞争性选拔等试点改革中的经验与教训，结合中国高级专业技术类公务员的特征，将过往公务员管理的有益做法进一步固化与细化，吸纳到高级专业技术类公务员制度的创建中来。正如我们在访谈中所了解到的那样，有效的高级官员职位选拔的"可行方法，就是要竞争上岗，某个单位的干部可以内部循环，比如商务部、市场监管局等，将空缺的干部职位集中发布出来，开展竞争上岗"。

需要注意的是，高级专业技术类公务员制度不是单个制度，而是由一系列单项法规或实施方案共同构建的，是一个内容完整的有机体系。它必须参照国家公务员法及其他各类公务员管理相关规定，不能与国家的公务员管理及人才政策的基本原则、精神要义等相违背或相冲突，并且，职位分类制度建设也需要遵循科学、严谨、细致、规范等基本原则。

(二) 中期战略

在"职位分类管理规划"的基础上，推出系统成套的"高级专业技术类公务员管理试行办法"，形成分类完善的高级专业技术类公务员选育用留等制度。

此项规划应基于现行公务员法的管理原则和精神要旨发展而来。首先，在明确高级专业技术类公务员范围边界的基础上，深度剖析其群体特征。其次，要规范化高级专业技术类公务员管理。高级专业技术类公务员对于中国的战略建设、治理格局等都起着至关重要的作用，故对高级专业技术类公务员的行为约束、薪资待遇、选任机制等各方面，需要有别于基层公务员，在给予其权力的同时，也要加以限制，兼顾厚爱和严管，实现宽严相济的管理格局。最后，是对高级专业技术类公务员管理制度进行体系化构建。综观世界上有代表性国家和地区的高级专业技术类文官制度，其内容涵盖了人力资源的规划与预算、获得、开发及纪律与惩戒等所有人事职能。人事行政的各个职能相互衔接、相互联系，只有实现有机结合，才能形成有效的管理体系。因而，中国必须明确人事管理"一盘棋"的概念，在坚持党的领导这一基本前提下，在中央主管部门的统一部署下开发全套制度体系，要尽量将改革考虑周全，避免人事职能的割裂，保证各项人事管理活动都有法可依、有章可循。同时，要在行为纪律上从严治理，

在监察、监管、政治立场等方面监督约束其思想和行为。

(三) 长期战略

长期战略应根据高级专业技术类公务员制度的运行结果或效果对原有制度进行适当调整，以适应现实管理的需要；同时，为了更有前瞻性地增强党政机关治理能力，提前储备符合需要的高级人才，还需要在"高素质专业化干部队伍"的战略任务驱动下，加快落实国家干部队伍专业化建设的步伐，这也是党对国家人事部门、教育部门提出的一项十分重要与紧迫的任务①。因此，高级专业技术类公务员管理的长期战略，应该在尊重人才成长规律和市场规律的基础之上，利用多元社会主体力量，有预见性地创新人才供给机制和人才培养机制。

第一，建立"旋转门机制"。立足党管干部、党管人才的基本原则和公务员管理基本制度框架，在保证干部队伍稳定性的基础上，打破体制机制和身份编制的壁垒，运用更加灵活开放的人事政策，探索和建立高端专业人才与中高级领导干部任职的旋转门机制，保证特殊领域领导工作的专业化水平②。在中国的高校、智库、企业、科研院所及社会团体中拥有大量的高层次专业人才，能为高度复杂的专业性公共管理、风险防控、社会治理、国际事务等提供理论知识和对策建议，甚至直接参与具体工作。

第二，创建专门的专业学位教育。目前，司法、检察、公安等领域拥有专门对口的学科专业设置，专业人才的输出较有保障。根据目前国家教

---

① 季明明. 国家公务员队伍专业化建设的一个途径：论我国设置公共管理硕士专业学位的必要性与可行性 [J]. 中国行政管理, 1999 (3): 25-28.

② 李庚香. 建设高素质专业化干部队伍的历史逻辑、新时代内涵和现实路径 [J]. 领导科学, 2018 (13): 4-10.

育部的学科门类划分,结合现今国家专业硕士学位教育的强劲势头,可尝试设立不同层次的对口专业学位教育,灵活开办全日制、非全日制等学制,夯实高端专业化干部队伍培养和供给的土壤。

第三,建立资格认证机制。韦伯(Max Webber)曾说,专业人员是某一领域专业知识、技术和能力的附着体[1]。若想成为专业人士,最基本的是要满足对其在技术方面的要求,这种技术性的表现应该与相应的专业机构紧密相关[2],对于领域内专业技能要求较高的核心职类,必须构建与教育水平、培训经历、能力审查、降格退出等相结合的从业资格认证机制,巩固职位的专业知识背景,强化职业化标准,为高级专业技术类公务员的管理提供资质依据。

第四,建立市场化管理机制。有效提升公务员专业人才管理效能的方法是借力于市场。一方面,专业干部的选育用留可采取外包等方式,积极利用市场机构的先进理念、技术手段及方法,如基于大数据、人工智能的人才测评等;另一方面,继续深化聘任制公务员管理制度,着眼于发挥聘任制灵活用人的优势,解决国家对短缺、急需的高层次专业人才引进问题,为社会优秀专业人才进入各级机关打通梗阻。此外,薪资是人力资源价值的货币体现,具有市场竞争力的公务员薪酬体系是党政机关在劳动力市场吸引专业人才,特别是高级专业人才的关键因素之一。美国通过市场薪资调查后将高级公务员收入设定为市场平均薪资的5.4倍[3],这无疑大

---

[1] 马克斯·韦伯. 学术与政治[M]. 冯克利,译. 北京:生活·读书·新知三联书店,2005:70—72.

[2] J JAMES S. BOWMAN, JONATHAN P. WEST, MARCIA A. BECK. Achieving Competencies in Public Service: the Professional Edge [M]. 2nd ed. Armonk. N.Y: M. E. Sharpe, 2004:36—68.

[3] B·盖伊·彼得斯. 官僚政治[M]. 聂露,李姿姿,译. 北京:中国人民大学出版社,2006:111.

大增强了美国联邦政府高阶技术岗位的吸引力。

三、基于现代公共价值体系设计中国高级专业技术类公务员管理制度框架

基于中国高级专业技术类公务员战略管理体系，还应进一步思考专门的制度体系如何对高级专业技术类公务员进行特色化管理。因为公共人事管理的"价值"和"政治性"从来都不是被直接表述出来，而是通过各种人事制度和法律、政策、规章等具体体现的。因而，只有借助于相关的公共人事制度，才能有效进行公共人事管理的各项活动，进而帮助公共组织实现目标[①]。在美国，公共人事管理被普遍认为是民主社会和有效行政管理的关键要素。作为公共行政不可或缺的一部分，美国公共人事行政管理的发展过程十分复杂，但学者们普遍达成的共识是"美国公共人事管理的发展进程还是具有一定规律性的"：联邦政府在其不同时期的人事制度演进中，都有对政府人力资源管理的支配性价值观及变革压力的预测，从而保证了文官制度与最新社会形势相适应[②]。

本书拟从增强现代公务员制度回应性要求的目标出发，根据专业主义/"专业化"价值、政治价值和效率价值，进行构建中国高级专业技术类公务员管理框架的探索。

（一）基于专业主义/"专业化"价值的制度设计

中国事实上已经开始试行公务员职位分类管理制度，并将部分专业技

---

① 孙柏瑛，祁光华. 公共部门人力资源开发与战略 [M]. 北京：中国人民大学出版社，2008.
② 戴维 H. 罗森布鲁姆，罗伯特 S. 克拉夫丘克. 公共行政学：管理、政治和法律的途径 [M]. 张成福，等译. 北京：中国人民大学出版社，2002：218.

术类公务员单列管理,这表明我们已经意识到复杂、专业性公共事务的涌现迫切需要这样的"技术专家"。中国社会对专业人才的"孵化"及"公务员报考热"的不断升温,客观上为选任更加优秀的公务人才提供了契机。但不可忽视的是如何吸引优秀人才。2013年,北京市首次招聘6个岗位的聘任制公务员,最终只有北京市科委的两个职位和北京市交通委交通运行监测技术高级主管职位招聘到了合适的人员,其余3个职位空缺。这3个空缺的职位要求硕士及以上学历,而且专业性要求极高,虽然配备了较有吸引力的薪资,但对社会专业精英还是没有足够的吸引力。各级机关需要努力提高自身形象及公信力,增强对高端专业技术职位的吸引力,以唤起"有才之士"投身于公共服务的热忱。

同时,必须完善相关法律法规。运用法律的强制力,厘清不同级别专业技术类公务员的职责范围及主要任务,区分其所承担的专业行政事务与一般行政性事务的比例;树立高级专业技术类公务员在某一专业领域的"专业权威"与"知识权威",帮助他们形成以"专业知识"和"专业技能"为基础的权力,以影响政策的制定与执行;形成层级合理、与技术职称相对应的职务级别,允许拥有较高智识的高级专业技术类公务员享有更高的职务与职务权力;同时,结合职位体系的管理,特别是横向职类的特点以及纵向职级的梯次,为高级专业技术类公务员设计合理有效的晋升梯次和转任交流机制。

此外,还必须设计相应制度以形成灵活的"授权"机制,支持高级专业技术类公务员享有适当的"自由裁量权",以体现"专业权威"的意义与价值。尽管在中国现有体制下,公务员职位划分还将长期保留"品位制"的特点,短时间内无法消除"上下级"职务关系的固有观念,但还是要锐意突破；尤其是对一些专业性决策，必须要保证高级专家的深度介入与参与。

对于未来的中国高级专业技术类公务员来说，一方面，他们既要服从于更高层级的领导，又不能事事请示，要有真知灼见；另一方面，还要经常指挥、指导下级，帮助他们解决问题。这种"承上启下"的角色，意味着他们需要更高的宏观决策能力、分析能力、综合能力、判断能力、协调能力等。从这个意义上来讲，更广泛的"自主权"能帮助他们发挥这些能力，因而对他们的管理要特别讲究灵活与弹性。实现管理的"刚柔相济"，是发挥高级专业技术类公务员专业回应性的关键。专业技术类公务员一般具有较强烈的"自主权"需要，"授之以权"是一种很好的降低他们流动性、提高他们创造力的内在激励方式。

对于如何使"专业主义"／"专业化"的价值理念充分凸显，如本书此前所述，可以借鉴专业主义及"专业化"的实现路径，进一步细化针对高级专业技术类公务员的选育用留机制，通过制度安排，有效增强他们服务于中国公共事务的动力、活力和创造力。

（二）基于政治价值的制度设计

本书认为，中国传统的政治思想教育、政审、民主评议等方式，是提高中国高级专业技术类公务员政治回应性的有效方式；同时，还须海纳百川，不断创新。

首先，中国可以借鉴美国、日本等国的做法，运用一些涉及公开、公正、公平等的绩效指标，帮助提高中国高级专业技术类公务员的政治回应性。引进专业人才，打造"小而精"的机关，能提升公务效率，当然这不意味着单凭"专业知识"就能处理好一切事务，解决好一切问题。

"执政为民"作为一项基本原则,要求中国高级专业技术类公务员始终坚持"走群众路线",了解民众的需要,回应民众的诉求。这也是所有公务员的基本职责。无论从理论和实践上来讲,通过评估他们在"考察民意""回应公众"方面的绩效表现,有助于促使他们更好地履行义务,提高"服务人民""服务大众"的觉悟,提升政治回应能力。

其次,多样化选任模式下继续强化政治标准的一致性。在中国,选任机制已实现了较大转变,已逐步呈现开放与灵活的特征。除了常用的干部委任制外,近年来,中国也提高了选任制干部的比例。如前所述,通过竞争上岗与公开选拔的方式,在基层与社会范围内选任了一大批愿"全情投入"公共事业的真才实学者。同时,根据现行公务员法及《聘任制公务员管理规定(试行)》,中国将继续加大聘任制的实施力度,特别是针对专业技术类及行政执法类职位,未来聘任制的适用范围将更加广阔。

选任制、委任制及聘任制的扩展运用,是中国公务员制度改革的重大创新。尽管三者在形式与内容上大不相同,但是中国对三种机制下公务员的政治表现或政治回应性方面的要求则具有一致性。他们都必须履行公务员法明确规定的义务:"全心全意为人民服务,接受人民监督"及"维护国家的安全、荣誉和利益"。同时,全体党政干部还应在政治上与中央保持一致,必须保持较高的政治觉悟,坚决捍卫和执行党的路线、方针、政策。这一基本原则在2006年被明确写入了公务员法,具有法律效力,并在此后修订的公务员法中得到了进一步强化。现行公务员法总则指出,"公务员制度坚持中国共产党领导,坚持以马克思列宁主义、毛泽东思想、邓小平理论、'三个代表'重要思想、科学发展观、习近平新时代中国特色社会主义思想为指导,贯彻社会主义初级阶段的基本路线,贯彻新时代中国共产党的组织路线，坚持党管干部原则"[①]。在坚持"党管干部"的原则下，未来还须继续重申一贯坚持的政治素养标准，坚持开展广泛的思想政治教育，提高各种选任机制下高级专业技术类公务员的政治意识和为人民服务的精神。

再次，有必要将组织工作在政审、组织谈话、民主测评等方面积累的经验制度化。现今中国已确立了干部选任坚持德才兼备的基本原则，明确规定了政审程序和政审标准，可有效帮助我们考察公务员的政治表现，如思想是否进步、品德是否优良、作风是否正派、是否有较强的组织纪律性和法治观念，等等。同时，在现行《党政机关竞争上岗工作暂行规定》里也规定了对竞争上岗人员进行民主测评并量化计分的基本办法等，用以把关新晋人员的德才表现。因而，提高中国高级专业技术类公务员的政治回应性还须继承、优化与巩固这些已有方式。

最后，在坚持党的领导的基本原则下，培养并树立公务员自身公共行政的责任感和使命感，这是一种历史必然。正如习近平总书记所强调的，必须做到信念过硬，带头做共产主义远大理想和中国特色社会主义共同理想的坚定信仰者和忠实实践者；必须做到政治过硬，牢固树立"四个意识"，在思想政治上讲政治立场、政治方向、政治原则、政治道路，在行动实践上讲维护党中央权威、执行党的政治路线、严格遵守党的政治纪律和政治规矩；必须做到责任过硬、能力过硬、作风过硬、把人民群众放在心中，广泛开展调查研究，在全心全意为人民服务中提升政治站位、提高工作能力，在服务人民中不断完善自己。因此，需要通过制度设计，保持

[①] 国务院法制办公室.中华人民共和国公务员法注解与配套[M].北京：中国法制出版社，2008：3-4.

高级专业技术类公务员的政治本色,助力其在工作中努力提高个人能力、实现个人价值追求的同时,积极贯彻为人民服务的宗旨,杜绝贪腐等不良行为,在政治立场的坚实保障下实现自身的社会价值。

(三) 基于效率价值的制度设计

从管理的途径来说,公共人事行政"都试图通过人员的增补、选择、给付、训练一般公务员的工作,促使效率、经济与管理效能价值的最大化"①。基于管理途径的公共人事行政背后的基本假设是:公共服务应该像企业一样运作,为提高管理效率,可运用很多市场化的做法。但是需要注意的是,在对待市场化运作方式时,必须以中国的实际情况为出发点。未来中国高级专业技术类公务员制度,必须避免机械式的"生搬硬套"或激进的改革创新。

首先,中国干部人事制度中对公务员的编制、规划等都有严格规定,例如,各级政府组成人员和其他重要干部由各级党委管理,其任命经党委组织部门考察和党委讨论决定后,依法由各级人大选举产生或由政府任命。因而,相关机构部门很难获得"人事任用"方面的"授权"。其次,中国公务员制度的特点是"全国上下一盘棋"。在"一体适用"的人事政策下,各级机构部门很难实现人事管理的大幅度弹性化。不过,在工作简化方面,中国可以借鉴西方推行的新公共管理浪潮的经验,尽量减少人事管理的繁文缛节,利用互联网、大数据、云平台等技术手段,解放人事管理部门在大量"公文""表格"等方面的重复劳动,提高人事管理的信息化水平;此外,为提高中国高级专业技术类公务员的专业能力

---

① 戴维 H. 罗森布鲁姆,罗伯特 S. 克拉夫丘克. 公共行政学:管理、政治和法律的途径 [M]. 张成福,等译. 北京:中国人民大学出版社,2002:241.

或管理能力，可设计招聘选拔、培训开发等人事职能外包机制，让高级专业技术类公务员有机会利用市场资源，及时涉猎最新的专业技能，提高履职能力。

第四节　中国高级专业技术类公务员制度体系实施路径

结合中国具体情况，本书认为，未来中国高级专业技术类公务员管理制度体系的实施，除了继续完善体系框架之外，还应重视三项关键管理措施即选拔机制、监督机制与激励机制的渐进摸索。同时，还应未雨绸缪，积极培育制度生态环境并宣传这一制度的积极效应，尽早就这套富有想象力制度的横向纵向关系进行前瞻性预测与安排。

一、把握关键机制的实施

2018 年 7 月，习近平总书记在全国组织工作会议上指出，"贯彻新时代党的组织路线，建设忠诚干净担当的高素质干部队伍是关键，重点是要做好干部培育、选拔、管理、使用工作"。本节拟围绕创建我国高级专业技术类公务员制度的短中长期战略思路和价值准则进行的全景式制度思考，重点针对选拔、监督和激励三个关键制度环节进行制度创想。

（一）选拔机制

习近平总书记指出，"要建立以德为先、任人唯贤、人事相宜的选拔任用体系，坚持好干部标准，把政治标准放在第一位，坚持五湖四海、任人唯贤，广开进贤之路，坚持事业为上，以事择人、人岗相适"。好的选拔机制标志着人事工作成功了一大半，正如著名管理大师怀特所言，选拔是人力资源管理的最重要职能之一。美国高级专业技术类文官制度主要以科学的职位分类为基础，进行人员的甄选，并通过简化招聘流程等方式提升招聘效率。美国政府是一个"偏爱实用性的政府"，在人员实际录用中更强调"职业化"并期待高级官员空缺由那些在某一专门领域的"专家"来填补。这种考量注重专业技术而忽视动机、认可度、公共服务精神等，容易造成政府中出现"冷漠的"技术官僚。

2017年10月，习近平总书记在十九届中央政治局第一次集体学习时强调，"领导干部不仅要有担当的宽肩膀，还得有成事的真本领。既要大胆讲政治，又要善于讲政治；既要矢志抓发展，又要善于抓发展；既要勇于抓改革，又要善于抓改革；既要敢于直面矛盾和问题，又要善于化解矛盾和问题；既要有想干事、真干事的自觉，又要有会干事、干成事的本领"。可见，"德才兼备"且"诚实可靠"的治国理政人才是当下中国尤为重要的管理命题的内涵。本书认为，科学、有效的选拔机制应该合理运用现代技术，如针对不同职类的人才研发科学测评方法，对候选人的"专业技能"、"政治表现"及"公共服务动机"等进行综合考量和评估。并且，在选拔环节要以政治素养为前提，强调"专红结合"的双向评定。强调高级专业技术类公务员"专红结合""政治品德不过关，就要一票否决"的重要性不言而喻。因为"君子挟才以为善，小人挟才以为恶"，"政治上有问题的人，能力越强、职位越高，危害就越大"，所谓"政治上有问题"，也就是政治品德不过关。为政者不修政德，就会为了一己私利

第六章　治贤的行动路线：中国高级专业技术类公务员制度建设及实现路径

不择手段，就会是党、国家、人民之祸。他们造成的危害，与个人能力、所处的位置有直接关系。从这个意义上说，"既专又红"的高级专业技术类公务员人才对德才的要求极高。尽管"一才难求"，但要坚信"对公共部门有兴趣和有资格的人员是有的，不过需要管理者具有'伯乐'的眼光"①。

因而，创建中国高级专业技术类公务员的选拔机制，应该兼顾"专"和"红"的双重标准。"专"主要是对专业资格认证、专业性学历教育的强调，特别是有针对性地对领域内相关专业技能进行全面、客观、量化的考核。正如习近平总书记所说，干部队伍能力不足、"本领恐慌"问题是比较突出的。因此，干部不仅要有担当的宽肩膀，还得有成事的真本领。本领大小不仅仅是干部自己的事情，而且是关乎党和国家事业发展的大事情。"红"，主要是测量公务员的政治意识、大局意识和公共服务动机的水平。其中，公共服务动机包含对公共责任及公共利益的认可、同情心及自我牺牲等对公共价值的偏好，当然，爱党爱国的思想也能在其中有所体现。众多研究表明，具有较强公共服务动机的公务员，能带来正相关的政治能力。2018年6月，习近平总书记在十九届中央政治局第六次集体学习时强调，"党的政治建设落实到干部队伍建设上就要不断提高各级领导干部，特别是高级干部把握方向、把握大势、把握全局的能力、明辨政治是非、保持政治定力、驾驭政治局面、防范政治风险的能力，善于从政治上分析问题、解决问题。各级领导干部要练就一双政治慧眼，不畏浮云遮望眼，切实担负起党和人民赋予的政治责任"。

---

①　史蒂文·科恩，威廉·艾米克. 新有效公共管理者[M]. 王巧玲，等译. 北京：中国人民大学出版社，2002：36.

（二）监督机制

对高级公务员管理"刚柔度"的把握，是一个两难的课题：一方面要给予他们充分的自主权，另一方面又要加强对他们的管控。就世界范围内而言，因为缺少对公务人员监督而导致的腐败问题比比皆是。假如不用相关制度加以约束，权力必将"失范"，腐败必将"泛滥"，对国家和人民造成巨大损失。丽娜·多米内利（Lena Dominelli）认为，意识形态、价值及伦理在特定的专业发展中起着决定性作用，能为专业内部的控制、标准的提供、实务人员的活动原则等提供依据①。

我国现行公务员法中特别调整、充实了"从严管理干部"的有关规定，将第九章章名"惩戒"调整为"监督与惩戒"，增加了加强公务员监督和遵纪守法方面的规定，修改完善了责令辞职、回避情形、离职后从业限制等规定，增加了在录用、聘任等工作中违纪违法有关法律责任的规定。现行公务员法还与监察法、《中国共产党纪律处分条例》等相衔接，进一步扎牢了从严管理公务员的"制度笼子"。其中尤为引人注目的，还包括针对"为官不为"问题将"不担当，不作为"列入违反纪律的行为。本书认为，要实现对高级专业技术类公务员的有效监督，须利用有效手段，加强对他们握有的"专业""职务"双重权力的管控，降低他们"以权谋私"的可能性。

首先，在已出台的职务任期、交流、任职回避、惩戒等方面的规定基础之上，进一步分解客观的测评标准、情形描述与操作指南。可以借创建中国高级专业技术类公务员监督制度的契机，进一步将以上制度内容具体

---

① 丽娜·多米内利. 社会工作社会学 [M]. 北京：中国人民大学出版社，2008：154.

化、明晰化并落地。让转任交流"活"起来，让回避"实"起来，让惩戒"严"起来。

其次，结合有关国家和地区高级专业技术类公务员制度的制度经验，本书认为，较有效的手段还包括大力倡导分类绩效评估及个人财产披露，以及建立系统的监督体系等。

第一，未来中国可以结合公务员考核制度，制定专门的中国高级专业技术类公务员考核办法。其目的，正如习近平总书记在十九大报告中指出的，"坚持严管和厚爱结合、激励和约束并重，完善干部考核评价机制，建立激励机制和容错纠错机制，旗帜鲜明为那些敢于担当、踏实做事、不谋私利的干部撑腰鼓劲"。具体而言，可根据回应性目标，设计绩效考核指标，即所有高级专业技术类公务员需要接受定期和不定期的绩效评估，根据考核结果决定他们的工资、奖金、福利、晋升、培训等。同时可以有针对性地建立分类绩效评估系统。在这方面，美国已经建立了高级文官职位以及高级专业技术类公务员绩效考核系统的认证，要求政府各机构设计并实施针对不同雇员（高级职位/科学或专业职位）、自带区分度的绩效评估系统。2018年7月，习近平总书记在全国组织工作会议上指出，"要建立日常考核、分类考核、近距离考核的知事识人体系，强化分类考核，近距离接触干部，使选出来的干部组织放心、群众满意、干部服气"，这为继续深化中国高级专业技术类公务员制度体系的分类考核指明了方向。可以预见，充分的、有针对性的绩效管理，将提高对中国高级专业技术类公务员专业能力、政治表现及绩效产出方面的监督，加强对他们所用权力的正当性与合法性审核。

第二，加强个人财产披露。就美国而言，联邦政府强制性要求大多数高级文官填写个人财产申报书。目前，中国也越来越看重干部特别是高级干部的个人财产披露。正如2010年3月时任国务院总理温家宝在政府工作报告中所说，"各级领导干部特别是高级干部要坚决执行中央关于报告个人经济和财产，包括收入、住房、投资，以及配偶子女从业等重大事项的规定，并自觉接受纪检部门的监督"。可以想见，未来加强对高级专业技术类公务员的个人财产披露机制，将是防止其"不法行为"发生的有效方法。

第三，全面建立从严管理体系。习近平总书记指出，"要建立管思想、管工作、管作风、管纪律的从严管理体系，加强全方位管理，加强党内监督，管好关键人、管到关键处、管住关键事、管在关键时，特别是要把一把手管住管好"。在这之中，既要把好公务员的"进口关"，又要通过制度设计完善"退出关"，对于那些不将政治标准放在第一位、工作中"不作为"、专业技能水平落后停滞的高级专业技术类公务员实行强制性退出机制，以保证高级专业技术类公务员队伍有效的"新陈代谢""优胜劣汰"。

（三）激励机制

现行公务员法特别提到，"要贯彻落实党中央关于加强正向激励的要求，健全完善公务员激励保障机制，加强对公务员合法权益的保护"。对于拥有高自主性、高成就动机、个性化的高级专业技术类公务员而言，特别需要通过领导支持、合理授权等激励机制，激发他们的聪明才智，增强他们的稳定性与向心力。

关于这一点，美国高级专业技术类文官制度中关于建立与市场接轨的工资制度及多样化的福利制度，以及英国、加拿大、韩国、日本等国高级专业技术类公务员的高薪机制，都可对我们有所启发。目前中国还未深入进行公私部门员工的工资比较，造成了一些专业性公务员岗位待遇偏低，既不利于吸引稀缺性人才，也容易造成一些在岗专业人员的流失。比如我们在成都调研期间，成都市公安厅的领导曾说，"从电子科大引进的计算机博士，待几天，留不住。像这类高端信息化技术人才，省厅大概有100多到200人，希望能对他们打通升迁通道，进行工资激励等。比如江浙一带有特聘岗位，年薪30万元"。因而，有必要花力气思考中国高级专业技术类公务员的工资改革走向，包括薪资方案、薪资水平等。同时，针对他们需求的差异性，可以考虑为之设计更具弹性的福利包和个人成长发展的个性化规划等，满足不同人才的需求。

在此需要强调的是，现有公务员制度体系的不完善，是导致中国高级专业技术类公务员制度创建困难的重要原因。因此，现在要做的就是树立全局观点，坚持战略眼光，全面拓宽及深化公务员制度改革，特别是打破现在体制机制的束缚。正如习近平总书记所说，要"建立崇尚实干、带动担当、加油鼓劲的正向激励体系，树立体现讲担当、重担当的鲜明导向"。因此，要在改善我国公务员激励机制导向和原则的基础上，适时开启适合我国高级专业技术类公务员的激励制度，并积极撬动制度的创新。

二、培育实施中国高级专业技术类公务员管理制度体系的政策环境及生态

公共政策环境包括结构环境、社会环境、经济环境、政治环境、文化环境等，公共政策环境对塑造、决定和制约公共政策起着基础性作用。因

此，创建中国高级专业技术类公务员制度需要有良好的土壤和环境，特别是要符合"专业""专业化"的发展要求。对于这一问题，分析比较全面的要数达拉尔·普夫（Darrell L. Pugh），他认为，若要称之为"专业"，必须涵盖如下相互联系的特征：专业必须体现行政和政治意识；必须综合理论或知识；能将专业发展融合到社会的理想状态中；必须具备一个拥有组织成员的专业组织；能区分标志性的行业领袖级人物，拥有一套道德标准①。因此，良好的氛围、相关组织的融入与配合以及恰当的管理分工体系等，都将有助于我国高级专业技术类公务员管理制度体系的实施。

(一) 增强尊重科学、尊重知识、尊重专家的社会认知

中国高级专业技术类公务员管理制度体系若要充分发挥作用，充分调动高级专业技术人才的作用，必须要在全社会内形成尊重知识、崇尚人才、礼遇专家的良好社会氛围和文化认同，塑造高级公务员人才健康成长的良性舆论。特别是要让广大的人民群众熟悉并了解当今时代公共事务的复杂性和专家学者的重要作用并充分欢迎、信任他们，愿意赋权给他们。同时，还要通过制定落实特殊政策，逐步使有一定职称、头衔的高级公务员人才拥有等同于社会高级专业技术人员的社会身份、地位和待遇，让他们能正当地享有较高的社会地位，解除他们的后顾之忧，从而能全身心投入到专业性的公共事务之中，最大限度地发挥才干。

(二) 打造同市场和社会的协作关系，构建"人才发展治理"格局

2016年2月，中共中央印发《关于深化人才发展体制机制改革的意见》，首次提出"人才发展治理"概念，提出"构建科学规范、开放包

---

① DARRELL L. PUGH. Professionalism in Public Administration：Problems, Perspectives, and the Role of ASPA [J]. Public Administration Review, 1989, 49（1）：1-8.

容、运行高效的人才发展治理体系,形成具有国际竞争力的人才制度优势"① 的目标。"人才发展治理"理念的提出,代表党的人才工作从"管理到治理"的转变。这表明,随着新时代公共事务的复杂化多元化,国家求贤若渴,亟须引入人才发展治理的新形态、新格局,以更好地服务于高级专业技术类公务员。

以国家行政机关为例。政府内部的人才发展治理,主要指政府、市场、社会合作,向公务员人才提供各类人事服务。特别是针对政府内部高级人才的选育用留,光靠政府一己之力很难达到好的效果。具体说来,政府的人才发展协作治理主要呈现出几种不同的协作组合关系。

首先,"政府和市场的组合"。政府应承担人事服务的主要提供职责,通过采购、外包等方式,邀请市场主体服务政府的高级专业技术类公务员。例如,政府利用市场中的权威人力资源中介机构,面向全球搜寻匹配的人才和信息,开展高级人才数据分析与挖掘,实施人才选拔、引进、测评等。

其次,"政府和社会的组合"。例如,政府内高端IT人才的推荐可交由科协完成,政府内专业技术人员的职称资格评审可交由社会上的专业组织开展同行评议,政府可委托国际组织、海外联络站等社会组织联络人才、沟通信息、招人聚才等。

最后,"市场、社会、人才的组合"以及"政府、市场、社会、人才的组合"。人才发展治理的本质即是管理主体从一元化走向多元化,用新

---

① 新华社.中共中央印发《关于深化人才发展体制机制改革的意见》[EB/OL]. [2019-02-20]. http://politics.people.com.cn/n1/2016/0322/c1001-28216166.html.

体制、新机制释放人才活力①,因此,针对政府高级专业技术类公务员而言,更应该利用好多主体治理的优势,盘活优质资源为他们提供更好的服务。我们在调研中发现,成都市在公务员专业能力建设方面,"通过公开选拔等方式,积极从高校、研究机构等流转进人才并给予副处待遇,从'土专家''田秀才'中开放职位给乡村治理干部,通过单独特殊考试招录急需紧缺人才",大大畅通了人才引进渠道,并获得了积极效果。

(三)设置自上而下的理性纵向管理分工体系

中国高级专业技术类公务员制度的创建与实施还需要考虑高级公务员人才发展问题的复杂性、多层级性以及跨域性。特别是管理高级专业技术类公务员的层次不同,造成人事工作的视野不同,调配的资源不同,相关的人事职能任务也有所不同、各有侧重。因此,为了更好推进该制度的实施,应该要协调好上下层级的职责任务,"润滑"上下层级的关系。

国家-中央层面,高级专业技术类公务员管理机构的主要职责应集中在人事决策、宏观指导、组织协调、监督考核等,大体包括:涉及全国意义上的高级专业技术类公务员供需形势总体判断与决策,高级专业技术类公务员重大战略制定,制度改革走向的确定,人事体制机制改革,管理立法和基本制度建设等。

地方-部委层面,高级专业技术类公务员管理机构的主要职责应集中在贯彻落实国家高级专业技术类公务员政策、法规及项目。具体来说,应该在国家-中央的授权下,设置符合部门特点、行业特点、地方特点与管

---

① 吴江.用新体制新机制释放人才活力[J].人民论坛,2017(15):30-33.

理需要的高级专业技术类公务员职位分类体系；根据上级部门的部署和要求，制定本部门、本层级高级专业技术类公务员的发展战略和发展规划，建立健全相关政策法规体系，制定高级专业技术类公务员年度工作计划，等等。

人才本身是千差万别的，与地区、行业、部门等交互的人才更是管理跨度较大。因此，要格外强调在中央统一规划下地方及部委在高级专业技术类公务员管理上的自主权限，既在涉及高级专业技术类公务员基本通用能力、职责等维度上设置一统化的标准、要求、义务和权利等，又允许地方和部委因地制宜、因时制宜、因事制宜、因类适宜设定具有边界差异的高级专业技术类公务员人事管理职能。

第七章

结论

第七章 结论

第一节 研究内容的梳理与回顾

随着中国特色社会主义进入新时代,党和国家的事业取得了历史性成就,发生了历史性变革,对公务员队伍建设和公务员工作也提出了许多新的要求。"致天下之治者在人才"取得了前所未有的共识。党的十八大以来,习近平总书记高度重视人才问题和人才工作,多次强调"人才资源是第一资源",并提出了"人才强国战略"。党的十九大报告提出"注重培养专业能力、专业精神,增强干部适应新时代中国特色社会主义发展要求的能力"。在此形势下,公务员队伍专业化建设的呼声愈发高涨,"人才优先发展战略"也逐渐成为理解现代中国公共人事改革的关键语词,倒逼我们更加重视"人才资源优先开发,人才结构优先调整,人才投资优先保证和人才制度优先创新"。一系列职位分类、选拔晋升、监督考核等公务员管理制度的改革,为增强公务员政治觉悟,提高行政效能,释放创新活力带来了众多积极效应。对于党和政府而言,如何吸引、集聚、留住知识精英和专业人才服务于中国现代化治理的宏图伟业,如何在审慎改革公务员制度的传统之下创建具有本土特色的中国高级专业技术类公务员制度,成为顺应新时代、新形势、新要求的重要问题。

简单来说,本书拟结合中国社会转型期的大背景,建设性地回答三个问题:中国是否需要创建高级专业技术类公务员制度,中国是否可以创建高级专业技术类公务员制度,中国应该怎样创建高级专业技术类公务员制度。具体而言,本书拟立足中国现行公务员制度框架及其管理现状,结合中国古代的宝贵经验,并借鉴人事行政的"专业主义"/"专业化"价值及战略性人力资源管理思路，围绕加强中国高级专业技术类公务员的管理效能来提升党和政府回应性这一主线，尝试创建一套中国特色高级专业技术类公务员管理制度体系，涵盖中国高级专业技术类公务员管理的战略模型、制度框架与实施思路，横跨选育用留等多个人力资源管理模块。

"中国是否需要创建高级专业技术类公务员制度？"答案是肯定的。首先，由古及今，鉴往知来。中国古代蕴含着丰富的礼遇高人、招贤纳士、辅治国政等价值理念和可行做法，既饱含"聚天下英才而用之"的崇德善能情怀与人才理念，也拥有开放多元的招贤手段、机制、举措和方式，比如察举、举孝廉、大臣举荐、九品中正制以及科举制等，同时不乏"辟田""胜敌""直言纳谏"等关键德行标准评定技巧。这些不但符合现代人才管理的"审美旨趣"，也能为现代人才测评和人才管理所借鉴。其次，放眼全球，对标国际。综观世界发达国家和地区，建立高级专业技术类公务员制度已成为顺应时代发展之"必须"。其高级专业技术类公务员制度除呈现细致精致的职位分类、较有市场竞争力的薪资体系、重视培训开发及绩效考核等职能共性之外，还结合本国特色和自身管理需要呈现出让人印象深刻的制度亮点。比如，美国在高级文官制度体系的基础上进一步细分了系统的"高级专业技术类文官制度体系"，加拿大、英国、澳大利亚依据胜任能力展开对高级文官的系统管理，韩国建立了高级文官团，日本开创了谨慎的高级公务员退休机制，新加坡加强高级公务员的监督审查机制，等等。因此，创建中国高级公务员制度体系可以说自带"历史记忆"，坐拥"国际借鉴"，再加上时代召唤，已然是一个符合历史发展趋势、具有国际视野、符合现实需求的理性之举。

"中国是否可以创建高级专业技术类公务员制度？"总体来讲，随着中

第七章 结论

国公务员制度改革的推进,让原本貌似"天方夜谭"的制度建设摸索变得可能且可行。首先,看制度红利。2016年发布的《专业技术类公务员管理办法(试行)》及《行政执法类公务员管理办法(试行)》,以及2019年6月1日起施行的新修订的《中华人民共和国公务员法》等系列最新法律法规,传递出了创建高级专业技术类公务员管理制度的积极信号,为其制度构想提供了权威依据和前提条件。其次,看现实条件。目前,中国公务员制度改革的分类管理、聘任制等机制,都能助力高级专业技术类公务员的专业化管理和搞活选人、用人、育人机制。最后,中国上上下下、方方面面都已经出现了良好的人才涌现格局。自上而下的专业素能、履职本领都逐渐增强,让我们拥有了强大的人力资本支撑,创建中国高级专业技术类公务员制度的时机已到。

"中国应该怎样创建高级专业技术类公务员制度?"诚然,创建一套公务员管理制度体系,宏观且复杂,谈何容易。但是,综观世界任何国家和地区公务员管理制度体系的发展演进,总是存有规律,有迹可循。我们可以借用"专业化"来对公务员进行类同诠释,强调专业公务员人才的身份职业化和制度的改革推进离不开对未来支配性价值的权威预测。西方现代公务员制度的"专业主义"价值是对效率、公平等传统价值的有力补充,它通过人事管理,帮助专业公务员人才"在其位、谋其职",并充分参与到政府决策过程中。在中国语境下,可以体现为职业专门化、知识能力专精化及行政决策权限专享化。因此,创建中国高级专业技术类公务员管理制度体系,首先,应该在现代公共价值的共同驱动下构建规范性的制度框架;其次,要基于高级人才的专业性、重要性和稀缺性,创建具体的高级专业技术类公务员的制度机制;最后,还应基于高级人才的潜在性、动态性和高投入性等特点，坚持战略性人力资源管理的思路，选择基于核心竞争力的人力资源战略模式，帮助经由组织战略自上而下地分解公务员的核心能力及人才类型。

所以，回答"怎样建"这一问题，便是在价值和战略的"双驱动"之下，开创性地设计高级专业技术类公务员全面管理职能体系，涵盖战略模型、制度框架与实施思路，以及选育用留等多个人力资源管理模块。特别是要结合现实情况，基于职位分类体系，在中国公务员通用职类、职级横纵相交的坐标系里，锁定高级专业技术类公务员的合理位置和边界，进而构建中国高级专业技术类公务员职位体系。为了方便高级人才的自由流动，该体系还应与国家职业大典、国家职称资格认证和事业单位专业技术类干部的分类管理思想等相连接，为该职位体系增加兼容性，促进高级人才的流入，保证人才认定的权威和人才发展通道的顺畅。根据结构——功能主义的国际横向比较，本书认为中国高级专业技术类公务员职级可设定在传统的司局级（行政职级）及其以上。结合中国现行的《专业技术类公务员管理规定（试行）》与《行政执法类公务员管理规定（试行）》，基于职位分类的规范性实操原理，本书将具有较高专业领域技能和行政执法技能的中国高级专业技术类公务员划分在专业技术类公务员的第（六）级至第（一）级和行政执法类公务员的第（五）级至第（一）级，并以此为据，构建了中国高级公务员职位管理体系。进而，在战略性人力资源管理的思想指导下，基于战略核心要素，搭建中国高级专业技术类公务员管理模型；基于时间向度，设定短中长期的差异化战略任务；基于差异化的价值考虑，创建全面的高级专业技术类公务员管理制度内容体系，以保证该制度体系既能回应党政机关和有关机构的战略，又能顾及人才自身成长的

第七章　结论

需要；既志存高远，又立足眼前。最后，通过探讨并建议制度体系的实施策略，进一步增强对该制度体系落地的合理性和有效性的思考。

总体而言，在中国特色社会主义进入新时代的形势下，本书针对公务员队伍建设和公务员工作新要求，表达了对创建中国高级专业技术类公务员管理制度体系的呼唤，力求使中国公务员管理的研究对象得到创新，试图通过确立中国高级专业技术类公务员的身份与范围，打造"不在多而在于精"的党政机关内脑核心"细胞"，进一步推动中国公务员职位分类整体管理改革和中国公务员队伍专业化的进程。同时，建议加强各级党政机关对现存和潜在高级专业技术类干部人才的重视，强调坚持"人才强国""人才强政"的发展理念；主张积极与渐进发展的中国公务员制度改革调适，开拓性地探索中国高级专业技术类公务员的分类管理依据、管理工具、方式与机制，积极调整和改革内部人才管理机制，以适应新时代党政机关的职能转变、角色定位。总之，全书力求体现鲜明的时代特征和独特的研究视角。

第二节　研究局限及未来展望

首先，本书在回答"怎样创建高级专业技术类公务员制度"的章节中，对于宏观、中观、微观不同层面的制度内容的阐释稍显单薄，特别是对"价值"和"战略"双驱动下，制度体系设计"怎么建"的回应力还显薄弱，尤须加强。其次，本书对制度的实现路径部分的探讨也需要继续丰富完善，对于实施该制度体系的环境、条件的培育等尚未深入展开。再次，本书研究的立项题目原本为"创建中国高级专业技术类公务员制度"，但"专业技术类"究其本义而言,其实是针对职位分类而言的"专业边界";研究发现,除了美国已建立超越高级文官序列的"高级专业技术类文官"外,其余大多数国家和地区都采用的是基于职位分类思想下的高级文官制度(senior executive system)。本书在借鉴外部实践经验的过程中,并未对上述这两种概念加以明确区分,容易产生歧义。

囿于本书的不足,未来仍待继续深入研究的问题包括:中国公务员职位分类体系的进一步精细化,中国高级专业技术类公务员制度体系的进一步完善,以及中国高级专业技术类公务员制度落地实施的具体路径、策略和环境条件等。具体来说,首先,未来的研究可继续重点聚焦于已采集的系列调研访谈记录以及其他国家和地区的高级公务员制度案例等,剖析中国公务员管理制度存在的不足,特别是要了解国内对高级专业技术类公务员人才的实际需求等,深度聚焦问题,进一步有针对性地丰富拟创建的中国高级专业技术类公务员管理制度体系,以推进本研究的现实感和时代感。其次,未来还应继续在市场监管之外的其他专业职能领域探讨职位分类体系的适用性,以使本书主张的党政机关职类、职级横纵相交以及连通国家职业大典与职称资格认证体系并与之相兼容的职位体系,有机会落地并获得实操检验。最后,未来的研究还可尝试推进小范围试点的方法,通过实验效果的观察研究,逐步调整中国高级专业技术类公务员制度的实施路径,并随着实施环境的改变以及时机的变化等,研究如何进行制度体系的适当调整,以减少制度推进过程中的阻力和摩擦。

参考文献

学术论文：

[1]季明明.国家公务员队伍专业化建设的一个途径:论中国设置公共管理硕士专业学位的必要性与可行性[J].中国行政管理,1999(3):24-27.

[2]谢莉花,苗耀华,余小娟.中德两国职业的比较研究[J].职教论坛,2017(1):70-79.

[3]常晓雪.美国职业信息网络及其对中国职业信息网络化的启示[J].中国职业技术教育,2015(27):55-61.

[4]孙一平,谢晶.深化职称制度改革背景下职称评聘模式研究[J].中国行政管理,2017(10):30-35.

[5]陈鼎杰.关于职称制度的评价与创新[J].福建论坛(人文社会科学版),2008(7):125-127.

[6]蔡冬峻.深圳行政机关公务员分类管理改革探析[J].中共中央党校学报,2011,15(4).

[7]易丽丽.公务员职位分类管理改革探究:基于深圳试点[J].行政管理改革,2015(6):66-70.

[8]中国行政管理学会课题组.加强中国特色行政管理学建设研究报告[J].中国行政管理,2010(1):11-14.

[9]郑海.高素质人才的规模引进对公务员结构的影响[J].法制与社

会,2011(1):165.

[10]龙宁丽.美国高级公务员制度的技术性回应研究[J].行政论坛,2008(3):93.

[11]朱立言,卢丹,龙宁丽.美国文官制度的变革与思考[J].公共管理学报,2010(1):1-7.

[12]马璐,杜大有.党政领导干部胜任力模型研究综述[J].领导科学,2013(2):43-45.

[13]马灿.公务员胜任力模型:特点及构建方法[J].山东行政学院学报,2011(2):46-48.

[14]薛琴.行为事件访谈法在干部选拔中的运用:基于胜任力模型的视角[J].领导科学,2012(9):40-42.

[15]王丛漫,宁文华,孟双见.河北省直机关公务员胜任力模型的构建[J].河北科技大学学报(社会科学版),2007(3):30-33.

[16]杨林,张晓燕,冯江平.少数民族贫困乡镇领导干部胜任力模型的构建与验证:以云南为对象的考察[J].云南师范大学学报(哲学社会科学版),2010,42(2):51-57.

[17]赵耀.对中央国家机关人事干部胜任力的实证分析[J].人口与经济,2005(6):46-51.

[18]郑烨,王明杰,李金龙.少数民族地区公务员胜任力模型构建研究:基于新疆维吾尔自治区的实证调研[J].西南民族大学学报(人文社会科学版),2011,32(3):33-37.

[19]蓝志勇,胡威.谈人力资源管理工作中公务员的专业化问题[J].中国行政管理,2008(6).

[20]伍德罗·威尔逊.行政学研究[G]//彭和平,竹立家,译.国外公共行政理论精选.北京:中共中央党校出版社,1997.

[21]朱立言,龙宁丽.美国高级文官制度与政府回应性[J].中国人民大学学报,2010(1).

[22]朱立言,卢丹,龙宁丽.美国文官制度的变革与思考[J].公共管理学报,2010(1).

[23]党秀云.美国的高级文官制度[J].北京行政学院学报,2003(4):13-16.

[24]赵洪俊,刘晔华,吴瀚飞.美国高级公务员选拔任用制度和考试测评方法[J].领导科学,2001(2):8-9.

[25]石庆环,高岳.从艾森豪威尔到卡特:美国文官高级行政职位的建立[J].求实学刊,2002(11):125-131.

[26]祁光华.美国高级公务员的能力架构及对中国公务员能力建设的启示[J].探索,2005(3):63-65.

[27]孙彩红.澳大利亚行政改革述评[J].国家行政学院学报,2014(4):116-121.

[28]贺武华,宋晓慧.20世纪80年代以来的澳大利亚公共教育改革:经济理性主义与新管理主义主导[J].外国中小学教育,2009(1):30-35.

[29]方振邦,姜颖雁.澳大利亚高级公务员人才管理经验及启示[J].现代管理科学,2018(5):97-99.

[30]张敏.澳大利亚的高级公务员制度[J].中国人力资源社会保障,2018(6):50-51.

[31] 周至忍. 英国的行政改革与西方行政管理新趋势 [J]. 北京大学学报, 1994 (5).

[32] 方振邦、唐健. 高级公务员胜任素质模型：国际经验及借鉴 [J]. 行政管理改革, 2018 (12)：81-86.

[33] 廖昆明. 英、法、德、意四国高级公务员的招聘制度 [J]. 政治学研究, 2003 (3)：118-124.

[34] 邱珊. 论英国高级公务员的地位与作用 [J]. 重庆邮电大学学报（社会科学版）, 2007 (S1)：9-11.

[35] 冉景亮. 英国高级公务员绩效管理"九宫格" [J]. 劳动保障世界, 2018 (1)：69.

[36] 崔冰. 新加坡的公务员制度及其启示 [J]. 人民论坛, 2012 (3)：15.

[37] 刘昕, 柴茂昌, 董克用. 新加坡公务员薪酬平衡比较机制及其启示 [J]. 经济社会体制比较, 2014 (7)：15.

[38] 刘北辰. 新加坡的公务员制度 [J]. 中国劳动保障, 2009 (12).

[39] 邵丽鑫. 浅析"高薪养廉"在中国的适用性：建立"提薪助廉"的模式 [J]. 现代企业教育, 2014 (8)：28.

[40] 张欣欣. 新加坡公职人员的工资结构和水平概述 [J]. 中国人事科学, 2018, (6)：12-19.

[41] 丁可锋. 中国与新加坡公务员制度比较与借鉴意义 [J]. 中小企业管理与科技, 2012 (6)：5.

[42] 李贤冠. 香港公务员分类管理考察与启示 [J]. 中国卫生监督杂志, 2013 (2)：20.

[43] 宋为民. 香港公务员制度浅析 [J]. 深圳大学学报（人文社会科学版），1988（9）：30.

[44] 李德，翁文艳. 香港公务员培训的特征与启示 [J]. 中国浦东干部学院学报，2011（6）：86-92.

[45] 梁寿坚. 香港公务员管理制度及启示 [J]. 当代广西，2013（5）：16.

[46] 熊继宁. 台湾地区公务员系统："转型期"之前的探索 [J]. 比较法研究，2002（8）：10.

[47] 卢绍武. 台湾如何考录公务员 [J]. 中国人才，2010（02）：1.

[48] 顾爱华，吴子靖. 论台湾的公务员考试制度 [J]. 新视野，2016（2）：41-48.

[49] 周敏，丁澜. 台湾公务员制度研究 [J]. 现代商贸工业，2010（7）：1.

[50] 李秀峰. 韩国公务员培训教育的改革与创新 [J]. 湖北行政学院学报，2009（5）：83-86.

[51] 张友南. 韩国公务员培训的特点及启示 [J]. 中国井冈山干部学院学报，2010（5）：123-126.

[52] 金判锡. 新时期变革中的韩国高级文官制度 [J]. 国家行政学院学报，2005（4）：93-96.

[53] 朱立言，龙宁丽. 美国高级文官制度与政府回应性 [J]. 中国人民大学学报，2010（1）.

[54] 李伟权. 互动决策：政府公共决策回应机制建设 [J]. 探索，2002（3）.

[55] 李伟权．政府决策可行性分析过程中的回应问题研究［J］．广东技术师范学院学报，2003（3）：1-6．

[56] 吴少微，魏姝．发达国家公务员专业化的演变及其启示［J］．南京大学学报（哲学·人文科学·社会科学），2018，55（6）：126-134．

[57] 傅兴国．新时代公务员管理工作的新任务新要求［J］．求是，2018（4）．

[58] 蓝志勇，胡威．从莫石理论看中国公务员队伍的专业化发展与管理的趋势［J］．第一资源，2012（4）．

[59] 蓝志勇，胡威．谈人力资源管理工作中公务员的专业化问题［J］．中国行政管理，2008（6）．

[60] 潘娜．美国文官制度改革的专业价值剖析及启示［J］．国家行政学院学报，2013（5）：117-121．

[61] 王懂棋．建设适应时代发展要求的高素质专业化干部队伍［J］．中国党政干部论坛，2018（8）．

[62] 王懂棋．建设高素质专业化干部队伍［J］．中国领导科学，2018（4）．

[63] 刘峰．努力成为高素质专业化的好干部［J］．行政管理改革，2018（5）．

[64] 谢冬敏．职业化工商队伍建设的特点和途径［J］．中国工商管理研究，2005（2）．

[65] 罗政．建设高素质专业化干部队伍的研究［J］．科技经济导刊，2018（26）：27．

[66] 刘昕．建设适应时代发展要求的专业化干部队伍［J］．中国党

政干部论坛，2018（5）．

[67] 潘娜，朱立言．美国文官制度改革的专业主义价值：演进与评析［J］．经济与管理研究，2013（10）：43-48．

[68] 王骏．职位分类对干部任用制度的功能作用浅议［J］．理论与改革，1988（6）：22-25．

[69] 潘娜．美国高级专业技术类文官制度探究［J］．中国行政管理，2013（3）：89-94．

[70] 徐喜辰．论周代的世卿巨室及其再封制度［J］．东北师大学报，1989（5）．

[71] 潘娜．美国如何发挥高级专家作用：美国高级专业技术类文官制度掠影［J］．中国人才，2012（11）：56-57．

[72] 季明明．国家公务员队伍专业化建设的一个途径：论中国设置公共管理硕士专业学位的必要性与可行性［J］．中国行政管理，1999（3）：25-28．

[73] 李庚香．建设高素质专业化干部队伍的历史逻辑、新时代内涵和现实路径［J］．领导科学，2018（13）：4-10．

[74] 吴江．用新体制新机制释放人才活力［J］．人民论坛，2017（15）：30-33．

[75] 张康之，刘柏志．公共行政的继往开来之路：纪念伍德罗·威尔逊发表《行政学研究》120周年［J］．湘潭大学学报（哲社版），2007（1）．

[76] 李佳琪．专业技术类公务员管理现状及对策研究［J］．中国行政管理，2013（8）：74-77．

[77] 陈少中，王琳琳．如何推进专业技术类公务员分类管理改革

[J]. 中国党政干部论坛, 2017 (8): 53-55.

[78] 潘娜, 丁智聘. 人力资本与干部晋升: 一项来自中国场景的调查 [J]. 上海交通大学学报 (人文社科版), 2021 (4): 68-80.

[79] JULIE DOLAN, Influencing Policy at the Top of the Fedreal Bureacracy: A Comparison of Career and Political Senior Executive [J]. Public Administration Review, 2000 (11/12): 573.

[80] JAMES P. PFIFFNER. Political Appointees and Career Executives: The Democracy-Bureaucracy Nexus in the Third Century [J]. Public Administration Review, 1978, 47 (1): 57-65.

[81] PATTRICIA W. INGRAHAM. Building Vridges or Burning Them? The President, the Appointtees, and the Bureacracy [J]. Public Administration Review, 1987, 47 (5): 425-435.

[82] FRANCIS E. ROURKE. Executive Responsiveness to Presidensy Policies: The Reagan's Executive Branch [J]. Public Administration Review, 1997, 57 (1): 75.

[83] PAUL LORENTZEN. Stress in Political-Career Executive Relations [J]. Public Administraion Review, 1985, 45 (3): 411-414.

[84] T. J. LAH, JAMES L. PERRY. The Diffusion of the Civil Service Reform Act of 1978 in OECD Countries: A Tale of Two Paths to Reform [J]. Review of Public Personnel Administration, 2008 (28): 282-299.

[85] JAMES PERRY. Democracy and the New Public Service [J]. The American Review of Public Administration, 2007 (3): 3-16.

[86] FRANK P. SHERWOOD. Responding to the Decline in Public Service

Professionalism [J]. Public Administration Review. 1997, 57 (3): 212.

[87] GREGORY STREIB. Professional Skill and Support for Democratic Principles: The Case of Local Government Department Heads in Northern Illinois [J]. Administration & Society, 1992 (24): 22-40.

[88] TERRY L. COOPER, LUTHER GULICK. Citizenship and Professionalism in Public Administration [J]. Public Administration Review (Special Issue: Citizenship and Public Administration), 1984 (3): 143-151.

[89] PAUL STARR. Professionalization and Public Health: Historical Legacies, Continuing Dilemmas [J]. Journal of Public Health Management and Practice, 2009 (11): 26-30.

[90] G. ZHIYONG LAN, LERA RILEY, N. JOSEPH CAYER. How Can Local Government Become an Employer of Choice of Technical Professionals [J]. Review of Public Personnel Administration, 2005, 25 (3): 238.

[91] JOHN NALBANDIAN. Professionals and the Conflicting Forces of Administrative Modernization and Civic Engagement [J]. The American Review of Public Administration, 2005 (35): 311-326.

[92] GRACE HALL SALTZSTEIN. Bureaucratic Responsiveness: Conceptual Issues and Current Research [J]. Journal of Public Administration Research and Theory, 1992 (1): 63-88.

[93] COOPER, T. L. Hierachy, Virtue, and the Practice of Public Administration [J]. Public Administration Review, 1987 (48): 322.

[94] KENNETH R. GREENE. Municipal Administrators' Receptivity to Citizens and Elected Officials Contacts [J]. Public Administration Review,

1982 (42): 4346-4353.

[95] F. ROURKE. Responsiveness and Neutral Competence in American Bureacracy [J]. Public Administration Review, 1992 (11/12): 539-546.

[96] KAUFMAN, HERBERT. Emerging Conflicts in the Doctrines of Public Administration [J]. American Political Science Review, 1956 (12): 1057-1073.

[97] INGRAHAM, PATRICIA W, BAN CAROLYN. Politics and Merit: Can They Meet in a Public Service Model? [J]. Review of Public Personnel Administration, 1988, 8 (1): 7-19.

[98] CHRISTOPHER DANIEL, BRUCE J. ROSE. Blending Professionalism and Political Acuity: Empirical Support for an Emerging Ideal [J]. Public Administration Review, 1991, 51 (5): 438-440.

[99] JOHN NALBANDIAN. The Manager as Political Leader: A Challenge to Professionalism? [J]. Public Management, 2000 (3): 7-12.

[100] KEARNY, R. C, SINHA, C. Professionalism and Bureaucratic Responsiveness: Conflict or Compatibility [J]. Public Administration Review, 1988 (48): 571-579.

[101] GREGORY STREIB. Professional Skill and Support for Democratic Principles: The Case of Local Government Department Heads in Northern Illinois [J]. Administration & Society, 1992 (24): 22-40.

[102] ROBERT HALF. Keeping the Best Employee Retention in Public Accounting [J]. The CPA Journal, 1982 (8): 34-38.

[103] FRANK P. SHERWOOD. Responding to the decline in public service

professionalism [J]. Public Administration Review, 1997, 57 (3): 212.

[104] JAMES KEENE, JOHN NALBANDIAN, ROBERT O'NEILL, et al. How Professionals can Add Value to Their Communities and Organizations [J]. Public Management, 2007 (3): 32-38.

[105] SHERMAN TOM. The Tensions Between Accountability and Responsiveness in a Shrinking Public Sector [J]. Canberra Bulletin of Public Administration, 1997 (8): 37-41.

[106] SARA BINZER HOBOLT, ROBERT KLEMMENSEN. Government Responsiveness andPolitical Competition, in Comparative Perspective [J]. Comparative Political Studies, 2008 (3): 309-337.

[107] J.MANZA, F.L COOK. A Democratic Polity? Three Views of Policy Responsiveness to Public Opinion in the United States [J]. American Politics Research, 2000 (30): 630-67.

[108] PAUL D. SCHUMAKER, RUSSELL W. GETTER. Responsiveness Bias in 51 American Communities [J]. American Journal of Political Science, 1977 (5): 247-281.

[109] GRACE HALL SALTZSTEIN. Bureaucratic Responsiveness: Conceptual Issues and Current Research [J]. Journal of Public Administration Research and Theory, 1992 (1): 63-88.

[110] COOPER, T. L. HIERACHY. Virtue, and the Practice of Public Administration [J]. Public Administration Review, 1987 (48): 322.

[111] GRACE HALL SALTZSTEIN. Bureaucratic Responsiveness: Conceptual Issues and Current Research [J]. Journal of Public Administration Research and

Theory, 1992 (1): 63-88.

[112] JOHN NALBANDIAN. Tenets of Contemporary Professionalism in Local Government [J]. Public Administration Review, 1990 (11/12): 654-662.

[113] WEIBLE, C. M, SABATIER P. A. Comparing Policy Network: Marine Protected Areas in California [J]. The Studies Jouranl, 2005. 33 (2): 181-202.

[114] NOMAR M. RICCUCCI. The Pursuit of Social Equity in the Federal Government: A Road Less Travelled? [J]. Public Administrative Review, 2009 (5/6): 373-381.

[115] KIRAN VERMA, BARRY M. MITNICK, AFLRED A. MARCUS. Making Incentive System Work Incentive Regulation in the Nuclear Power Industry [J]. Journal of PublicAdministration Research and Theory, 1999 (7): 395-436.

[116] ROMZEK, BARBARA, J. STEPHEN HENDRICKS. Organizational commitment and representative bureaucracy: Can we have it both Ways? [J]. American Political Science Review, 1982. 76 (1): 75-82.

[117] JAMES L. PERRY, LOIS RECASCINO WISE. The motivational bases of Public Service [J]. Public Administration Review, 1990 (5/6): 367.

[118] FRANK P. SHERWOOD. Responding to the decline in public service professionalism [J]. Public Administration Review, 1997, 57 (3): 212.

[119] ROBERT HALF. Keeping the Best Employee Retention in Public Accounting [J]. The CPA Journal, 1982 (8): 34-38.

[120] SALLY ANDERSON. Is Everyone Out There? Behavioral Health

Tomorrow [J]. Special Report, 1999 (2): 47-48.

[121] DAVID MCCLELLAND. Testing for Competence Rather than for Intelligence [J]. American Psychologist, 1973 (1): 1-14.

[122] GERALD V. BARRETT, ROBERT L. DEPINET. A Reconsideration of Testing for Competence Rather than for Intelligence [J]. American Psychologist, 1991 (10): 1012-1024.

[123] CATHERINE TRUSS, LYNDA GRATTON. Strategic Human Resources Management: A Conceptual Approach. Intenational [J]. Journal of Human Resources Management, 1994 (9): 663.

学术著作：

[1] 司马迁. 史记·五帝本纪 [M]. 长沙：岳麓书社，2001.

[2] 左丘明. 左传 [M]. 西安：三秦出版社，2008.

[3] 张荫麟. 中国史纲 [M]. 上海：上海古籍出版社，1999.

[4] 司马迁. 史记·管晏列传 [M]. 长沙：岳麓书社，2001.

[5] 杜佑. 通典·选举一 [M]. 北京：中华书局，1988.

[6] 司马迁. 史记·商君列传 [M]. 长沙：岳麓书社，2001.

[7] 司马迁. 史记·吕不韦列传 [M]. 长沙：岳麓书社，2001.

[8] 司马迁. 史记·河渠书 [M]. 长沙：岳麓书社，2001.

[9] 司马迁. 史记·袁盎晁错列传 [M]. 长沙：岳麓书社，2001.

[10] 班固. 汉书·东方朔传 [M]. 北京：中华书局，1962.

[11] 班固. 汉书·武帝本纪 [M]. 北京：中华书局，1962.

[12] 司马迁. 史记·刘敬叔孙通列传 [M]. 长沙：岳麓书社，2001.

[13] 薛厉廉．澳大利亚政府机构与文官制度［M］．北京：人民出版社，1986．

[14] 吴志华．当今国外公务员制度［M］．上海：上海交通大学出版社，2008．

[15] 曹中屏．韩国研究二十年：政治卷［M］．北京：社会科学文献出版社，2012．

[16] 刘重春．理性化之路：韩国公务员制度研究［M］．北京：中国社会科学出版社，2012．

[17] 方和荣，郭玲霞．国家公务员法律制度基础［M］．北京：中国科学技术出版社，2007．

[18] 李和中．比较公务员制度［M］．北京：中共中央党校出版社，2003．

[19] 胡威．日本国家公务员制度研究：发展、变革与转型［M］．北京：中国劳动社会保障出版社，中国人事出版社，2013．

[20] 舒放，王克良．国家公务员制度［M］．3版．北京：中国人民大学出版社，2014．

[21] 本尼狄克特．菊与刀［M］．严雪莉，译．南京：凤凰出版社，2012．

[22] 祁光华．胜任能力：公共部门人力资源管理新聚焦［M］．北京：新华出版社，2010．

[23] 斯塔林．公共部门管理［M］．陈宪，等译．上海：上海译文出版社，2003．

[24] 克林格勒，纳尔班迪．公共部门人力资源管理：系统与战略

[M].4版.孙柏瑛,等译.北京:中国人民大学出版社,2001.

[25] 弗雷德里克森.公共行政的精神[M].张成福,等译.北京:中国人民大学出版社,2003.

[26] 彭和平,竹立家.国外公共行政理论精选[M].北京:中共中央党校出版社,1997.

[27] 怀特,亚当斯.公共行政研究:对理论与实践的反思[M].刘亚平,高洁,等译.北京:清华大学出版社,2005.

[28] 金太军.当代中国政府与政治论稿[M].广州:广东人民出版社,2009.

[29] 斯蒂尔曼.公共行政学:案例和观点(上册)[M].李方,译.北京:中国社会科学出版社,1988.

[30] 向实,朱晓鹏,等.马克思主义哲学的当代视域[M].北京:中央编译出版社,2009.

[31] 莱恩.公共部门:概念、模型与途径[M].3版.谭功荣,等译.北京:经济科学出版社,2004.

[32] 马利克.管理成就生活[M].北京:机械工业出版社,2009.

[33] 竺乾威.西方公共行政案例[M].上海:复旦大学出版社,2002.

[34] 王书峰.美国退役军人教育资助政策形成变迁研究[M].广州:广东高等教育出版社,2009.

[35] 海迪.比较公共行政[M].刘俊生,译.北京:中国人民大学出版社,2006.

[36] 休斯.公共管理导论[M].2版.北京:中国人民大学出版

社，2001.

［37］韦伯．学术与政治［M］．冯克利，译．北京：三联书店，2005.

［38］亨利．公共行政学［M］．项龙，译．北京：华夏出版社，2002.

［39］国务院法制办公室．中华人民共和国公务员法注解与配套［M］．北京：中国法制出版社，2008.

［40］刘俊生．中国人事制度概要［M］．北京：清华大学出版社，2009.

［41］徐颂陶．回眸中国人事制度改革28年［M］．北京：中国人事出版社，2007.

［42］海迪．比较公共行政［M］．刘俊生，译．北京：中国人民大学出版社，2006.

［43］邓小平．邓小平文选：第二卷［M］．北京：人民出版社，1994.

［44］迪布瓦．胜任力：组织成功的核心源动力［M］．北京：北京大学出版社，2005.

［45］彭剑锋．战略人力资源管理：理论、实践与前沿［M］．中国人民大学出版社，2014.

［46］孙柏瑛，祁光华．公共部门人力资源开发与战略［M］．北京：中国人民大学出版社，2008.

［47］罗森布鲁姆，克拉夫丘克．公共行政学：管理、政治和法律的途径［M］．张成福，等译．北京：中国人民大学出版社，2002.

［48］科恩，艾米克．新有效公共管理者［M］．王巧玲，等译．北京：中国人民大学出版社，2002.

［49］彼得斯．官僚政治［M］．聂露，李姿姿，译．北京：中国人民

大学出版社，2006.

［50］德斯勒．人力资源管理［M］．9版．吴雯芳，刘昕，译．北京：中国人民大学出版社，2007.

［51］孙柏瑛，祁光华．公共部门人力资源管理［M］．3版．北京：中国人民大学出版社，2010.

［52］法约尔．工业管理和一般管理［G］//孙耀君．西方管理学名著提要．南昌：江西人民出版社，1989.

［53］比尔德韦尔，克莱顿．人力资源管理：当代视角［M］．6版．李文静，等编译．北京：电子工业出版社，2015.

［54］大前研一．专业主义［M］．3版．裴立杰，译．北京：中信出版社，2019.

［55］潘娜．政治回应和效率回应演进中的公务员制度建设：美国高级专业技术类文官研究［M］．北京：经济科学出版社，2020.

［56］JAMESS. BOWMAN. JONATHANP. WEST, MARICIAA. BECK. Achieving Competecies in Public Service：the Professional Edge［M］．2nd ed. Armonk, N. Y. M. E. sharpe, 2004：7.

［57］JAMES N. DRUCKMAN, LAWRENCE R. JACOBS. Presidential Responsiveness to Public Opinion：Chart 8［M］．The Oxford Handbook of the American Presidency（Online），2009：167.

［58］ROBERT A. DAHL. Polyarchy：Participation and Opposition［M］．New Haven：Yale University Press, 1971：1.

［59］P. SELF. Adminsitration：Theories and Politics［M］．2nd ed. Boston：George Allen & Uniwin, 1982：151-152.

[60] FREDERICK C. MOSHER. Democracy and the Public Service [M]. New York: Oxford University Press, 1982: 118.

[61] ROBERT H. ELLIOT. Public Personnel Administration: A Value Perspective [M]. Reston Publishing Company, Inc, 1985: 118.

[62] BURTON J. BLEDSTEIN. The Culture of Professionalism: The Middle Class and Development of Higher Education in America [M]. New York. Norton, 1976.

[63] ANTHONY DOWNS. Inside Bureaucracy [M]. Boston: Little Brown, 1967.

[64] WARREN BENNIS. Organization of the Future [M]. 5th ed. Wadsworth, 2004: 238-249.

[65] W. BARRETT. The Illusion of Technique. Garden City [M]. New York: Anchor Doubleday, 1979: 229.

[66] JAMES S. BOWMAN, JONATHAN P. WEST, MARCIA A. BECK. Achieving competencies in public service: the professional edge (2nd Edition) [M]. 2nd ed. Armonk. N. Y. : M. E. Sharpe, 2004: 36-68.

[67] REINHARD BENDIX. Higher Civil Service in American Society: A Study of the Social Origins, the Career and the Power-position of Higher Federal Administrator [M]. Boulder, 1949.

[68] HUGH HELCO. A Government of Strangers: Executive Politics in Washington [M]. Washington D. C: Brookings Institution, 1977.

[69] JOHN M. GAUS, LEONARD D. WHITE, MARSHALL E. Dimock. Criteria and Objectives of Public Administration: the Frontiers of Public

Administration [M]. Chicago: University of Chicago Press, 1936: 120-133.

[70] MARK W. HUDDLESSON. Report of the Twentieth Century Fund Task Force on the Senior Executive Service: The Government's Managers [M]. New York: Priority Press Publications, Background Paper, 1987.

[71] M.O FULNER. Advocacy and Objectivity: A Crisis in the Professionalization of American Social Science. Lexington [M]. KY: University of Kentucky Press, 1975: 1865-1905.

[72] JOANE. PYNES. Human Resources Management for Public and Nonprofit Organizations [M]. 2nd ed. Jossey-Bass, 2004: 23-24.

[73] N. JOSEPH CAYER. Public Personnel and Labor Relations. Handbook of Public Administration [M] 3rd ed. CRC Press, 2007: 345-379.

学位论文:

[1] 刘婷婷. 澳大利亚联邦政府公务员制度改革研究 (1983—2005) [D]. 上海: 华东师范大学, 2007.

[2] 薛晓磊. 加拿大高级公务员核心领导力模型研究 [D]. 武汉: 华中师范大学, 2015.

[3] 赵萌. 香港中高级公务员晋升制度研究 [D]. 武汉: 华中师范大学: 2016.

[4] 赵鑫. 中国台湾地区文官制度研究 [D]. 上海: 上海交通大学, 2008.

[5] 刘春艳. 中国台湾地区公务员考录制度述论 [D]. 南京: 南京师范大学, 2015.

[6] 王凯艳. 韩国"高级公务员团"制度研究 [D]. 北京：中央民族大学，2010.

[7] 潘娜. 美国高级专业技术类文官与政府回应性 [D]. 北京，中国人民大学，2011.

[8] 蔡荣安. 公务员分类管理研究：以深圳市为例 [D]. 江西：南昌大学，2015.

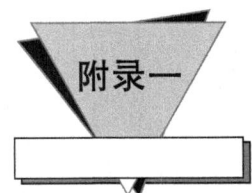

相关研究资料

一、《关于厅局级干部胜任力问卷调查》

关于厅局级干部胜任特征的问卷调查

您好!

根据《2010—2020年干部教育培训改革纲要》的要求,国家行政学院在"十二五"期间继续推进干部教育培训改革。厅局级干部是国家行政学院的主要培训对象,为了给厅局级干部提供更有针对性和实效性的培训,帮助厅局级干部更好地履职,促进厅局级干部的职业发展,培养造就高素质高级公务员队伍,我们设计了本调查问卷。作为厅局级领导,您对厅局级干部的能力和特征有充分的了解,请您结合自己的亲身经验和体会给我们的调查予以帮助。您的意见和建议对我们非常重要,衷心感谢您的支持!

本问卷采用匿名填写,答案没有对错之分,敬请放心填写。

国家行政学院
《厅局级干部胜任特征研究》课题组
2013年4月

说明:

(1) 厅局级干部的胜任特征是指优秀厅局级干部区别于表现一般的厅局级干部的关键因素。优秀不是指全能的,也不是指理想化的。

(2) 问卷左侧的字母或数字是用于统计编码的，不代表优先次序。

(3) 最后一页关于个人的基本信息仅仅用于比较分析来自厅局级干部不同类别的特征和观点。资料将完全匿名并保密，敬请放心填写。

请您根据自己的体会，对以下可能相关的胜任特征进行评价，考察这些胜任特征在多大程度体现了优秀厅局级干部的要求。

(1) 价值

请根据实际情况评估重要程度，在右边您认为最适当的数字上打"√" 高←认可度→低	极其重要 5	非常重要 4	比较重要 3	一般重要 2	不太重要 1
A. 公平	5	4	3	2	1
B. 正义	5	4	3	2	1
C. 尊重公共舆论	5	4	3	2	1
D. 政治上忠诚	5	4	3	2	1
E. 社会责任感	5	4	3	2	1
F. 忠于上级	5	4	3	2	1
G. 平衡各种利益关系	5	4	3	2	1
H. 尊重事实	5	4	3	2	1
I. 坚持原则	5	4	3	2	1
J. 追求效率	5	4	3	2	1
K. 廉洁	5	4	3	2	1
其他价值，请补充：					
请列出以上您认为优秀厅局级干部格外重要的三项价值（填写字母:） [　]、[　]、[　] 或直接在选项字母上划"√"限选三项。					

（2）知识

请根据实际情况评估重要程度，在右边您认为最适当的数字上打"√"　　　高——认可度——低	极其重要	非常重要	比较重要	一般重要	不太重要
	5	4	3	2	1
A. 哲学	5	4	3	2	1
B. 形势政策	5	4	3	2	1
C. 政治学理论	5	4	3	2	1
D. 管理知识	5	4	3	2	1
E. 经济知识	5	4	3	2	1
F. 法律知识	5	4	3	2	1
G. 社会学知识	5	4	3	2	1
H. 历史知识	5	4	3	2	1
I. 文化知识	5	4	3	2	1
J. 科技知识	5	4	3	2	1
K. 专业知识（有关工作的业务领域和技术工作方面的知识水平）	5	4	3	2	1
其他知识，请补充：					
请列出以上您认为优秀厅局级干部格外重要的四项知识（填写字母:）　　　　　　　　　[　]、[　]、[　]、[　]　或直接在选项字母上划"√"限选四项。					

（3）能力

请根据实际情况评估重要程度，在右边您认为最适当的数字上打"√"　　　高——认可度——低	极其重要	非常重要	比较重要	一般重要	不太重要
	5	4	3	2	1
A. 综合分析能力	5	4	3	2	1
B. 战略思维能力	5	4	3	2	1
C. 决策能力	5	4	3	2	1

续表

请根据实际情况评估重要程度，在右边您认为最适当的数字上打"√" 高——认可度——低	极其重要	非常重要	比较重要	一般重要	不太重要
	5	4	3	2	1
D. 计划能力（超前规划部门的未来发展，本部门年度工作做到统筹安排）	5	4	3	2	1
E. 组织能力（配置人、财、物）	5	4	3	2	1
F. 控制能力（对人、财、物监督控制，并进行反馈改进）	5	4	3	2	1
G. 沟通协调能力	5	4	3	2	1
H. 学习能力	5	4	3	2	1
I. 应变能力	5	4	3	2	1
J. 创新能力	5	4	3	2	1
K. 业务能力	5	4	3	2	1
L. 依法行政能力	5	4	3	2	1
M. 心理调适能力	5	4	3	2	1
其他能力，请补充：					
请列出以上您认为优秀厅局级干部格外重要的四项能力（填写字母:） [ ]、[ ]、[ ]、[ ] 或直接在选项字母上划"√"限选四项。					

（4）个人特质

请根据实际情况评估重要程度，在右边您认为最适当的数字上打"√" 高——认可度——低	极其重要	非常重要	比较重要	一般重要	不太重要
	5	4	3	2	1
A. 健康	5	4	3	2	1
B. 乐观	5	4	3	2	1
C. 自信	5	4	3	2	1
D. 自律	5	4	3	2	1

续表

请根据实际情况评估重要程度，在右边您认为最适当的数字上打"√"　高←认可度→低	极其重要 5	非常重要 4	比较重要 3	一般重要 2	不太重要 1
E. 忠诚	5	4	3	2	1
F. 宽容	5	4	3	2	1
G. 竞争	5	4	3	2	1
H. 合作	5	4	3	2	1
I. 服务	5	4	3	2	1
J. 主动	5	4	3	2	1
其他个人特质，请说明：					
请列出以上您认为优秀厅局级干部格外重要的三项个人特质（填写字母:） [ ]、[ ]、[ ] 或直接在选项字母上划"√"限选三项。					

（5）动机

请根据实际情况评估重要程度，在右边您认为最适当的数字上打"√"　高←认可度→低	极其重要 5	非常重要 4	比较重要 3	一般重要 2	不太重要 1
A. 职业偏好	5	4	3	2	1
B. 使命感	5	4	3	2	1
C. 成就感	5	4	3	2	1
D. 影响力	5	4	3	2	1
E. 人脉资源	5	4	3	2	1
F. 晋升的机会	5	4	3	2	1
G. 参与决策的机会	5	4	3	2	1
H. 受上级重视	5	4	3	2	1
I. 发挥特长	5	4	3	2	1
J. 同事认可	5	4	3	2	1

续表

请根据实际情况评估重要程度，在右边您认为最适当的数字上打"√" 高——认可度——低	极其重要 5	非常重要 4	比较重要 3	一般重要 2	不太重要 1
K. 较高的收入	5	4	3	2	1
L. 良好的工作环境		4	3	2	1
其他动机，请补充：					
请列出以上您认为优秀厅局级干部格外重要的三项动机（填写字母：） [　]、[　]、[　] 或直接在选项字母上划"√"限选三项。					

（6）2003年国家人事部出台了《国家公务员通用能力标准框架（试行）》，其中九种通用能力中，您认为对成为一名出色的厅局级公务员而言哪些能力格外重要（限选四项）

□政治鉴别能力　　□创新能力　　　　　□公共服务能力

□调查研究能力　　□学习能力　　　　　□沟通协调能力

□依法行政能力　　□应对突发事件的能力　□心理调适能力

（7）您认为下列哪些方式是您胜任厅局级职务的有效途径（限选三项）

□同事帮助　　　　□上级指导　　　　　□自我摸索

□效仿他人　　　　□实践锻炼　　　　　□培训学习

□其他

（8）您希望通过厅局级干部培训解决工作实践中哪些问题？或是想提高哪些方面的能力？您对厅局级干部教育培训有何建议？

您的基本情况：

(1) 您的性别（请在选项序号下列√）

A. 男　　　　　　B. 女

(2) 您的年龄（请在选项序号下划√）

A. 40 岁以下　　　B. 40~45 岁　　　C. 46~50 岁

D. 51~55 岁　　　E. 55 岁以上

(3) 您是否是中国共产党党员，假若是的话，您的党龄：_____年

(4) 您的学历：（请在选项序号下划√）

A. 高中及以下　　B. 大专　　　　　C. 大学本科

D. 硕士研究生　　E. 博士研究生

(5) 您所属的公务员类别（请在选项序号下划√）

A. 综合行政类　　B. 专门业务类　　C. 后勤服务类

D. 其他

(6) 您的职务是（请在您的选项序号下划√）：

领导职务类：A. 厅局级（正职）　　B. 厅局级（副职）

非领导职务类：A. 巡视员　　　　　B. 副巡视员

(7) 您担任现任行政级别的年限：_____年

(8) 您的工作单位属于（请在您的选项序号下划√）：

A. 中央　　　　　B. 地方　　　　　C. 中央派出

D. 其他

本问卷到此结束，请您检查是否有遗漏！再次感谢您！

二、访谈提纲记录及调研记录

（一）厅局级专家/学者型领导干部访谈记录

1. 访谈提纲

访谈对象：高级专业技术类公务员、学者型官员等

（1）请介绍下您的职业发展情况，包括：哪年参加工作？学位、学历、专业？毕业院校？相关职业资格培训等？所在部门？具体职责、职级？等等。

（2）您觉得您在相关职责中的专业技能水平如何？您觉得这些专业技能让组织刮目相看了吗？您觉得自己跟综合管理类的干部有什么不一样？

（3）您在日常工作中，专业能力发挥得是否充分？包括：您是否能够参与专业问题的决策？例如制定技术指标与相关标准、设定工作流程范式等。您的一些研究成果有没有真正运用到行政实践中呢？

（4）您认为现行公务员制度体系对您专业能力的发挥起着怎样的作用？有所限制还是有所促进？

（5）您认为现行的系列公务员制度（如公务员法）对您有什么样的影响？请就以下方面谈谈您的感受。

A. 政治觉悟、纪律要求；B. 参与决策；C. 绩效考核；D. 培训开发；E. 发展晋升；F. 保障激励；G. 其他

（6）针对您过往的发展经历而言，您认为目前这一系列公务员制度存在哪些优点及不足？

（7）假若针对高级专业技术类公务员单独设计一套制度体系，您对它会有什么样的期待？换句话说，什么样的制度体系比较适合像您这样的公务员？

（8）请您具体谈谈，如何针对高级专业技术类公务员设计具体的制度体系？（可以结合您的相关业务领域来谈，比如市场监管领域的行政审批等），包括：高级专业技术类公务员应该具备的能力要求？如何选录、任用？如何设计职位体系？如何进行绩效考核？如何进行激励保障？如何进行转任交流？等等。

2. 访谈记录

（1）第一次访谈

访谈时间：2019年1月10日

访谈对象：***，北京市政协某委主任（厅局级）

访谈对象背景介绍：学者型官员，对于科技政策颇有研究，并在高校任兼职硕士研究生导师。

研究背景：选题启发来自德鲁克提出的"知识型员工"概念。在学者型官员相关的公务员机制方面，专业性权威向专业性决策的转化是关注重点。以美国为例，其高级文官体系下的高级专业技术类文官通过旋转门机制被任用，给其位、谋其职，赋予其专业权威，以处理复杂的专业问题。本书拟从本国政策基础与需求出发，尝试创建中国的高级专业技术类公务员体系。本次访谈以问题导向为主，尝试了解中国目前"学者型官员"的处境，探求如何创建适合中国的高级公务员管理制度体系。

问题1：作为专业性较强的公务员，您对现行的公务员制度是否满意？

答：中国文官制度形式上相对比较完善，历史比较悠久。目前的公务

员制度中，有相当多的规则，某种意义上是对古代官制与礼乐制的继承。中国公务员的薪资在国际上处于中下水平，但竞争热度非常高，主要是受到古代"光宗耀祖"思想的影响。

问题2：是否存在岗位职责不明晰的问题？

答：目前公务员的岗位职责非常明晰。公务员定岗定责是定到人的，职位说明书已经进行了说明，与考核相匹配，一直到正部级官员，中央书记处也要考核。岗位职责主要体现在考核。省委书记向中央汇报；省长向省人大、政协汇报，人大、政协打分，等等。不清晰的是专业职责，例如：计量、药品等需要高度专业化的官员但缺乏专业岗位的描述，且需要岗位培训；学校书记、校长要具备学历、党校培训等系列要求；市场监督、建筑、科技部门都属于高度专业化的部门，既需要岗位描述，也需要专业描述，包括基层专业经历、训练、专业职称是否与岗位相符合等。

问题3：是否能够参与专业问题的决策？

答：学者型官员可能不熟悉行政机关的规则，参与度不算太高。

问题4：您认为现行制度还存在着哪些问题？

答：潜规则、形式主义或固化思维成了习惯，对专业化行政、执政、监督都非常不利。因此，除公务员法之外，还要有更详细的相关规定，如业务程序、业务能力等一定要有法制化规定。业务程序的法制化非常必要。

问题5：您认为这些问题中矛盾最突出的是哪类问题？

答：流程范式很具体，但是专业存在异议，干部提拔、人才引进、干部任命流程，岗位有描述，但缺乏法律化规定。

问题6：您在参与决策方面有何看法？

答：目前看决策制度较为完善，但落实到责任人难，落实这方面制度不完善。

问题7：您在绩效考核方面有何看法？

答：目前公务员等级制考核，分为三级（优秀、称职、不称职）。这种划分比较粗糙，事实上很少评出不称职。想要解决现在的绩效考核问题，重要的是如何实现量化。

问题8：您在薪酬与激励方面有何看法？

答：公务员的激励机制还是比较单一的。眼下最看重的激励是领导的表扬，表扬与提职、提级挂钩。直接物质奖励缺乏，今后物质奖励和薪酬激励也应该随之制度化。最重要的是把"配套服务（医疗、待遇等）"货币化，去除待遇特权，等等。此外还应注重公务员个体价值的实现。

问题9：您在晋升方面有何看法？

答：职业晋升通道要跟绩效考核、薪酬激励挂钩，尤其是需要长期稳定任职的业务型岗位。政府各类岗位要专业化，一些领域要设置专业化公务员，以及专业化的考核机制，并建立专业领域一体的上升通道。

问题10：您认为现行制度中，专业技术型官员对其所从事的岗位满意度如何？

答：就我个人而言，是愿意干所在专业的，只要薪酬待遇、职权方面相匹配。

问题11：您如何看待现代科技在公务员制度实践中的作用？

答：科技是个好东西，过去解决不了的科技能解决，比如GPS公务车、纳税系统……在制度设计时要主动引进科技，与科技融合。例如，候

选人提拔要注重对网络舆情的评价及其个人财务情况。应该说,技术手段、法治手段等作用的提升空间很大。

问题 12:您心中合理的公务员制度应包括什么?

答:中国官制传统中有很多好东西可以借鉴,例如科举考任制(尤其是对专业学者型官员而言)、孝廉制等。目前的改革重点应当是去特权化。

(2) 第二次访谈

访谈时间:2019 年 7 月 10 日

访谈对象:***,历任国家工商总局某司处长、某中心副主任、某局副局长、国家市场监督管理总局某局局长等。

问题 1:请介绍一下您的职业发展情况,包括:哪年参加工作?学位、学历、专业?毕业院校?相关职业资格培训?所在部门?具体职责、职级?等等。

答:我在部队当了 17 年的兵,在部队机关当参谋,属于军兵种机关工作,带有机关性质和宏观指导性,对参谋工作要求很高,我也在具体情况分析、战略的把握等方面获得了很大锻炼。

1993 年转业到国家工商总局任某处副处长(5 年),后来又担任某司处长(6 年);再后来任某中心副主任(6 年,副厅级)。2009 年 11 月份调任总局某局副局长;2014 年转任国家市场监督管理总局某局局长。

学历、专业方面,我在部队学过电子工程专业;到地方后读的是中央党校经济管理专业在职研究生。参加的培训也有一些,但没有专门拿资格。这个职位不能拿专业技术资格,条件够但是干部管理部门不允许报。

问题 2:您如何理解自己在相关职责中的专业技能水平?

答:人一生的能力都是一点一滴积累的,人生的经历都很重要。在部队的时候,要求有宏观的眼光、战略的思维、具体的指导水平以及文字表达能力,这些我在部队都打下了比较坚实的基础。

到了地方部门,我一般干5年就主动提出要换,目的就是多学几样业务知识。我的体会是:当你到了某个岗位,你要考虑干这行需要什么思维和技术,然后自己尽量在短时间内要能上手,起码也要懂它,能够领导它,要能干、能写也能讲。从这些年我经历的岗位来看,无论是人事的、经济的、信息化的、制度改革的……都是如此。

问题3: 领导和同事是否能够发现并重视你的专业能力,让你有发挥的空间?

答: 我的体会,首先在平时工作中要注意谦虚谨慎,其次如果真该你"上场"的时候,就要好好展现。记得有一次组织全国性培训,要求副司长和每位处长都要讲课,我整理出两万多字讲稿,好好讲了一课。当课间休息的时候,大家都涌上台上要讲稿,显而易见我讲的东西对他们有用,要不然也不会要……

问题4: 您希望得到领导和群众怎样的认可?

答: 我的想法,第一,领导不能"有急难险重任务的时候就会想起你,但是提拔的时候可能想不到你"。第二,单位里要培养尊重知识、专业的氛围。第三,要体现竞争上岗,通过干部竞争上岗就没有"买官卖官"的余地了,压缩了寻租空间。

问题5: 您在日常工作中,专业能力发挥得是否充分?包括:您是否能够参与专业问题的决策?例如制定技术指标与相关标准、设定工作流程等。您的一些研究成果有没有真正运用到行政实践中?

答: 思维能力、起草法律法规、实施政策等方面,关键要从实际出

发,符合客观规律,听取相关意见,成功的可能性还是很高的;此外,还要有理论的指导,比如系统论指出,系统的结构决定系统的功能,这样一下子会很清楚地考虑问题。

实践中,与领导意见不一致的情况很多,也有为坚持与否而纠结的时候。

某种意义上说,组织发言、研讨……对于科学决策会有一定的作用。就我个人而言,就是要跟人讨论的时候,尽量方方面面都准备好了再去跟人谈,总之尽力了,问心无愧就好。

问题6:您认为现有制度体系对公务员专业能力的发挥起着怎样的作用?

答:从促进的角度来讲,干部竞争上岗,首先在这方面就发挥作用了,只要你有能力和本事,就有机会。我这里的干部,就曾经从人事管理司竞争选拔到市场管理规范司。

要发挥好公务员的专业能力,关键还是要完善、健全机制,干部的成长、工作效率提升、执政体系现代化,都要靠机制。

当然,任何一项制度都不是百分百没问题的,关键是制度里面有几项好的核心性机制就可以了,例如激励机制。

问题7:您认为现行公务员制度(例如公务员法)对您有什么样的影响?请就以下方面谈谈您的感受,包括:政治觉悟、纪律要求,参与决策,绩效考核,培训开发,发展晋升,激励保障等。

答:我觉得在绩效考核和激励保障方面对我的影响更大一些。

问题8:针对您过往的发展经历,您认为现在的公务员制度存在哪些不足?

答:弊端一,从选任、激励、开发的角度而言,不能让优秀人才脱颖而出。弊端二,从考核的角度而言,不能体现出"干多干少不一样"。

问题9:假若针对高级专业技术类公务员单独设计一套制度体系,您对它会有什么样的期待?

答:个人想法:

第一,要想做好专业,必须要懂得综合;要不懂得综合,也就不能搞好专业。

第二,千万不要将综合和业务截然分开。例如,近年来有人向教育部门反映大学生社会实习中的问题,说实习不对路子,安排的都是体力活,干的不是专业,等等。其实,完全迎合学生的想法是有问题的。比方说,学生去送一个月快递,端一个月的盘子,对学生来讲是非常有意义的。因为往往他们缺的不是专业的东西,而是专业以外的经历。

问题10:请结合您的相关业务领域具体谈谈,如何针对高级专业技术类公务员设计具体的制度体系?包括:高级专业技术类公务员的能力要求?如何选录、任用?通过一定机制(如竞争上岗)推进旋转门机制任用专业人员的可行性?

答:东西方的历史和文化有很大的差别,比如聘任制公务员这种情况在国外比较普遍,国内则似乎雷声大雨点小,没啥大动静。

所以,任何制度体系,只有开放的才是可行的,包括:如何设计职位体系,细化专业门类;如何进行绩效考核;如何进行激励保障;等等。

关于如何进行转任交流这个问题,我的理解是派干部到基层去挂职锻炼,去补课可以,但是作为硬性制度不可以。一下派出去六七个年轻干部,单位工作怎么办?当然,如果是先当完村干部之后再回来干,这种制度设计则很好,他们对社会了解更多,处理具体事务的能力更强,再从事相关工作会更好一些。

再提些切实可行的方法，公务员不同队伍之间怎么打通？具体就是要打通内外循环，竞争上岗；

同时，公务员也可以竞争到国企当老总。当然，有些职位不太适合采用聘任制公务员。

（二）上海市调研座谈会记录（因涉密，此处仅记录调研座谈时间、地点、对象、提纲等信息）

1. 上海市徐汇区行政执法类公务员分类管理改革座谈

时间：2018年1月26日

地点：上海市徐汇区行政服务中心

座谈人员：上海市公务员局3人；徐汇区12人

座谈提纲：行政执法类公务员分类管理改革取得的成效、主要难点、存在问题及改进对策？

2. 上海市公务员分类管理改革调研座谈

时间：2018年1月29日

座谈人员：上海市公务员局副局长、考核奖惩处副处长、考核奖惩处主任科员

座谈提纲：上海市公务员分类管理改革步骤、内容及特点总结。

3. 上海市浦东公务员局调研

时间：2018年1月30日

座谈单位：市场监管局；城市执法局

座谈提纲：上海市公务员职位分类管理改革取得的成效、主要难点、

存在问题及改进对策。

4. 上海市浦东公安局调研

座谈时间：2018年1月30日

座谈人员：分局政治处主任；交警支队政委；基层队站所代表等

座谈提纲：上海市公安系统职位分类管理改革取得的成效、形成的经验、主要难点、存在问题及改进对策。

（三）成都市公务员专业化及成都高新区聘任制公务员调研记录

1. 成都市公务员局高素质专业化干部队伍建设的访谈记录

时间：2017年12月27日

地点：成都市公务员局

座谈单位：省公安厅、地税局、食药监局、公务员录用处、四川行政学院、四川省公务员局

座谈提纲：四川省"十三五"规划提到公务员分类改革，在此背景下四川省在高素质专业化公务员队伍建设方面的思考和探索，以及对干部专业化培训的建议。

2. 成都市委组织部干部队伍专业化建设调研

时间：2017年12月28日

座谈单位：成都市公务员局组织部

座谈提纲：四川省高素质专业化干部队伍建设的目标与特色探索，特别是天府高新区实行的全员聘用制的改革创新。

三、正部级干部履历编码指标体系

正部级官员编码指标体系表

编码指标类属	编码指标（中文）	指标赋值	备注
基本情况	序号		
基本情况	姓名		
基本情况	性别	1＝男；2＝女	
基本情况	出生年月		
基本情况	年龄		
基本情况	民族	1＝汉族；2＝其他民族	
基本情况	籍贯（省区市）		省级名称
基本情况	籍贯（市县）		市县名称
基本情况	籍贯类型	1＝直辖市；2＝省会城市；3＝一般地市；4＝县乡；5＝海外	
基本情况	入党时间		
基本情况	党龄		计算到退休前
基本情况	参加工作时间		
基本情况	工龄		计算到退休前
基本情况	专业技术职务	0＝无；1＝中级及以下；2＝中级；3＝副高；4＝正高	
学历情况	最高学历	1＝中专及以下；2＝大专；3＝本科；4＝硕士研究生；5＝博士研究生；6＝博士后	
学历情况	第一学历	1＝一般高校（含党校函授等）；2＝211高校；3＝985高校	
学历情况	中专院校		

续表

编码指标类属	编码指标（中文）	指标赋值	备注
学历情况	中专专业		
学历情况	中专毕业时间		
学历情况	中专毕业年龄		
学历情况	大专院校		
学历情况	大专专业		
学历情况	大专毕业时间		
学历情况	大专毕业年龄		
学历情况	本科院校		
学历情况	本科专业		
学历情况	本科毕业时间		
学历情况	本科毕业年龄		
学历情况	学士学位	0＝无；1＝工学；2＝理学；3＝农学；4＝管理学；5＝经济学；6＝医学；7＝教育学；8＝军事学；9＝哲学；10＝历史学；11＝文学；12＝法学；13＝其他	
学历情况	硕士院校		
学历情况	硕士专业		
学历情况	硕士毕业时间		
学历情况	硕士毕业年龄		
学历情况	硕士学位	0＝无；1＝工学；2＝理学；3＝农学；4＝管理学；5＝经济学；6＝医学；7＝教育学；8＝军事学；9＝哲学；10＝历史学；11＝文学；12＝法学；13＝其他	
学历情况	博士院校		
学历情况	博士专业		
学历情况	博士毕业时间		
学历情况	博士毕业年龄		

续表

编码指标类属	编码指标（中文）	指标赋值	备注
学历情况	博士学位	0=无；1=工学；2=理学；3=农学；4=管理学；5=经济学；6=医学；7=教育学；8=军事学；9=哲学；10=历史学；11=文学；12=法学；13=其他	
学历情况	海外留学经历	0=无；1=有海外留学经历	
学历情况	海外获得学位	0=无；1=中专及以下；2=大专；3=本科；4=硕士研究生；5=博士研究生；6=博士后	
学历情况	海外留学时长		
职务情况	工作单位		
职务情况	工作职务1		
职务情况	工作职务2		
工作简历	岗位异动次数（整体）		
工作简历	单位异动数（整体）		
工作简历	专业匹配岗位数（整体）		
工作简历	专业非匹配岗位数（整体）		
工作简历	同序列（地方-地方）变动次数		
工作简历	同序列（地方-中央）变动次数		
工作简历	同序列（中央-地方）变动次数		
工作简历	异序列岗位数（整体）		
工作简历	异序列岗位任期（整体）		
工作简历	领导班子岗位数（整体）		
工作简历	领导班子岗位任期（整体）		

续表

编码指标类属	编码指标（中文）	指标赋值	备注
工作简历	与现岗位同一职能部门的任期		
工作简历	任正部级时间		
工作简历	是否是专业学者型官员	0=否；1=是	
工作简历	曾于哪所院校工作		
工作简历	是否仍在学术上有成果	0=否；1=是	
工作简历	海外工作经历	0=无；1=有海外工作经历	
工作简历	海外工作时长		
工作简历	海外工作岗位等级（最高）		
备注			

四、美国 FDA 的人力资源战略与高级文官职位招聘汇总表

FDA 的人力资源战略

（一）使命

人力资源办公室致力于成为 FDA 的重要业务合作伙伴，致力于通过提供促进合作的服务以及多样化、公平、开放式沟通、个人担责、相互信任和尊重的工作环境来支持这一世界级机构的目标和挑战。

（二）愿景

为 FDA 的劳动力提供有力的人力资源服务。

（三）主要功能及其说明

1. 系统和数据管理

负责所有人力资源技术系统、内部 IT 支持、服务台和文件室的运作。该团队与参与 IT 开发的其他 FDA 的相关办公室保持密切协调，并为机构人力资源信息系统提供技术支持。协调并提供来自内部和外部客户的数据信息请求，包括各种人力资源（HR）报告的协调人口统计数据和劳动力数据（例如，人员配置报告，FOIA 请求，Ad Hoc 数据请求等）。

2. 劳动力关系

作为代表公认的工会和寻求认可的工会的机构管理层官方联络人，

监督机构的管理、员工和劳动关系项目、方案等。包括：监督组织运动和寻求承认的工会选举的各个方面，参与 HHS 与公认的工会谈判合同，代表机构与裁决机构对不公平的劳工行为、调解、僵局和仲裁程序进行沟通，向 FDA 管理人员和员工提供有关劳动管理关系全部活动的建议和协助。

3. 客户服务

为所有 FDA 中心和办事处提供全方位的人力资源服务。包括招聘、竞争（委托审查）人员配置、绩效晋升、职位分类和管理，对接所有员工、薪酬、福利和退休方案。负责实施并解释其所提供服务范围内对与人力资源问题和交易有关的所有事项的法律和监管要求。

4. 执行资源

领导、指导、协调并为整个机构的执行资源和科学计划或服务提供政策指导。作为机构的专家，负责解释与执行资源和科学计划有关的所有事项的法律和监管要求，包括招聘/人员配置和薪酬补偿。制定 FDA 的指导原则和其他内部指导，以确保符合整体 HHS 政策，雇用有关机构并支付管理和薪酬。

5. 问责制计划

负责监督、评估和报告与 FDA 的人力资源管理相关的法律、规则和法规、退伍军人的偏好、绩效系统原则等。制定并实施全范围问责制计划，包括所有主要人力资源计划的审计和计划审查（例如人员配备、委派审查、薪酬、分类、绩效和激励计划、劳资关系、培训等）。提供建议和培训，加强合规和问责计划。

6. 政策和计划制定

制定和协调实施机构活动的人力资源政策和程序，包括就业、招聘、分类、薪酬和福利、员工和劳动关系管理、培训、职业发展、工作生活质量问题和执行资源等。为人力资源专业人员、FDA主管、经理和员工定期更新有关人力资源政策和计划，并且提供培训和简报。通过对其他人力资源计划进行基准测试和环境扫描，开发和协调实施有助于FDA满足组织和计划需求的新的人力资源/人力资本计划。启动并推荐示范和/或试点项目。处理HHS和OPM关于人员差异、退伍军人转交请求、直接雇用权限以及政策、规则或法规例外请求等的所有申请。

附录一 相关研究资料

FDA 高级文官职位招聘汇总表（部分）

职位	职责	聘用条件	资格	教育	福利
HAF（人类和动物食品业务办公室主任）	1. 监督和管理计划活动； 2. 为 HAF 运营提供咨询； 3. 保持对领导层的兴趣和对目标的知识和意识； 4. 提供有关行业惯例、拟议立法以及与 HAF 产品相关的法规和指南的运作实施等的权威咨询； 5. 监督现场检查和合规操作； 6. 以 350 万美元为管理整体预算权限； 7. 提供领导和指导； 8. 推进监督计划以及解决出现的复杂政策问题	1. 美国公民； 2. 道德规范/财务披露声明； 3. 安全背景调查； 4. DHS 电子验证； 5. 直接存款； 6. 新入选的 SES 职业的人员要获得 OPM 批准的 ECQ，否则需要一年的试用期； 7. 可能有搬迁奖励； 8. 可能有招聘奖励； 9. 有监督职位	1. 管理能力方面的经验：有先进的分析技巧，出色的书面和口头沟通技巧，良好的判断力以及与政府和非政府官员互动的经验作为证明； 2. 在联邦政府中的任职级别在 GS-15 级别或以上； 3. 取得重大成就以及有成功的专业表现； 4. 高级行政服务要求——逐步晋升的领导经验； 5. 高级知识和经验； 6. 高级管理经验； 7. 与该职位相关的表现或贡献的荣誉、奖励或其他表彰； 8. 高级学位	与职等对应的学历	联邦福利

<<< 337 >>>

续表

职位	职责	聘用条件	资格	教育	福利
项目分析官（Program Analysis Officer）	1. 提供有关资源规划和管理活动、预算执行和财务预测的领导和指导； 2. 指导和监督相关的财政和资源分配活动； 3. 制定财务运营计划、资源支出计划，发布运营资金分配通知并启动资金重新编程； 4. 提供有关财务管理流程利用与费用计划问题的建议	1. 美国公民； 2. 电子验证； 3. 选择性服务注册：生于1959年12月31日之后的男性必须注册； 4. 安全背景调查； 5. 等级时间要求：52周的下一个最低等级的可比经验； 6. 信息准确； 7. 直接存款	1. GS-15职等的资格； 2. 专业经验：必须具有一年的专业经验，相当于联邦服务中的GS-14	与职等对应的学历	联邦福利
管理分析员（Management Analyst）	1. 进行最有效地利用资源管理相关的研究和分析，特别强调规划有效的政策，通过系统和演绎调查证明提案的合理性推理等； 2. 领导、计划并进行管理政策领域的综合分析调查和特殊研究； 3. 数据收集，通过系统和演绎推理证明提案的合理性； 4. 开发各种分析图表、叙述性描述等； 5. 提供建议并说服反对推动者改革	1. 美国公民； 2. 电子验证； 3. 选择性服务注册：生于1959年12月31日之后的男性必须注册； 4. 安全背景调查； 5. 等级时间要求：52周的下一个最低等级的可比经验； 6. 信息准确； 7. 直接存款	1. 拥有相当于GS-12级别的一年专业经验； 2. 对于内部申请人，将需要SF-50	与职等对应的学历	联邦福利

附录一 相关研究资料

续表

职位	职责	聘用条件	资格	教育	福利
监管委员 (Regulatory Counsel)	1. 监管法律顾问执行； 2. 编写规则； 3. 就法律、法规和政策的解释提供建议； 4. 对复杂的监管和政策问题进行分析； 5. 为药物评估和研究中心的工作人员提供建议； 6. 执行其监督任务	1. 美国公民； 2. 选择性服务注册：生于1959年12月31日之后的男性必须注册； 3. 电子验证； 4. 安全背景调查； 5. 信息准确； 6. 直接存款	1. 获得GS-13等级的资格； 2. 一年的联邦服务（GS-12级）专业经验	与职等对应的学历	联邦福利
医生 (Physician)	1. 监测全国标记和使用的医疗器械和/或药品的后市场安全性和有效性； 2. 为相关公共风险分析提供支持； 3. 提供政策指导、文件审查和解释方面的建议； 4. 制定监管或管理政策； 5. 提供有关医疗器械和/或安全有效药物的指导； 6. 担任医疗器械和/或药品问题技术专家	1. 美国公民； 2. 有效的和无限制的医疗许可证； 3. 电子验证； 4. 直接存款； 5. 可能需要财务披露声明； 6. 可能有招聘和搬迁奖金； 7. 准确信息； 8. 其他	1. 许可证：拥有有效不受限的医生注册； 2. 5年的专业毕业培训，以及在监管科学和医学研究方向的相同经验和培训	学位：美国或加拿大学校的医学博士或骨病学博士	联邦福利

续表

职位	职责	聘用条件	资格	教育	福利
监督医师（Supervisory Physician）	1. 为工作人员制定准则和业绩预期； 2. 提供项目和运营方面的专业知识和监督； 3. 监测全国标记和使用的医疗器械和/或药品的后市场安全性和有效性； 4. 为立法提供政策指导，文件审查和解释方面的建议； 5. 制定监督或管理政策； 6. 提供有关医疗设备和/或安全有效药物和/或药品问题的指导； 7. 担任医疗器械和/或药品问题技术专家	1. 美国公民； 2. 有效和无限制的医疗许可证，并且必须随申请一起提交，可能需要提供为期一年的试用期； 3. 背景调查； 4. 电子验证； 5. 直接存款； 6. 可能需要财务披露声明； 7. 可能有招聘和搬迁奖金	1. 许可证：拥有有效不受限的许可证或医生注册； 2. 5年的专业毕业培训，以及在监管科学和医学研究方面的相同经验和培训	学位：美国或加拿大学校的医学博士或骨病学博士	联邦福利

附录一 相关研究资料

续表

职位	职责	聘用条件	资格	教育	福利
数学统计专家 (Mathematical Statistician)	1. 提供有关高级统计、数学和计算理论与实践的科学专业知识和建议； 2. 与行业代表会面，交流信息，提供建议和指导； 3. 全面研究并综合讨论提交审查的数据和其他可用信息； 4. 提交实质性监管建议和结论； 5. 将数学和统计理论、方法应用于科学提交的审查、评估和分析	1. 美国公民； 2. 等级时间要求：通常为52周的下一个最低等级的可比经验； 3. 1959年12月31日或之后出生的男性必须在选择性服务中注册或获得批准的豁免； 4. FDA参与电子验证； 5. 安全背景； 6. 准确性证明； 7. 直接存款	至少拥有一年相当于联邦服务中GS-13级别的经验，包括应用统计、数学和计算理论来进行科学提交的设计和审查	学位：包括24个学期的数学和统计学学习，加上适当的经验或额外的教育	联邦福利
监管工程师 (Supervisory General Engineer)	1. 主要负责监督四个分部实验室中的两个； 2. 任职者提供权威建议和评估数字资产管理 (DAM) 的计划部分； 3. 为关键任务研究基础能力、咨询和鼓励； 4. 负责发展提供出色的监管审核、政策和出版物； 5. 负责确定基础设施、人员、预算的优先顺序和分配	1. 美国公民； 2. FDA参与电子验证； 3. 选择性服务注册：男性，1959年12月31日 (或之后) 出生； 4. 背景安全调查要求； 5. 等级时间要求：通常为52周的下一个最低等级的可比经验； 6. 准确性证明；招聘公告截止日期之前获得的教育、经验和资格； 7. 直接存款； 8. 可能需要1年的监管试用期	1. GS-15职等的资格； 2. 专业经验：必须具有一年的专业经验，相当于联邦服务中的GS-14	与职等对应的学历	联邦福利

<<< 341 >>>

续表

职位	职责	聘用条件	资格	教育	福利
政策分析员（Policy Analyst）	1. 分析立法和制定影响 FDA 范围计划的标准，指导法规或政策； 2. 分析、制定和实施设备评估计划和活动的政策、程序、指南和法规； 3. 编写关于研究结果和结论以及制定新政策、程序或法规建议的书面简报； 4. 协调和实施设备评估活动	1. 美国公民； 2. FDA 参与电子验证：确定就业资格； 3. 选择性服务注册：男性，出生于 1959 年 12 月 31 日（或之后）； 4. 背景调查要求； 5. 等级时间要求：通常为 52 周的下一个最低等级的可比经验； 6. 准确性证明：招聘公告截止日期之前获得的教育、经验和资格； 7. 直接存款	1. 具有一年的专业经验，相当于联邦服务中的 GS-13； 2. 具有 GS-14 职等的资格	与职等对应的学历	联邦福利
消费者安全专员（Consumer Safety Officer）	1. 审查并评估证据和结果； 2. 分析和评估数据样本和记录； 3. 提供法律意见； 4. 在非正式听证会以及在法庭上采取法律行动； 5. 提供准确信息	1. 背景调查要求； 2. 等级时间要求：为 52 周的下一个最低等级的可比经验； 3. 准确性证明：有招聘公告截止日期之前获得的教育、经验和资格	至少一年相当于联邦服务中 GS-12 的专业经验	学位（A/B）： A. 学士学位或研究生以及更高学位的质量保证或相关专业学位； B. 教育和经验的结合。有在 A 中所述的研究领域至少学习了 30 个学期的课程，以及适当的经验或额外的教育	联邦福利

附录一　相关研究资料

续表

职位	职责	聘用条件	资格	教育	福利
首席医师（Lead Physician）	1. 领导或担任研究组的成员，负责考虑医学科学领域的问题或方向； 2. 负责具有国内和国际影响的受监管产品； 3. 研究与新药开发的医学分析有关的问题； 4. 评估与计划和方案，以进行研究新药（IND）的测试和临床试验； 5. 提供具体的新药方案； 6. 准备书面审查； 7. 提供有关临床研究设计的建议，参与制定临床试验方案； 8. 评估人体临床试验报告； 9. 负责团队组织的战略计划，与团队沟通； 10. 指导团队选择和应用适当的问题解决方法和技术	1. 美国公民； 2. 选择性服务注册：男性，1959年12月31日（或之后）出生； 3. FDA 参与电子验证：确定就业资格； 4. 背景调查； 5. 等级时间要求：为 52 周的下一个最低等级的可比经验； 6. 准确性证明：招聘公告截止日期之前获得的教育、经验和资格； 7. 直接存款	1. 医疗许可要求：必须拥有现行有效、完整、不受限制的医疗注册医生执照；主任医师的附加要求：五年的住院医师培训。 2. 具有相当于联邦服务中至少一年 GS-14 职等的专业经验。 3. GS-15 职等的资格	学位：美国或加拿大等学校的医学博士或骨病学博士	联邦福利

343

续表

职位	职责	聘用条件	资格	教育	福利
项目分析员（Program Analyst）	1. 计划、实施、指导和协调各种计划分析评估和咨询职能； 2. 对计划和运营进行重点和长期研究； 3. 记录书面管理报告中的分析研究结果，确定缺陷并概述结论，分析结果并提出解决问题的具体建议； 4. 与负责官员讨论研究结果	1. 美国公民； 2. FDA参与电子验证：以确定就业资质； 3. 选择性服务注册：男性，1959年12月31日（或之后）出生； 4. 背景调查要求； 5. 等级时间要求：为52周的下一个最低等级的可比经验； 6. 准确性证明：招聘公告截止日期之前获得的教育、经验和资格； 7. 直接存款	1. 一年相当于联邦服务中GS-12的专业经验； 2. GS-13职等的资格；	与职等对应的学历	联邦福利

附录一 相关研究资料

续表

职位	职责	聘用条件	资格	教育	福利
预算监督分析员（Supervisory Budget Analyst）	1. 指导并为部门团队领导和高级职员分配工作； 2. 提供更高级别的机构管理咨询； 3. 指导制定全机构范围的当前初始资源分配水平； 4. 向原子能机构高级官员提供咨询； 5. 负责最终审查； 6. 与预算编制司和办公室副主任合作，随时了解机构计划的预算和理由； 7. 担任原子能机构在制定预算过程新方法方面的领导	1. 美国公民； 2. 选择性服务注册：男性，1959年12月31日（或之后）出生； 3. FDA参与电子验证； 4. 背景调查要求； 5. 等级最低等级要求：52周的下一个最低等级的可比经验； 6. 准确性证明：招聘公告截止日期之前获得的教育、经验和资格； 7. 直接存款	1. 获得GS-15职位的资格； 2. 至少有一年的专业经验，相当于联邦政府的GS-14职等	与职等对应的学历	联邦福利

续表

职位	职责	聘用条件	资格	教育	福利
高级教育专员（Supervisory Education Administrator）	1. 与FDA高级管理层、中心主任等建立、发展和保持有效的工作关系； 2. 审查统计数据或主观数据； 3. 召集利益相关者焦点小组； 4. 完成需求评估； 5. 担任机构技术专家，负责制定实施和管理领导力发展计划； 6. 解决各种广泛的政策参数中的问题，并根据专业判断实施决策； 7. 担任FDA培训和发展专家； 8. 确定、制定和实施战略性组织有效性举措； 9. 与高级领导人协调	1. 美国公民； 2. 选择性服务注册：男性，1959年12月31日（或之后）出生； 3. FDA参与电子验证； 4. 背景调查要求； 5. 等级时间要求：52周的下一个最低等级的可比经验； 6. 准确性证明：招聘公告截止日期之前获得的教育、经验和资格； 7. 直接存款	1. GS-15的职等资格； 2. 具有一年的GS-14级专业经验	A. 学位：教育研究或适合该职位的学位领域。 B. 教育和经验的结合。如具备GS-15的职等资格等	联邦福利

附录一 相关研究资料

续表

职位	职责	聘用条件	资格	教育	福利
行政助理（Executive Assistant）	1. 担任副主任和 AMS 主任的顾问和关键执行助理； 2. 执行各种敏感、复杂和日常任务； 3. 执行管理要求； 4. 维护副专员和高级管理人员的日程表； 5. 为旅行、会议和简报做必要的安排； 6. 制定维护方法，提供建议； 7. 担任信息自由法案（FOIA）请求的协调员	1. 美国公民； 2. 选择性服务注册：男性，1959年12月31日（或之后）出生； 3. FDA 参与电子验证； 4. 背景调查要求； 5. 等级时间要求：52 周的下一个最低等级的可比经验； 6. 准确性证明：招聘公告截止日期之前获得的教育、经验和资格； 7. 直接存款	1. 具有至少一年相当于 GS-11 级别的专业经验，其中 GS-12 职等电子经验； 2. GS-12 职等的资格。 或 1. 具有至少一年相当于 GS-12 级别的专业经验，其中 GS-13 职等的资格；	与职等对应的学历	联邦福利
虚拟数据专员（Visual Information Specialist）	1. 将科学问题的想法转化为视觉产品； 2. 使用广泛的视觉信息专业知识； 3. 制定项目成本和时间估算	1. 美国公民； 2. 选择性服务注册：男性，1959年12月31日（或之后）出生； 3. FDA 参与电子验证； 4. 背景调查要求； 5. 等级时间要求：52 周的下一个最低等级的可比经验； 6. 准确性证明：招聘公告截止日期之前获得的教育、经验和资格； 7. 直接存款	1. 具有一年的 GS-12 级别的联邦服务专业经验； 2. GS-13 职等的资格	与职等对应的学历	联邦福利

续表

职位	职责	聘用条件	资格	教育	福利
培训师（Training Specialist）	1. 参与教学开发和评估； 2. 确定教学设计的创新方法； 3. 制定用于评估培训和教育计划的程序和标准； 4. 评估培训政策、程序、课程等	1. 美国公民； 2. 选择性服务注册：男性，1959年12月31日（或之后）出生； 3. FDA参电子验证； 4. 背景调查要求； 5. 等级时间要求：52周的下一个最低等级的可比经验； 6. 准确性证明：招聘公告截止日期之前获得的教育、经验和资格； 7. 直接存款	1. 拥有一年相当于GS-11级别的专业经验或级别拥有一年相当于GS-12级别的专业经验； 2. GS-12/3职等的资格	本科和研究生：教育或与职位相关的学科领域	联邦福利
人力规划专家（Workforce Planning Specialist）	1. 设计并实施整体策略； 2. 负责制定长期战略性人力资本计划并评估规划方案； 3. 招聘联络	1. 美国公民； 2. 选择性服务注册：男性，1959年12月31日（或之后）出生； 3. FDA参电子验证； 4. 背景调查要求； 5. 等级时间要求：52周的下一个最低等级的可比经验； 6. 准确性证明：招聘公告截止日期之前获得的教育、经验和资格； 7. 直接存款	1. 有一年的专业经验，相当于GS-12级别； 2. GS-13职等的资格	与职等对应的学历	联邦福利

附录一　相关研究资料

续表

职位	职责	聘用条件	资格	教育	福利
高级消费者安全官员 (Supervisory Consumer Safety Officer)	1. 计划、组织和指导团队的活动； 2. 确定并解决具有国家意义的调查问题； 3. 平衡工作量，提供建议和指导； 4. 制定、推荐和实施履行职责所需的政策和程序； 5. 提供建议和咨询； 6. 执行具有国家影响的主要研究任务	1. 美国公民； 2. 选择性服务注册：男性，1959年12月31日（或之后）出生； 3. FDA 参与电子验证； 4. 背景调查要求； 5. 等级时间要求：52 周的下一个最低等级的可比经验； 6. 准确性证明：招聘公告截止日期之前获得的教育、经验和资格； 7. 直接存款	1. 一年的专业经验，相当于联邦服务中的 GS-13 职等级别； 2. GS-14 职等的资格	获得质量保证或相关学位的学士或研究生学位或更高学位	联邦福利
项目经理 (Project Manager)	1. 管理项目团队的活动； 2. 管理和跟踪项目； 3. 建立合同要求和绩效衡量标准； 4. 合同管理； 5. 起草项目说明	1. 美国公民； 2. 选择性服务注册：男性，1959年12月31日（或之后）出生； 3. FDA 参与电子验证； 4. 背景调查要求； 5. 等级时间要求：52 周的下一个最低等级的可比经验； 6. 准确性证明：招聘公告截止日期之前获得的教育、经验和资格； 7. 直接存款	1. 至少有一年的专业经验，相当于联邦服务中的 GS-12 级别； 2. GS-13 职等的资格	与职等对应的学历	联邦福利

续表

职位	职责	聘用条件	资格	教育	福利
监管政策分析员（Regulatory Policy Analyst）	1. 为监管政策分析和实施提供建议； 2. 提供有关监管政策分析和研究的意见，为ODSP计划活动提供指导； 3. 为领导准备文件、简报和信息指导； 4. 旨在为防止掺假膳食补充剂的公共卫生计划的事项提供指导； 5. 代表监管政策事务办公室出席会议	1. 美国公民； 2. 选择性服务注册：男性，1959年12月31日（或之后）出生； 3. FDA参与电子验证； 4. 背景调查要求； 5. 等级时间要求：52周的下一个最低等级的可比经验； 6. 准确性证明：招聘公告截止日期之前获得的教育、经验和资格； 7. 直接存款	1. 至少有一年的专业经验，相当于联邦服务中的GS-12级别； 2. GS-13职等的资格	与职等对应的学历	联邦福利

附录一　相关研究资料

续表

职位	职责	聘用条件	资格	教育	福利
高级行政助理（Supervisory Executive Assistant）	1. 协调中心主任办公室的所有业务； 2. 就中心计划事项向中心主任和其他主要官员提供咨询和协助，并协调中心活动； 3. 为员工提供职业特定技术和行政指导； 4. 在管理执行、支持业务方面提供专家指导和协助； 5. 审查通信和其他材料； 6. 研究并向高级领导工作人员提供广泛的材料和信息	1. 美国公民； 2. 选择性服务注册：男性，1959年12月31日（或之后）出生； 3. FDA参与电子验证； 4. 背景调查要求； 5. 等级时间要求：52周的下一个最低等级的可比经验； 6. 准确性证明：招聘公告截止日期之前获得的教育、经验和资格； 7. 直接存款	1. 至少有一年的专业经验，相当于联邦服务中的GS-13级别； 2. GS-14职等的资格	与职等对应的学历	联邦福利
项目分析员（Program Analyst）	1. 为管理技术等研究提供支持； 2. 收集和组织统计信息等，并和相关计划职能做比较； 3. 研究、调查业务和管理实践； 4. 研究、分析或解释有争议的问题	1. 美国公民； 2. 选择性服务注册：男性，1959年12月31日（或之后）出生； 3. FDA参与电子验证； 4. 背景调查要求； 5. 等级时间要求：52周的下一个最低等级的可比经验； 6. 准确性证明：招聘公告截止日期之前获得的教育、经验和资格； 7. 直接存款	具有一年的专业经验，至少相当于GS-7级别	与职等对应的学历	联邦福利

续表

职位	职责	聘用条件	资格	教育	福利
研究主任（Director of Research）	1. 进行应用研究，以支持与CVM的每项核心职能相关的决策； 2. 进行研究以评估动物药物的安全性和有效性，抗菌素耐药机制，新陈代谢以及标准化测试方法； 3. 开发分析方法并评估和筛选测试，以检测食品中的药物残留； 4. 研究和评估用于检测自然和有意污染物的微生物和分析方法； 5. 研究办公室主任是CVM中的关键领导职位； 6. 担任兽医研究和监管科学的主要顾问； 7. 作为中心领导小组的成员，负责监督中心的运作和政策制定	1. 安全和背景要求； 2. 电子验证； 3. 直接存款； 4. 美国公民； 5. 可能需要为期一年的试用期； 6. 可以授权激励	至少符合公务员制度中GS-15的资格要求	与职等对应的学历	联邦福利

附录一　相关研究资料

续表

职位	职责	聘用条件	资格	教育	福利
跨学科工程师（Interdisciplinary Engineer）	1. 审查提交科学数据； 2. 审查用于评估医疗设备的研究方案，并推荐用于测试和数据分析的新方法或修改方法； 3. 编写和评估有关医疗器械及其营销数据的指南； 4. 负责医疗器械的分类和上市前审查； 5. 起草各种报告和摘要	1. 安全和背景要求； 2. 电子验证； 3. 直接存款； 4. 美国公民； 5. 可能需要为期一年的试用期； 6. 可以授权激励	1. 获得 GS-12 级别的资格； 2. 必须拥有一年的专业经验，至少相当于联邦服务执行职责达到 GS-11 级别。 或 1. 获得 GS-13 资格； 2. 拥有一年的专业经验，至少相当于联邦服务中 GS-12 级别	1. 工程学士学位及以上，或具备教育和经验的结合资质证明	联邦福利
兽医医生（Veterinary Medical Officer）	1. 将知识和经验应用于兽医疗相关问题； 2. 分析和解释与动物药物、食品成分或设备相关的科学数据和信息，得出结论或针对问题提出建议； 3. 就兽医学问题、法律法规和政策以及科学研究和行业发展等提出建议	1. 美国公民； 2. 选择性注册：指 1959 年 12 月 31 日当天或之后出生的男性； 3. 退伍军人偏好和类别不适用； 4. 安全和背景要求； 5. 信息准确性：招聘公告截止日期之前须获得的教育、经验和资格； 6. 可能需要一年的试用期	1. 至少具有一年相当于联邦服务 GS-11 级别的专业经验； 2. 在联邦服务中至少有一年相当于 GS-12 级别的专业经验	拥有兽医学博士（DVM）或同等学位	联邦福利

续表

职位	职责	聘用条件	资格	教育	福利
高级跨学科工程师（Supervisory Interdisciplinary Engineer）	1. 评估各种医疗器械产品的安全性和有效性； 2. 担任该司指定部门的处长，并管理和指导工程和技术支持人员等； 3. 负责与医疗设备程序和研究相关的所有安全和患者舒适等问题； 4. 担任联络人、顾问； 5. 参与同各种医疗器械产品的安全性和有效性的技术工作组讨论	1. 美国公民； 2. 可能需要为期一年的试用期； 3. 选择性注册； 4. 背景安全调查 5. 电子验证； 6. 可以授权激励； 7. 可能要求剥离某些经济利益	1. 获得 GS-14 级别的监督跨学科工程师资格； 2. 拥有一年的专业经验，至少相当于本任联邦服务中的 GS-13 级别	与职等对应的学历	联邦福利
信息技术项目经理（Information Technology Project Manager）	1. 计划、组织并完成各种分析研究； 2. 为 IT 程序开发及与之相关的策略提供技术专业知识； 3. 监督信息系统测试策略、计划和方案的开发； 4. 指导和协调各项目利益相关方的计划、监督和记录此类项目任务和活动	1. 安全和背景要求； 2. 电子验证； 3. 直接存款； 4. 美国公民； 5. 选择性注册：指出生于 1959 年 12 月 31 日及以后的男性	1. 具有一年的专业经验，至少相当于联邦服务中的 GS-13； 2. GS-14 职等的资格	与职等对应的学历	联邦福利

续表

职位	职责	聘用条件	资格	教育	福利
一般性工程师 (General Engineer)	1. 调查项目现场以确定设施或财产的状况,并评估和记录技术信息; 2. 与客户进行协商; 3. 评估设计和施工目标; 4. 准备通信、计划、概况介绍、技术报告、详细费用估算、状态报告和用于谈判、估算和完成项目任务的时间表; 5. 进行最终检查	1. 安全和背景要求; 2. 电子验证; 3. 直接存款; 4. 可以授权搬迁奖励; 5. 科研职位	1. GS11-13 的职等资格; 2. 拥有一年以上的 GS10-12 工作经验	工程学学位以及教育和经验的结合	联邦福利
合同专员 (Contract Specialist)	1. 采购各种商品服务; 2. 负责采购招标计划,制定采购策略,协调正式的资源选择流程,负责合同谈判和签订流程; 3. 在必要时提供有关收购原则以及监管程序等的技术指导	1. 安全和背景要求; 2. 电子验证; 3. 直接存款; 4. 可以授权重新安置奖励; 5. 财务披露声明,可能要求剥离某些经济利益	GS-5 至 GS-12 相关职等资格	与职等对应的学历	联邦福利

续表

职位	职责	聘用条件	资格	教育	福利
高级合同专员 (Supervisory Contract Specialist)	1. 担任下属员工的资源和顾问； 2. 制定整体收购计划中的合同战略； 3. 指导采购计划所需的所有合同管理行动； 4. 担任项目管理办公室的主要业务顾问	1. 安全和背景要求； 2. 电子验证； 3. 直接存款； 4. 可以授权重新安置奖励； 5. 财务披露声明，可能要求剥离某些经济利益	GS-13及以上的职等资格	研究生学历	联邦福利

附录二

相关研究成果

序号	成果名称	成果形式	作者	出版社及出版时间或发表刊物及刊物年期
1	人力资本与干部晋升：一项来自中国场景的调查	论文	潘娜，丁智聘	上海交通大学学报（人文社科版），2021（4）.
2	政治回应和效率回应演进中的公务员制度建设：美国高级专业技术类文官研究	专著	潘娜	北京：经济科学出版社，2020.
3	我国公务员胜任力研究的误区、困境与对策	论文	潘娜，易丽丽	首都经济贸易大学学报，2014（5）.
4	完善公务员辞职的三大机制	论文	李永康，潘娜	Proceedings of 2013. Social Sciences Researches，2013（12）.
5	Research on Competency of Senior-level Civil Servants in China: Misunderstandings Analysis and Model Framing	论文	潘娜，易丽丽	Proceedings of 2013 international conference on public administration (9th)，2013（10）.
6	美国文官制度改革的专业主义价值剖析与对我国的启示	论文	潘娜	国家行政学院学报，2013（10）.
7	美国文官制度改革的专业主义价值：演进与评析	论文	潘娜，朱立言	经济与管理研究，2013（10）.该文被《新华文摘》2014年第1期全文转载
8	美国高级专业技术类文官制度探究	论文	潘娜	中国行政管理，2013（3）.